KB039063

사회복지 이야기

일상의 인권을 말한다

이 도서의 국립중앙도서관 출판시도서목록(CIP)은 e-CIP홈페이지(http://www.nl.go.kr/ecip)와 국가자료공동목록시스템(http://www.nl.go.kr/kolisnet)에서 이용하실 수 있습니다.(CIP제어번호: CIP2011005436)

사회복지 이야기

일상의 인권을 말한다

| 이혜원 지음 |

한울
아카데미

머리말

새해 아침은 늘 우리에게 새로운 희망과 기대에 부풀게 한다. 밝게 떠오르는 아침의 태양은 새로운 삶의 시작이요 새 출발이다. 우리는 늘 반복되는 일상생활에 지치고 피곤한 가운데에서도 새해가 되면 주변의 어렵고 그늘진 이웃을 다시 한번 생각하고 이들과 함께 더불어 살기 위한 각오를 다진다.

무릇 인간은 사람과 사람 간의 관계 속에서 살고 있다. 특히 현대에 와서 이러한 인간의 관계를 다루는 학문으로서 사회복지학의 영역과 중요성이 나날이 증가하고 있다. 사회복지학은 가족 간의 관계로부터, 친구, 학교, 사회와의 관계, 더 나아가서는 국가와 개인 간의 관계뿐 아니라 국경을 초월해 인권 등 광범위한 주제에 대해 조명하며 문제의식을 제공하려고 노력한다. 이러한 과정에서 다양한 의견들이 제시되고 검증되며 현실적인 비판을 받아 정책에 반영되기도 한다.

이 책은 2010년 새해부터 약 1년 반에 걸쳐 ≪한국일보≫ "아침을 열며"에 게재된 칼럼을 모아 편집한 글이다. 몇 차례에 걸친 신문사의 요청을 받은 필자는 "아침을 열며"라는 제목이 주는 희망과 기대를 안고, 대중매체를 통해 좀 더 폭넓은 독자층과 만나 생각을 나누고 싶다는 소박한 의욕으로 출발했다. 처음의 마음은 매 회기 원고 제출 마감에 대한 긴장감과 장기간의 투고에 따른 피로를 녹여주곤 했다.

각 칼럼은 평소 필자 나름대로 느낀 사회적 이슈를 사회복지 관점에서 분석하고, 사회복지 실천적 함의를 도출할 수 있는 기회를 독자들과 공유하기 위해서 쓴 글이다. 그러나 신문 칼럼이라는 글의 특성으로 인해 충분한 설명이 부족했던 부분을 관련 용어해설과 함께 생각나누기를 덧붙여 더욱 폭넓은 논의가 이루어질 수 있도록 책으로 묶었다. 특히 최근 논란이 되었던 사회적 이슈들을 사회복지실천 이론과 방법론, 인권 관점에 접목시켜 일상생활 속에서 가급적 쉽게 풀어냄으로써 독자들의 일상생활 속 사회문제에 대한 인식과 인권감수성을 제고함과 아울러 보편적 사회복지 실현을 위한 사회적 책임감을 향상하는 데 주요한 목적을 두었다. 아무쪼록 이 책을 통해 독자들이 사회복지에 대한 관심과 문제의식을 가지게 되었다면 한없는 즐거움이 되리라 본다. 아울러 독자 여러분의 가감 없는 비판과 질책은 필자의 의견을 가다듬는 데 큰 도움이 되리라 생각한다.

끝으로 이 자리를 빌려 부족하고 거친 문장을 깔끔히 다듬고 멋지게 편집 과정을 거쳐 빛을 보게 해준 도서출판 한울 김준영 님에게 감사한다.

2011년 11월 30일

항동골에서

이혜원

차례

머리말_ 5

첫 번째 이야기. 아동복지

1 아이들에게 자율을 주자 보호를 넘어 참여로 …… 11
2 해외입양, 이대론 안 된다 …… 21
3 어린이 인권의 새싹 …… 32
4 성폭력 피해아동 돌보기 …… 40
5 거꾸로 가는 저출산대책 …… 49
6 아동복지법 50년 성적표 …… 57
7 아동방임, 미리 막아야 …… 64
8 아동결식은 사회의 방임 …… 71

두 번째 이야기. 학교사회복지

9 체벌, 생각을 바꾸자 …… 79
10 이주아동 교육권 보장해야 …… 103
11 학교 체벌, 대안이 문제 …… 110
12 이주아동의 교육소외를 해소해야 …… 116
13 개천에서 용을 만들자 …… 122
14 이주아동의 교육받을 권리 …… 131
15 학과선택의 이면 …… 139

세 번째 이야기. 가족복지

16 자녀와 밥상대화를 ······ 147
17 부부사랑에도 사회적 지원을 ······ 154
18 공정한 부모자녀 관계를 형성해야 ······ 172
19 기러기 가족을 위해 ······ 177
20 내 안에 부모 있다 ······ 183

네 번째 이야기. 사회복지 일반

21 평가와 소통이라는 두 마리 토끼 ······ 191
22 사회적 기업으로 마을 살리기 ······ 198
23 보편적 복지에 대한 오해와 진실 ······ 205
24 '나 홀로 죽음'이 더는 없도록 ······ 212
25 인생 제2막을 열며 ······ 218

다섯 번째 이야기. 인권과 사회복지

26 인권의 개념과 가치 ······ 231
27 사회복지의 개념과 가치 ······ 238
28 인권과 사회복지의 만남 ······ 245

부록: 유엔아동권리협약 전문 _ 253
참고문헌 _ 280
주요용어 찾아보기 _ 285

첫 번째 이야기.

아동복지

1 아이들에게 자율을 주자

2 해외입양, 이대론 안 된다

3 어린이 인권의 새싹

4 성폭력 피해아동 돌보기

5 거꾸로 가는 저출산대책

6 아동복지법 50년 성적표

7 아동방임, 미리 막아야

8 아동결식은 사회의 방임

1

아이들에게 자율을 주자

보호를 넘어 참여로

새해 새 아침 자녀의 세배를 받을 때면 부모는 지금까지 자녀를 키운 보람과 함께 앞으로도 제대로 키워야 한다는 책임감을 느끼게 된다. 올해 아침을 열며 당신은 어떠한 시선으로 자녀를 바라보았는가? 자녀를 언제까지나 보호해야 하는 대상으로 바라볼 수도 있고, 인생에 영향을 미치는 결정을 내릴 때 자신의 의견을 당당하게 표현할 수 있는 참여자로 인정할 수도 있다. 어떠한 경우든 자녀를 바라보는 눈높이와 자녀에 대한 신뢰는 부모와 자녀 간의 삶의 질을 결정한다.

유례 드문 과잉보호 사회

한국보건사회연구원에 따르면 우리나라 부모의 45%가 자녀를 대학졸업 이후에도 계속해서 보호해야 하는 존재로 인식하고 있으며, 부모의 소득과 학력이 높을수록 자녀보호 기간이 더 늘어나는 것으로 나타났다. 실제로 아침 일찍부터 자녀를 깨워주고 밤늦게까지 학원 앞에서 차를 대기하다 자녀와 함께 귀가하는 부모가 많다. 자녀의 사회봉사를 대신하고 입사지원서를 함께 쓰는 부모도 있다.

한 주부는 아들이 입사시험에서 떨어지자 "우리 애가 왜 떨어졌느냐?"라며 점수공개를 요구했다. 한 대기업 사옥 앞 도로는 자녀를 편하게 출퇴근시키려는 고급 승용차들로 붐빈다. 자녀 곁을 빙빙 돌면서 보호와 간섭을 멈추지 않는 헬리콥터 부모는 자녀가 만족스럽지 못한 부서로 발령이 되면 회사에 따지기까지 한다. 자녀의 인생이 부모의 것인지 헷갈릴 정도이다.

그 결과 자녀들은 난처한 일이 생기면 부모부터 찾고 모든 일의 결정에 부모의 허락을 받으며 부모 집을 떠나지 못하는 캥거루족으로 전락한다. 직장생활을 포기하고 부모의 연금에 의존하는 'M & F(Mother & Father) 펀드족'도 등장했다. 부모의 과잉보호 본능은 자녀의 자립 본능을 마비시키고 어학연수 등 장기적으로 지출되는 사교육비와 생활비 부담은 부모 자신의 노후생활도 보장할 수 없게 만든다. 부모의 과잉보호는 자녀의 2세 출산을 제한하는 요인이 되기도 한다.

평균수명이 80세로 연장되면서 세대 간 의존하는 악순환은 사회문제로까지 대두됐다. 한국청소년정책연구원의 조사 결과, 한국아동의 가족 내 의사표현 기회와 부모의 자녀의견 존중도는 중국, 일본, 미국, 스웨덴보다 더 낮은 것으로 나타났다. 이는 부모가 자녀를 참여의 존재로 존중하는 데 인색한 장유유서의 가치관과 관련된다. 하지만 같은 유교문화권인 중국과 일본보다도 참여권 보장수준이 낮은 것은 한국 부모의 과잉보호 때문이라 할 수 있다.

아동의 참여권 보장은 이미 국제사회의 주요 목표가 되었다. 유엔아동권리협약은 1989년 아동의 생존, 보호, 발달을 보장하기 위한 권리뿐 아니라 참여를 보장하기 위한 권리를 규정함으로써 아동의 삶의 질 향상을 위한 새로운 기반을 마련했다. 유엔아동권리협약 제12조는 '자신의 의견을 형성할 수 있는 아동에게 인생에 영향을 미치는 모든 문제에서 의견을 자유롭게 표명할 권리를 보장해야 한다'고 명시하고 있다.

2009년 개최된 유엔아동권리협약 20주년 워크숍에서는 각 국가의 발전을 위해서도 아동의 참여가 필요하다는 사실에 공감대가 형성돼 향후 국제사회의 핵심과제로 참여권 보장이 강조됐다. 1991년 이 협약에 가입한 우리 정부는 유엔의 권고를 받아들여 최소고용연령을 15세로 상향조정했으며 아동보호전문기관을 설치해 학대받는 아동에 대한 개입체계를 갖추었다. 또한 해외입양을 지양하는 한편 친가정보호를 위한 가정위탁지원센터를 설치했다.

부모와 자녀 모두 건강한 삶을 위해

이제 우리도 아동의 보호권 보장을 넘어 참여권 보장을 위한 새로운 패러다임을 구축해야 한다. 이를 위해 부모는 자녀에게 새해선물로 자율과 믿음을 주도록 하자. 부모는 자녀의 힘을 믿고 자녀와 밀고 당길 수 있는 미학적 거리를 유지하는 한편 자녀가 성장할수록 부모의 역할을 줄이자. 부모의 보호본능이 줄어드는 만큼 자녀의 자립능력은 늘어난다. 이는 곧 부모와 자녀의 건강한 삶을 보장하게 될 것이다.

≪한국일보≫, "아침을 열며", 2010년 1월 15일

주요 용어와 관련 선행연구

참여 ▌ 유엔아동권리협약 제12조는 참여(Participation)를 자신의 삶에 영향을

주는 모든 사안에 대해 의견을 표현할 수 있는 자유로 정의한다. 아동의 참여란 그들의 삶에 영향을 주는 의사결정에 아동이 참여하도록 하고 관심 있는 사안에 대해 행동할 수 있는 권한과 이익, 즉 참여권을 부여하는 모든 활동을 말한다. 그러나 이는 단지 방법론을 의미하는 것이 아니라 아동의 역량을 믿고 세대 간 대화를 기꺼이 시작하는 것을 의미한다. 또한 참여는 힘(power)에 관한 것이기도 하다(이상희, 2008). 즉, 자신의 인생과 관련된 중요한 의사결정 과정에 자기 스스로 힘을 가지는 것이며, 더 나아가 이는 지역사회에서 아동과 관련된 의사결정 과정에 아동이 성인의 파트너로서 성인과 힘을 공유하는 과정이기도 하다. 의사결정 과정에 파트너로서 관여한다는 것은 성인이 아동에 대한 이해의 틀을 바꿔 주체적인 한 인간으로서의 가능성을 받아들이고 믿는 것이다. 이는 아동을 수동적 수혜자로 받아들이는 것이 아니라 국가 발전에 중요한 공헌을 할 수 있는 능력과 책임감을 지닌 시민의 한 사람으로 받아들이는 것이다(UN, 2007).

하트의 참여사다리모델

하트(Hart, 1997)는 아동은 직접적인 참여만을 통해 진정한 민주주의의 가치와 자신의 유능감, 책임감을 개발할 수 있다고 강조하면서 아동의 참여 정도를 설명하기 위해 사다리를 활용했다. 사다리는 총 8단계로 구성되어 있는데 참여로 볼 수 없는 단계와 진짜 참여로 볼 수 있는 단계로 크게 구분된다. 위쪽 단계로 갈수록 아동의 참여 정도가 높음을 의미하나 반드시 가장 높은 단계를 지향해야 하는 것은 아니며 아동 스스로 자신의 최고 능력 수준 안에서 참여하기 위해 단계를 선택할 기회를 최대한 지원하는 것이 중요하다. 성인은 아동이 선택하는 단계가 무엇이든 제대로 활동할 수 있도록 주위 상황을 만들어주어야 하며 아동의 참여로 인정할 수 없는 세 단계(1~3단계)에서 활동하지 않도록 해야 한다.

1단계 : 조작 · 속임단계

조작단계는 사다리의 가장 낮은 단계로, 성인이 자신의 의사를 전하기 위해 아동의 목소리를 의식적으로 이용하는 것이다. 예컨대 아동이 산업공해 쓰레기문제를 해결하기 위한 팻말을 들고 성인과 시위에 참여하고 있으나 그 사안을 전혀 이해하지 못하고 있다면 조작단계에 해당된다. 속임단계는 조작단계보다 더 흔한 경우로, 성인이 어떤 프로젝트에 아동과 같이 참여하면서도 자신이 참여한 사실을 부인하는 것이다. 성인이 참여했다고 하면 효과성이 떨어지므로 다른 사람들이 그 일을 전적으로 아동이 했다고 생각하기를 원하기 때문이다.

2단계 : 장식단계

장식단계는 아동 스스로 자신들이 하는 주장이 무엇인지도 모르고 상황을 조직하는 데 아동이 관여하지도 않았는데 아동들에게 그 주장을 알리는 티셔츠 같은 것을 입게 하는 것을 말한다. 이 단계는 주장이 아동에 의해 일어난 것처럼 꾸미지 않는다는 것에서 조작과 다르다. 단지 대의를 지지하기 위해 아동을 이용할 따름이다. 한 예로, 시위 도중 아동이 그 사안에 대한 이해 없이 노래를 따라 부른다면 그것은 장식일 뿐이다.

3단계 : 명목참여단계

명목참여단계는 가장 흔한 형태로, 어떤 프로젝트에서 아동이 목소리를 가진 것처럼 보이지만 실제로는 그 주제에 대해 선택의 여지가 거의 없거나 자신들의 의견을 형성할 기회가 거의 없는 경우를 말한다. 한 예로, 청소년의회에서 성인에 의해 아동이 패널로 선택되기도 하는데 이들은 자신들이 대표하는 또래들과 토론할 기회도 없이 앉아 있기만 한다. 즉, 상징적인 존재로서 앉아 있는 것이다.

4단계: 사회적 동원단계(성인이 정하지만 정보는 제공되는 단계)

이 단계는 제3세계 국제개발기구에서 가장 많이 활용되는 아동참여방법이지만 진정한 참여 욕구를 충족시키지 못하기 때문에 민주적 사회화라는 목표를 달성하기는 어렵다. 이 단계에서 아동은 스스로 프로젝트를 시작하지는 않으나 충분한 정보를 제공받으며 평가에도 관여할 수 있다. 한 예로, 가뭄에 대비해 아동들에게 물을 관리하는 방법을 교육시킨 뒤 집으로 돌아가 부모를 교육하도록 하는 과제를 주는 경우를 들 수 있다. 그러나 이러한 사회적 동원이 아동의 민주화에 미치는 영향력은 거의 없다. 이는 성인에서 아동으로의 톱다운 방식으로 메시지가 전달될 뿐이어서 단기간의 일시적 영향에 그친다. 따라서 더욱 진정한 참여 경험이 따르지 않는다면 아동은 필요할 때만 이용되었다고 느끼게 된다.

5단계: 성인이 협의하고 정보를 제공하는 단계

이 단계는 성인이 계획하고 운영하지만 아동이 전체 과정을 이해하며 아동의 의견이 비중 있게 반영된다. 예컨대 아동의 의견을 모으는 실태조사에 아동이 참여할 경우 아동에게 조사의 목적을 충분히 설명해주고 아동이 자원봉사자로서 활동하도록 해야 하며 결과도 충분히 알려주어야 한다.

6단계 : 성인이 시작하되 아동과 의사결정을 공유하는 단계

이는 성인이 시작하지만 아동과 의사결정을 공유하는 단계로, 참여사다리에서 아주 중요한 수준이라 할 수 있다. 왜냐하면 만약 성인이 이 수준에서 아동의 참여 능력과 자신감을 촉진시키지 못하면 사다리의 윗부분에 도달하기 어렵기 때문이다. 이 단계에서 아동과 진정으로 의사결정을 공유하기 위해서는 아동이 활동의 전 과정에 일정 정도 관여해야 한다. 즉, 아동을 활동의 구성단계에만 관여하게 하고 세부단계는 성인의 몫이라고 생각해서는 안 된다.

7단계 : 아동이 시작하고 아동이 감독하는 단계

이 단계는 아동의 놀이세계 이외에서는 찾기 어려운 단계이다. 이 단계에서도 성인은 아동의 활동을 관리하려 하지만 이는 아동을 감독하려는 목적이 아니라 도와주기 위해서이다. 즉, 아동의 자율성과 능동성을 인식하고 이를 실현시키도록 도와주되 통제하지 않는 것이다.

8단계 : 아동이 시작하고 성인과 결정을 공유하는 단계

이는 아동이 시작하긴 했지만 활동의 어떤 단계에서는 성인과 함께 일할 필요가 있다는 것을 이해하고 성인이 도움을 주는 단계이다. 하지만 성인이 도움을 주는 것인지 아니면 강요를 하는 것인지 구별하기 어려운 측면도 있다. 따라서 아동에게 어른과 결정을 공유하는 것이 아동 자신을 성인의 통제하에 두는 것이 아니라는 점을 인식시킬 필요가 있다.

참여권 ▍ 아동이 자신의 의견을 자유롭게 표현하고 자신의 인생에 영향을 끼치는 문제들에 대해 자기결정권을 가지며 단체에 가입하거나 집회에 참여할

수 있는 권리를 의미한다. 아동권리를 완전히 실현하고 유엔아동권리협약의 원칙인 '아동의 이익최우선 원칙'을 실현하기 위해서는 참여가 보장되어야 한다. 즉, 아동을 보호의 대상으로만 바라보는 관점을 넘어서서 한 인간으로서 온전한 권리의 주체로 바라보는 관점으로 전환해야 함을 의미한다. 한 개인이 하나의 독립된 인격체로 존중된다는 것은 그 개인에게 참여에 관한 실질적인 기회가 주어져야 한다는 것을 의미하기 때문에 아동이 권리의 주체라는 주장의 핵심에는 참여가 전제된다(김정래, 2002). 또한 아동 스스로 자신의 판단에 따라 자율적으로 '하고 싶은 것을 성취하는 것'이 결국 아동에게 이익이 되므로 이런 의미에서 아동의 이익추구를 도모한다는 것은 아동이 하고 싶어 하는 것을 할 수 있도록 자율성을 보장해주어야 함을 의미한다.

유엔아동권리협약(1989) ▌ 이 협약의 목적은 모든 아동에 대한 최선의 이익을 보장하는 것으로, 협약을 비준한 당사국이 해당 국가의 사회·정치적 생활에 아동이 적극적이고 창조적으로 참여할 수 있는 조건을 형성할 것을 전제로 한다.

이 협약은 아동을 18세 미만의 자로 정의하고 모든 형태의 인권 – 시민·정치·경제·사회·문화적 권리 – 을 포함시킴으로써 특정한 권리의 향유가 다른 권리의 향유로부터 분리될 수 없음을 인정한다. 예컨대 아동에게 지적인 능력을 개발할 자유권만을 부여하는 것은 무의미한 규정이다. 왜냐하면 이러한 자유권과 함께 경제·사회·문화적 권리의 하나인 교육을 받을 권리(이하 교육권)를 인정해주지 않는다면 빈곤가정에서 태어난 아동은 학교를 다닐 기회가 원천 봉쇄되어 지적능력을 개발할 자유권을 실현할 수 없기 때문이다.

아동의 교육권을 보장해주기 위해서는 국가가 재원을 투입해 더 많은 학교를 세우고 무상의무교육의 기회를 제공해야 한다. 특히 차별금지는 이 협약의 중요한 원칙이다. 아동은 아동 및 그 부모 또는 법적 대리인의 인종·피부

UN Convention on the Rights of the Child

유엔아동권리협약(UN Convention on the Rights of the Child)은 1989년 11월 20일 유엔총회에서 채택된 국제적인 인권조약으로 아동의 생존, 보호, 발달, 참여의 권리 등 **아동 인권과 관련된 모든 권리**를 규정해 놓고 있습니다. 아동을 보호의 대상이 아닌 권리의 주체로 인식하였다는 점에서 어린이 관련 인권 조약의 새로운 지평을 연 유엔아동권리협약은 2005년 현재 우리나라를 포함한 **192개국**의 비준을 받음으로써 전 세계적으로 가장 많은 국가의 비준을 받은 국제법이 되었습니다.

2005년 현재까지 협약을 비준하지 않은 나라는 미국과 소말리아로 2개국뿐이며, 두 나라는 비준의사를 표현하고 있습니다.

아동권리협약을 비준한 나라의 정부는 생존의 권리, 발달의 권리, 유해한 것으로부터의 보호받을 권리, 학대받고 착취당하지 않을 권리, 참여의 권리, 문화적 시회적 삶에 대한 권리 등 협약에 명시된 모든 아동의 권리를 보장할 의무를 지고 있으며 협약의 이행상황을 처음 비준한 후 2년 후, 그 후에는 매 5년마다 유엔아동권리위원회에 보고해야 합니다. 비준국들은 각 나라의 다양한 전통문화나 국내법 체계, 경제적 여건 등을 이유로 협약의 일부만을 수용, 실천해서는 안됩니다.

자료 : Save the Children Korea(www.sc.or.kr). 이혜원(2006a) 재인용.

색·성별·언어·출신·재산·장애·출생 또는 다른 지위 등에 관계없이 어떠한 종류의 차별도 받지 않고 모든 권리를 향유해야 한다. 따라서 이 협약은 소수자·난민 등 모든 아동을 모든 형태의 착취로부터 보호해야 한다고 규정함으로써 인권의 법률적 적용범위를 확대했다. 또한 아동을 돌보고 보호하는 데 가족과 부모의 역할이 매우 중요하며 국가는 가족과 부모가 자신들의 의무를 수행할 수 있도록 도와줄 책임이 있음을 규정하고 있다. 협약의 실행은 유엔아동권리위원회에 위임되어 있다.

보호권 ▌ 아동이 모든 형태의 학대와 방임, 즉 폭력, 차별, 고문, 징집, 부당한 형사처벌, 과도한 노동, 약물과 성매매, 착취 등 아동에게 유해한 것으로부터 보호를 받을 권리와 위기상황에서 특별한 보호를 받을 권리를 의미한다.

✤ 생각 나누기

1. 아동의 양육에 관한 관점은 보호관점과 자기결정관점으로 구분될 수 있다. 전자는 아동에게 좋은 것만을 제공함으로써 아동을 보호하는 데 일차적 관심이 있다면, 후자는 아동이 자신과 관련된 문제와 상황에서 자신에게 좋다고 판단되는 것을 스스로 선택하고 결정할 수 있는 권리를 보장하는 데 초점을 둔다. 이러한 두 가지 관점은 상호 양분되어야 하는가, 상호 보완되어야 하는가?
2. 유엔아동권리협약은 아동의 생존·보호·발달을 보장하기 위한 권리뿐 아니라 참여를 보장하기 위한 권리도 명시하고 있다. 이는 아동이 성인에 비해 권한이 부족하기 때문에 보호받을 필요가 있음과 동시에 아동이 억압당하고 강제당하기 때문에 아동에게 더 많은 자기결정 기회를 줄 필요가 있음을 의미한다. 그렇다면 아동보호권과 아동참여권은 현실적으로 동시에 보장될 수 있는가?

2

해외입양, 이대론 안 된다

2010년 2월, 전 국민의 관심은 캐나다 밴쿠버에서 개최된 동계올림픽에 쏠렸다. 당시 태극전사들이 획득한 금메달은 2009년 1,000만 관객을 울렸던 영화 〈국가대표〉를 떠올리게 만들었다. 이 영화 속 주인공들도 각자 나름의 이유로 금메달에 올인했다. 일곱 살 때 여동생과 함께 해외에 입양된 주인공은 잘나가던 미국대표 선수생활을 접고 얼굴조차 모르는 친어머니가 보고파서 한국을 찾았다.

아직도 해외입양 세계 4위인 나라

그러나 조국은 그를 환영하지도 않았고 어머니를 찾아주는 일에서조차 인색했다. 그는 스스로 어머니를 찾기 위해 금메달을 따야 했다. 선수단을 환영하는 플래시가 터지는 공항에서 그는 외롭게 울음을 터트렸다.

"나는 정말 잘 컸고 행복하니까 나를 버린 기억 때문에 아파하지 마세요.

그런데 나를 왜 버렸나요? 당신 정말 나쁘다고 그 말 하려고 찾아왔어요. …… 그래도 엄마! 조금만 기다려. 내가 아파트 사가지고 갈 테니까 무조건 기다리고 있어!"

이 울부짖음은 김창환이 작사하고 클론이 노래한 「버려진 아이」에서도 등장한다. '누가 날 기억하나요? 이국만리 저 타국에 입양되어 이름조차 모르는 채 이렇게 커버린 나를. 난 모두 잃어버렸죠. 내 이름도 내 조국도 내 언어도 내게 남은 건 없어요. 헌데 내 안에서 내게 늘 질문하죠. 너는 누구냐며 한국 사람이냐며. 난 뿌리를 찾고 싶어 내가 태어난 이 땅의 어머니가 보고 싶어 다시 세월 속을 거슬러 올라왔죠. 한 가닥 희망으로 어머닐 만나려고.'

입양은 친부모가 자녀를 양육할 수 없는 경우 보호가 필요한 아동과 입양부모가 법에 의해 부모자녀 관계를 맺고 새로운 가족을 만드는 절차이다. 우리나라도 가입한 유엔아동권리협약은 입양아동의 이익과 권리를 최우선적으로 보장하고 있으며 발달단계별 지원을 규정하고 있다. 특히 입양인이 건강하게 정체성을 형성하기 위해서는 아동과 친부모의 알권리가 보장되어야 하며, 공개입양과 함께 뿌리찾기에 대한 입양부모의 수용적인 양육태도가 필요하다.

1993년 헤이그국제사법회의에서 채택된 국제입양협약은 '아동은 태어난 가정에서 친부모에 의해 양육되는 것이 최선이지만 부득이한 경우에는 아동이 태어난 나라에서 입양가정을 찾아야 하며 그렇지 못한 경우에 한해 최후수단으로 적법한 절차에 따라 국가 간 입양을 통해 안정된 가정을 찾아야 한다'고 명시하고 있다.

특히 친부모에게는 입양부모 등에 대한 정보 및 입양에 대해 생각할 충분한 시간을 제공해야 하며, 입양동의는 반드시 아동이 출생한 후에 이뤄져야 한다고 강조하고 있다. 그런데 한국은 아직 이 협약에 가입하지 못하고 있다.

2005년 국가인권위원회가 이 협약에 가입할 것을 권고했으나 큰 진전이 없다. 그 이유는 무엇일까?

우리나라의 입양은 삼국시대부터 가계계승을 위해 업둥이, 수양자녀의 형태로 비밀리에 행해져 왔다. 1953년 이후로는 전쟁고아와 혼혈아동이 급증하면서 해외로 입양되기 시작했고, 1980년대에는 해외입양 세계 1위를 기록해 1988년 올림픽 당시에는 '아동수출국'이라는 비판이 제기되기도 했다. 이에 정부는 해양입양 중지를 계획했다.

그러나 국내입양은 혈통주의, 미혼모에 대한 편견, 정부의 소극적 재정지원으로 활성화되지 못했다. 더구나 최근 해외로 입양되는 아동은 98% 이상이 미혼모의 자녀이다. 그 결과 한국은 중국, 러시아, 과테말라에 이어 네 번째로 해외입양을 많이 보내는 국가가 되었다.

특례법 고쳐 입양조건 엄격하게 해야

이제 한국은 세계 13위의 경제대국이자 글로벌 이슈를 다루는 G20 정상회의 개최국이라는 국격에 걸맞은 위상을 지니기 위해 이러한 오명에서 하루빨리 벗어나야 한다. 이를 위해 정부는 입양특례법을 개정하고 헤이그협약에 조속히 가입해야 한다. 또한 민간기관 주도로 진행해온 해외입양 허용조건을 더욱 엄격하게 규정함으로써 해외입양을 유도하고 남발하는 관행에 제동을 걸어야 하며 입양인 정보를 구축해서 입양인이 친부모를 쉽게 찾을 수 있도록 지원해야 한다.

이와 동시에 정부는 청소년의 눈높이에 맞는 성교육을 강화하는 한편 미혼모와 그 아동에 대한 사회적 차별을 예방하도록 노력해야 한다. 그뿐 아니라 '이미 태어나 사랑이 필요한' 혼외출생아의 양육수당과 미혼모의 자립을 현실적인 수준에서 지원해야 한다. 이는 저출산 문제를 해결하기 위해서도 필요한 조치이다.

≪한국일보≫, "아침을 열며", 2010년 2월 26일

주요 용어와 관련 선행연구

입양(入養) ▌ 양친(養親)과 양자(養子)가 법률적으로 친부모와 친자녀의 관계를 맺는 신분행위를 의미한다. 입양 사실의 공개여부에 따라 공개입양과 비밀입양으로 구분되고, 입양 이후 아동이 거주하는 국가에 따라 국내입양과 국외(해외)입양으로 구분된다. 본래 입양의 목적은 아동의 권한과 이익을 최우선적으로 보장하고 건강한 발달을 지원하는 것이다. 특히 입양아동이 건강한 자아정체성을 확립하려면 입양아동의 알권리와 발달권이 보장되어야 하는데, 이를 위해서는 비밀입양과 해외입양이 지양되고 공개입양과 국내입양이 강화되어야 한다.

입양특례법 ▌ 친부모의 보호와 양육을 받지 못하고 가정위탁보호, 시설보호와 같이 친부모를 대신한 사회의 보호와 양육을 받고 있는 아동의 복지를 증진하기 위해 입양에 관한 사항을 규정한 특례법이다.

우리나라에서 입양은 1950년대 전쟁고아를 대상으로 시작됐다. 정부는 이들을 보호하는 시설들을 감독하기 위해 1952년 후생시설운영요령을 제정했다. 외국인이 국내 고아를 입양하는 절차를 간소화하기 위해 1961년에는 고아입양특례법이 제정됐고 1976년 입양특례법으로 명칭이 변경됐다. 이 과정에서 입양대상이 '고아' 대신 '보호시설에 보호받고 있는 자'로 바뀌면서 고아

가 아닌 아동도 입양되기 시작했다. 이 법은 1995년 입양촉진 및 절차에 관한 특례법으로 명칭이 변경됐다. 이 법을 개정해 입양의 현행 신고제를 가정법원의 엄격한 허가제로 변경해야 한다는 필자의 주장은 2010년 2월 26일에 본문의 칼럼을 통해 제기됐고, 이 법은 2011년 8월 4일 전부 개정되면서 명칭도 입양특례법으로 다시 변경됐다(법제처, www.mole.go.kr).

2011년 8월 4일 입양특례법 개정 이유

아동입양의 절차가 아동의 복리를 중심으로 이루어질 수 있도록 국가의 관리·감독을 강화하는 한편, 최선의 아동보호는 출신가정과 출신국가 내에서 양육되는 것임을 기본 패러다임으로 국가 입양정책을 수립할 필요가 있었다. 이를 위해 이 법률의 제명을 '입양특례법'으로 변경하고 국내외 입양 모두 법원의 허가를 받도록 했다. 또한 친생부모에게 양육에 관한 충분한 상담 및 양육정보를 제공하는 등 부모의 직접 양육을 지원하도록 했으며 출생일로부터 일주일이 지나고 나서 아동의 입양동의가 이루어지도록 했다. 한편 양자가 된 사람에게는 자신에 대한 입양정보 접근권을 부여하고 국내입양의 우선추진의무화 등을 규정함으로써 아동의 권익과 복지를 증진하고자 했다.

주요 개정 내용

① 국가 및 지방자치단체는 입양 의뢰된 아동의 양친 될 자를 국내에서 찾기 위한 시책을 최우선적으로 시행하도록 하고, 입양기관의 장은 보건복지부령으로 정하는 바에 따라 입양 의뢰된 아동의 양친을 국내에서 찾기 위한 조치를 하고 이를 관계기관의 장에게 보고하게 하며, 이러한 조치 및 관련 기관과의 정보공유 및 협조에도 국내에서 양친 될 자를 찾지 못했을 경우에 한해

국외입양을 추진할 수 있도록 함(제7조).

② 양친이 되기 위한 자격요건을 아동학대, 가정폭력, 마약 등의 범죄나 알코올 등 약물중독의 경력이 없는 자로 강화하고, 입양의 성립 전에 입양기관 등으로부터 보건복지부령으로 정하는 소정의 교육을 이수하도록 함(제10조).

③ 이 법에 따라 입양을 하려는 자는 소정의 요건을 갖추어 가정법원에 입양허가를 청구하도록 함(제11조).

④ 친생부모의 입양동의는 아동의 출생일부터 일주일이 지난 후 이루어지도록 하고, 입양동의와 관련해 어떠한 금전, 재산상의 이익, 그 밖에 대가적 급부가 없어야 하는 등 법적 효력을 갖도록 하기 위한 입양요건을 갖추도록 함(제13조).

⑤ 양친, 양자, 검사는 양친이 양자를 학대 또는 유기하거나 그 밖에 양자의 복리를 현저히 해하는 경우, 양자의 양친에 대한 패륜행위로 인해 양자관계를 유지시킬 수 없게 된 경우 가정법원에 파양을 청구할 수 있도록 함(제17조).

⑥ 보건복지부 장관은 국내입양 활성화 및 입양에 대한 사후관리 등을 위해 중앙입양원을 설치·운영하도록 하며, 중앙입양원은 입양아동·가족정보 및 친가족 찾기에 필요한 통합데이터베이스 운영, 입양아동의 데이터베이스 구축 등의 사업을 수행하도록 함(제26조).

⑦ 양자가 된 자는 중앙입양원 또는 입양기관이 보유하고 있는 입양정보의 공개를 요청할 수 있도록 하고, 중앙입양원 또는 입양기관의 장은 친생부모의 동의를 받아 정보를 공개하도록 하며, 친생부모가 정보의 공개에 동의하지 아니하는 경우에는 그 인적사항을 제외한 정보를 공개하도록 함(제36조 제1항·제2항).

⑧ 친생부모가 사망하거나 그 밖에 불가피한 사유로 친생부모의 동의를 얻

을 수 없는 경우 및 양자된 자의 건강상태를 유지하기 위한 의료상의 목적 등 특별한 사유가 있는 경우에는 친생부모의 동의여부에 관계없이 입양정보를 공개할 수 있도록 함(제36조 제3항).

자료 : 법제처.

수용적 양육태도 ▌ 부모가 자녀의 발달 수준을 있는 그대로 수용하고, 시의적절한 지지와 통제를 행사하며, 자녀와 정서적으로 건강한 관계에 기초한 따뜻하고 자애로운 태도를 갖는 것을 의미한다. 이러한 태도를 지닌 부모는 언제나 자녀에게 세심하게 관심을 갖고, 자녀를 인격적 존재로 받아들이며, 부모 자신의 감정에 따라 자녀를 대하지 않는다. 이런 부모는 성숙된 인격의 소유자로서 성숙된 부모의식을 갖는 사람이라 할 수 있다. 이러한 부모 밑에서 성장하는 아동은 대체로 자신을 존중할 줄 알고 자신과 타인을 믿고 긍정적으로 대하며 책임감이 높고 사교적이며 협동적이다. 또한 자기 일에 성실하고 정서적으로 안정되어 있으며 명랑하다.

부모의 양육태도

부모가 아동을 양육하는 태도는 세 가지 기준을 적용해 평가될 수 있다. 첫째, 부모가 자녀에게 어느 정도의 따뜻한 관심, 사랑, 인정 등 정서적 지지를 제공하는가이다. 부모의 정서적 지지는 부모가 자녀의 행동에 관심을 가지고 있음을 보여주는 것이기 때문에 자녀는 자기 자신을 더욱 긍정적으로 인식하게 된다. 또한 아동은 지지를 계속 받고 싶어 부모를 기쁘게 할 만한 방식으로 행동하게 된다. 둘째, 부모가 자녀를 어느 정도 통제하는가이다. 부모는 아동의 행동을 제한하거나 수정하기 위해 합리적인 한계를 설정해야 한다. 셋째, 부모가 자녀에 대해 어느 정도 기대하고 있는가이다.

따라서 부모의 양육태도는 자녀에 대해 어느 정도 기대를 하고 정서적 지지와 통제를 어떻게 조합하느냐에 따라 결정된다고 할 수 있다. 이에 따라 부모의 양육태도는 수용적 양육태도, 익애적 양육태도, 허용적 양육태도, 거부적 양육태도, 지배적 양육태도, 과잉기대형 양육태도의 여섯 가지 형태로 유형화할 수 있다(Hurlock, 1973).

한편 바움린드(Baumrind, 1966)는 부모의 양육태도와 행동이 자녀의 성장에 미치는 영향에 관한 연구를 수행했다. 그는 3~4세 유아들을 대상으로 자기통제력, 호기심, 생동감, 자립심, 사교성의 다섯 가지 심리적 능력을 측정한 뒤 이 점수를 기준으로 다음과 같이 세 가지 집단으로 분류했다.

- 집단 I : 총점이 가장 높은 집단으로, 성숙하고 유능한 아동집단
- 집단 II : 중간 정도의 점수를 얻은 집단으로, 자립심과 자제력이 다소 낮고 새로운 상황에 경계심을 보이며 친구와의 관계에 관심이 높지 않은 아동집단
- 집단 III : 가장 낮은 점수를 얻은 집단으로, 자기통제력이 거의 없고 어른의 도움을 바라며 새로운 상황에서 도피하려는 미숙한 아동집단

바움린드는 세 가지 아동집단의 행동 특성에 근거해 집단별 부모의 양육태도를 조사한 결과, 부모의 유형을 권위 있는 부모, 독재적 부모, 허용적 부모의 세 가지 유형으로 분류하고 있다(이혜원, 2006a). 이들 가운데 특히 권위 있는(authoritative) 민주적인 부모는 자녀를 애정으로 대하고 자녀에 대해 민감

한 반응을 보이며 자녀를 합리적으로 통제하고 자녀 스스로 자율적으로 결정할 수 있도록 돕는 것으로 나타났다. 그리고 이러한 부모가 양육한 아동은 유능하고 책임감이 강하며 사교적이고 리더십을 발휘하는 것으로 보고했다. 각 아동집단별 부모의 양육태도 특성은 다음과 같다.

① 집단 I(유능한 아동집단): 권위 있는(authoritative) 민주적 양육태도

권위 있는 부모는 권위주의적인 부모보다 융통성 있게 자녀의 행동을 통제한다. 민주적인 양육방식을 지닌 부모는 자녀에게 규칙을 부과해 자녀의 행동에 제한을 가하고 통제하나 자신이 부과한 규칙을 왜 아동이 따라야 하는지 그 이유를 설명한다. 또 자신이 정한 규칙을 따를 것을 자녀에게 요구하나 동시에 자녀에게 스스로 따를 것인지 말 것인지를 선택할 수 있는 자유를 준다. 권위 있는 부모는 자녀의 욕구나 의견에 상당히 반응적이다. 따라서 자녀가 자신이 부과한 규칙을 따르려고 하지 않으면 납득하도록 설명해 설득하려고 하며 자녀 스스로 선택해 규칙을 따르도록 하는 민주적인 절차를 밟는다. 따라서 권위 있는 부모는 합리적이며, 자녀의 자발적인 의사와 자녀가 다른 사람의 말에 따르는 것을 모두 중시하고 분명한 통제와 함께 어느 정도의 자유도 허용한다. 이러한 부모의 자녀는 또래, 그리고 형제와 긍정적인 상호작용을 더 많이 갖고 부모와 더 안정적인 애착을 형성한다.

② 집단 II(중간 수준의 아동집단): 권위주의적(authoritarian) · 독재적 양육태도

부모가 자녀의 행동을 권위주의적으로 통제하는 양육방식이다. 권위주의적이라는 용어가 의미하는 바는 윗사람에게는 친절하게 순종적으로 대하나 아랫사람에게는 권위를 내세워서 상대방의 의견을 듣지 않고 명령하는 식으

로 대하는 것이다. 따라서 권위주의적 또는 독재적 양육방식은 부모가 자녀의 행동을 매우 통제하며 자신의 의견을 따르기를 강요하는 방식이다. 이러한 양육방식을 취하는 부모는 자녀에게 많은 규칙을 부과하며 그 규칙에 무조건 따를 것을 원하면서도 자녀가 자신이 부과한 규칙에 따라야 하는 이유에 대해서는 설명하지 않는다. 또 자녀가 규칙을 따르지 않으면 강압적인 방식으로 체벌 등을 사용하기도 한다. 따라서 독재적인 부모는 절대적인 행동기준을 정해놓고 부모에게 복종하도록 강요하며 벌을 주거나 힘에 의한 방법으로 자녀를 기른다. 이들은 자녀의 자율성을 제한하고 자발적 의지를 억제시킨다.

③ 집단 Ⅲ(미숙한 아동집단): 허용적(permissive) 양육태도

자녀에게 요구하는 바가 적고 자녀가 자신의 기분이나 충동 등을 마음대로 표현하도록 허용한다. 자녀의 행동을 거의 통제하지 않으므로 자녀들은 상당히 자유롭게 생활한다. 허용적인 부모는 자녀를 처벌하지 않고 무조건 수용해주며 긍정적이다. 이들은 자녀가 스스로 활동을 규제하도록 하고, 자녀에게 통제를 가하지 않으며, 외부에서 정해진 기준을 준수하는 것이 중요하다고 생각하지 않는다. 그리고 자녀에게 장난감 치우기, 자기 방 정리하기, 심부름하기 같은 일도 시키지 않는다. 이러한 부모의 자녀는 책임감이 없고 자아통제가 안 되고 정서적으로 미숙하며 또래관계에서 부적응을 경험하기도 한다.

한편 홀스테인(Holstein, 1972)의 연구결과, 부모의 양육태도에 따라 자녀의 도덕적 판단력에도 차이가 있는 것으로 나타났다. 부모가 자율적인 경우가 통제적인 경우보다 아동의 도덕적 판단력이 더 높은 것으로 나타났다. 즉, 아동의 도덕적 판단력은 부모의 양육태도가 애정적이고 통제적인 경우보다 애

정적이고 자율적인 경우 더 높다는 것이다. 이는 아동이 애정적인 분위기에서 자율적으로 양육될 경우 여러 상황에서 스스로 판단할 수 있는 기회가 많기 때문에 인지적 판단력의 특성이 강한 도덕적 판단력이 높은 것으로 해석할 수 있다.

✤ 생각 나누기

1. 해외입양이 입양아동과 친부모, 특히 미혼모에게 미치는 영향은 무엇인가?
2. 최근 개정된 입양특례법은 입양의 절차가 아동의 복리를 중심으로 이루어질 수 있도록 국가의 관리·감독을 강화한 한편 출신가정과 출신국가 내에서 양육되는 것이 최선의 아동보호임을 강조하고 있다. 특히 제7조는 입양 의뢰된 아동의 양친될 자를 국내에서 찾기 위한 시책을 최우선적으로 시행해야 한다고 규정하고 있다. 정부가 국내입양을 실제로 활성화할 수 있는 방법은 무엇인가?

3
어린이 인권의 새싹

찬비가 봄을 저 멀리 쫓아낸 듯하나 그래도 봄은 봄이다. 100년 만의 매서운 추위로 모두가 움츠렸던 긴 겨울 동안에도 인권의 새싹을 틔울 준비를 해 온 선생님들이 있다. 2010년 전국의 지역아동센터 교사가 함께 모여 '인권감수성 UP, 인권침해 DOWN'이라는 주제로 지역아동센터에서 생활하는 아동의 특성과 욕구를 구석구석 들여다보고 아동과 교사의 권리를 함께 찾아 옹호하는 방법을 고민하는 시간을 가졌다. 5회기 30시간에 걸친 모임을 통해 교사들의 인권감수성은 한층 업그레이드됐다. 이들의 인권감수성은 바로 새봄에 틔울 인권의 싹이자 어린이날을 맞는 아이들을 위한 선물이다.

인권교육을 위한 지역아동센터 교사들의 노력

나 자신은 물론 상대방을 존중하는 일은 사람살이의 기본이다. 이 세상에 태어난 모든 사람이 인간답게 살 권리를 가지고 있음을 이해하고, 마음을 활짝 열어 나와 남이 다름을 인정하고, 나의 권리와 남의 권리를 똑같이 존중하는 태도를 형성하는 것이 인권교육의 목표이다. 유엔총회에서 만장일치로 채택된 아동권리협약 제42조는 아동은 물론 전체 사회구성원들에게 아동권리에 대해 교육하고 홍보할 의무가 있음을 규정하고 있다. 아동권리는 당위적 선언이나 법적 규정에 그쳐서는 안 되고 이를 제대로 이해하는 것과 가정, 학교, 지역사회의 일상생활 속에서 매일 호흡하듯 보장하는 것이 중요하기 때문이다. 우리 정부는 1991년 이 협약에 가입했다.

하지만 1998년 서울에 있는 한 중학교 교사는 유엔아동권리협약의 내용을 수업교재로 삼았다가 교감에게 호된 질책을 들었다. 교감은 "불온문서의 출처가 어디냐?"라고 다그쳤다. 도덕을 가르치는 교사는 "이 협약은 유엔이 제정한 것이고 우리도 교육할 의무가 있다"라고 설명했으나 교감은 막무가내였다고 한다.

최근 우리 사회에서도 '인권교육을 위한 교사모임'과 같이 나의 권리와 남의 권리를 똑같이 존중할 수 있는 방법에 대해 학생들과 함께 생각을 나누고 실천하는 선생님들이 늘고 있다. 그러나 인권교육을 실시하는 곳은 학교로 한정되어 있으며 방과 후 아동들이 야간까지 생활하는 지역아동센터에서는 인권교육이 실시되지 못하고 있는 실정이다. 학교에서 실시하는 인권교육이 가정은 물론 지역사회까지 연계되고 통합되어 강화될 필요가 있다.

이러한 배경으로 국가인권위원회와 사회복지공동모금회가 지원한 지역아동센터 교사의 인권감수성 향상 프로그램은 선행연구와 당사자의 의견에 근거해 개발됐다. 인권감수성 척도를 사용해 프로그램의 사전검사와 사후검사를 비교분석한 결과, 교사들의 인권감수성이 평균 13.7점 높아졌다. 교사들의 상황지각능력, 결과지각능력, 책임지각능력도 모두 통계적으로 유의미하게 향상됐다.

이는 곧 이 프로그램의 효과가 검증됐음을 의미한다. 특히 자발적으로 구성된 소모임 활동과 소통을 통해 센터에서 당면한 문제와 지역별 상황을 서로 공감하고 지지할 수 있게 되었고, 이 프로그램을 통해 교사 자신의 선택이 아동에게 미치는 결과에 대해 예측할 수 있는 능력과 책임감이 향상됐다고 해석할 수 있다.

정부가 전국적으로 확산을 지원해야

이제 정부는 모든 아동의 권리보장과 삶의 질 향상을 위해 지역아동센터 교사들이 틔운 인권의 싹을 전국에서 키워내야 한다. 이를 위해 참여교사들의 의견을 기초로 아동과 지역의 특성을 반영해 아동, 부모, 학교 교사, 공무원, 기타 지역주민을 대상으로 한 맞춤형 인권교육 프로그램을 개발함으로써 유엔아동권리협약 제42조를 이행해야 한다.

방정환의 '어린이선언문'이 떠오른다. 특히 '어린이를 책망하실 때는 쉽게 성만 내지 마시고 자세자세 타일러주시오'라는 권고는 바로 꾸중다운 꾸중 방법이요 인권교육의 초석이다. 이 마음은 인권의 싹을 틔운 선생님들의 마음과도 같다.

≪한국일보≫, "아침을 열며", 2010년 4월 30일

주요 용어와 관련 선행연구

인권(人權) ▌ 인간의 권리(human rights)로서 인간이 인간답게 살 권리를 의미하며, 모든 인간이 태어나면서 갖는 보편적이며 절대적인 천부인권, 즉 자연

법사상에 기초한다. 한편 권리(權利)는 법률이 규정하는 자격을 가진 자에게 부여하는 권한과 힘이다. 따라서 인권은 헌법 등 국내법은 물론 유엔아동권리협약 등 국제법을 근거로 모든 사람에게 보편적으로 적용된다. 더 근본적으로 인권은 세계인권선언에 명시된 인간의 생명존중, 자유, 평등, 사회정의, 사회통합을 추구하는 가치에서 비롯된다(UN Centre for Human Rights, 1993).

유엔의 인권에 관한 정의

인권은 인간의 타고난 천성에 내재되어 있는 권리로서 이것 없이는 인간으로 살 수 없는 권리를 의미한다. 인권과 기본적 자유는 인간의 존엄과 가치를 추구하는 욕구에서 비롯된다. 따라서 인권은 우리로 하여금 우리의 인성과 지성, 양심을 사용하도록 함으로써 우리를 충분히 성장하게 하고 동시에 심리적 욕구, 사회적 욕구를 만족시켜준다.

인권과 기본적 자유를 부정하는 것은 개인적 비극일 뿐만 아니라 사회·국가적 차원에서도 사회와 국가 간에 폭력과 갈등의 씨앗을 뿌림으로써 사회적이고 정치적인 혼란과 문제를 초래한다. 세계인권선언이 첫 번째 문장에서 명시하고 있는 바와 같이 '인권과 인간존엄에 대한 존중은 세계의 자유와 정의, 그리고 평화의 기초이다'(UN, 1987).

인권교육 ▌ 인권교육은 사회구성원들의 인식을 변화시키고 인권의식을 확장시키는 강력한 수단이 될 수 있다. 이때 인권의식은 차별과 폭력에 대한 감수성을 의미하며 인권교육은 이러한 감수성을 키우는 교육을 말한다. 인권교육의 목적은 모든 사람이 인간답게 살 권리를 가지고 있음을 이해하고, 차별과 차이를 구분하고, 나의 권리와 남의 권리를 똑같이 존중하는 태도를 배우고,

인권의 가치관을 형성하는 것이다(문용린, 2002). 따라서 인권교육은 일반 성인에 비해 상대적으로 약자인 아동 또는 소수자가 자신의 권리를 인식하고 행사할 수 있는 능력을 기르도록 하는 인권옹호의 과정이며, 임파워먼트의 과정으로서 이들이 자신과 다른 사람의 인권옹호자로 활동하도록 돕는다. 예컨대 아동이 자신의 인권옹호자가 된다는 것은 다른 사람이 자신에게 가하는 학교폭력과 같은 인권침해에 저항할 수 있는 힘을 갖는 것을 의미하며, 다른 사람의 인권옹호자가 된다는 것은 친구가 학교폭력의 피해자가 됐을 때 방관자적 입장이 아니라 피해자의 관점에서 적극적으로 도와줄 수 있는 힘을 갖게 되는 것을 의미한다.

인권감수성 ▌ 인권문제가 제기된 상황을 인권 관련 상황으로 지각하고 해석하며, 그 상황에서 가능한 행동이 관련된 다른 사람들에게 어떠한 영향을 미칠지를 알며, 그 상황을 해결하기 위한 책임이 자신에게 있다고 인식하는 과정을 의미한다. 국가인권위원회는 도덕민감성의 개념에서 인권감수성 개념을 도출했고 이를 상황지각능력, 결과지각능력, 책임지각능력의 세 가지 하위 개념으로 구분했다(문용린, 2002). 상황지각능력은 인권문제로 인식하고 받아들이는가에 대한 해석능력으로 정의된다. 결과지각능력은 자신과 타인에게 미칠 행동의 가능한 결과를 상상하고 이해할 수 있는 능력, 즉 타인의 정서인식능력으로 정의된다. 또한 책임지각능력은 인권과 관련된 행동에 대한 책임을 자신과 관련해 지각하고 이를 실제 행동으로 실천하고자 하는 의지와 능력으로 정의된다.

인권감수성 척도 ▌ 국가인권위원회는 인권감수성을 객관적으로 측정할 수 있는 도구의 필요성에 따라 이 개념을 상황지각능력, 결과지각능력, 책임지각

<표 1> 인권감수성 측정을 위해 선정된 인권항목의 연령별 분류

인권항목	대학생 및 성인 (교사)	아동 (초등학생)
감원대상(평등권, 성차별 받지 않을 권리)	○	○
김씨의 구속(불법체포·구속당하지 않을 권리)	○	○
장애인학교(장애우의 교육받을 권리)	○	
자녀교육(신체의 자유와 안전의 권리)		○
진료자 명단(정신질환자의 사생활권)	○	
공장건립(환경권)	○	
황판사의 고민(구금으로부터의 자유)	○	
려씨의 임금(이주노동자의 노동권)	○	
국가의료정보센터 설립(사생활권)	○	
의사의 고민(장애우 신체의 자유권)	○	
가족회의(노인의 행복추구권, 결혼할 권리)	○	
평화·연대권		○

자료 : 문용린(2002); 이상희·이혜원(2007); 이혜원 외(2010).

능력의 세 가지 하위개념으로 구분해 척도를 개발했다(문용린, 2002). 이 척도는 5점 리커트 척도로 되어 있다. 검사의 형식은 인권이 문제시되는 갈등상황을 나타내는 에피소드, 즉 인권항목(성인용 10개, 아동용 4개)을 읽고 인권을 옹호하는 문항과 인권과 상관없는 다른 가치를 나타내는 문항에 대해 중요도를 평가하도록 되어 있다. 이때 각 인권항목의 질문에 대한 답변 중에서 인권을 옹호하는 문항에 대한 반응이 인권과 상관없는 가치를 나타내는 문항에 대한 반응보다 큰 경우에만 인권옹호 문항에 평가한 점수를 주고, 그 반대의 경우에는 0점을 준다.

지역아동센터 ▌ 지역사회 아동의 보호와 교육, 건전한 놀이와 오락의 제공, 보호자와 지역사회의 연계 등 아동의 건강한 양육을 위해 종합적인 아동복지

서비스를 제공하는 시설이다.

어린이선언문 ▌ 이 선언문은 아동권리공약 3장에 기초하며, 1923년 소파 방정환에 의해 제정된 우리나라 최초의 아동권리선언으로서 제네바선언보다 한 해 일찍 공포됐다. 어린이선언문은 세 가지 조항, 즉 윤리적 압박으로부터의 해방, 경제적 압박으로부터의 해방, 교육과 여가를 강조한다.

첫째 조항은 아동의 인격적 독립을 천명한 것으로서 '재래의 윤리적 압박'이라는 말은 유교문화의 전통인 장유유서와 같이 연령차별에 의한 위계의식에 따라 아동이 불완전한 존재로 인식되는 것을 우려해 권고하는 것으로 해석된다. 둘째 조항은 아동의 노동금지를 언급하고 있는데, 최저노동 연령을 14세 이상으로 못 박고 있다는 점이 중요하다. 이는 특히 66년 뒤인 1989년에 제정된 아동권리협약의 기준과 일치하고 있다는 사실에서 이 선언이 매우 진보적이었음을 알 수 있다. 특히 '재래의 경제적 압박'은 아동에 대한 보호자 또는 다른 성인의 경제적 착취를 의미하는 것으로, 노동을 하지 않더라도 14세 이하 아동의 생활이 보장되어야 함을 의미한다고 해석할 수 있다. 셋째 조항은 아동의 문화적 권리, 즉 여가, 놀이 등에 관한 권리의 보장을 의미한다. 이 권리는 아동권리협약(1989)에 이르러서야 권고되었다는 사실을 감안하면 이 역시 진보적인 조항임을 알 수 있다.

따라서 아동권리공약 3장은 아동을 경제적·사회적·문화적 압박으로부터 보호할 권리는 물론, 아동의 문화권 같은 적극적인 권리의 보장도 권고하고 있다고 평가할 수 있다(김정래, 2002; 이혜원, 2006a).

어린이를 내려다보지 마시고 치어다보아 주시오.

어린이를 가까이 하시어 자주 이야기해주시오.

어린이에게 경어를 쓰되 늘 보드랍게 해주시오.

이발이나 목욕, 의복 같은 것을 때맞춰 하도록 하시오.

잠자는 것과 운동하는 것을 충분히 하게 해주시오.

산보와 원족 같은 것을 가끔가끔 시켜주시오.

어린이를 책망하실 때는 쉽게 성만 내지 마시고 자세자세 타일러주시오.

어린이들이 서로 모여 즐겁게 놀 만한 놀이터와 기계 같은 것을 지어주시오.

대우주의 뇌신경의 말초는 늙은이에게 있지 아니하고 젊은이에게도 있지 아니하고 오직 어린이에게만 있는 것을 늘 생각해주시오.

자료 : '어린이선언문'(방정환, 1923).

✤ 생각 나누기

1. 유엔아동권리위원회는 아동을 대상으로 한 인권교육에 앞서 부모와 교사를 대상으로 한 인권교육을 실시할 것을 권고한다. 그 이유는 무엇인가?
2. 선행연구들(한국교육개발원, 2010; 국가인권위원회, 2010)은 다문화사회에서 이주아동은 물론 정주아동의 권리를 보장하기 위해 교실 내 인권감수성 향상을 위한 인권교육이 필요하다고 주장하고 있다. 이러한 관점에서 인권감수성과 문화감수성의 차이는 무엇인가?

4
성폭력 피해아동 돌보기

한 초등학교 2학년 여학생이 우물을 함께 사용하던 이웃집 아저씨에게 성폭력을 당했다. 아홉 살 어린이는 열흘간 제대로 걷지도 못할 정도로 몸과 마음의 고통을 혼자 겪으면서도 부모에게 혼날까 봐 말도 못 했다. 사춘기에 이르러 그 끔찍한 상처의 의미를 알게 되면서 타인과 자신에 대한 분노와 불신이 커지고 작은 자극에도 공격성을 보여 신뢰관계를 형성할 수 없었다. 결혼을 했지만 부부관계를 거부하면서 결국 이혼하게 되었다.

법 앞에 두 번 우는 현실

이러한 불행의 원흉을 고소하려 했지만 당시 성폭력범죄는 친고죄로 분류되어 고소기간은 6개월 이내였다. 법의 도움도 받을 수 없게 된 피해자는 스스로 가해자를 처벌하기로 마음먹고 서른 살이 되던 1991년 결국 그 남자를 찾아가 살해하고 현장에서 검거됐다.

김부남 사건으로 알려진 이 사건은 아동 성폭력이 부른 우리나라 최초의 살인사건이다. 이듬해에는 공무원으로 표창까지 받은 아버지가 자신이 지속적으로 성폭행한 딸과 그 딸의 내밀한 공포와 분노를 알게 된 남자친구에 의해 살해되는 이른바 김보은 사건도 발생했다.

성폭력은 상대방의 동의 없이 강제로 성적행위를 하거나 성적행위를 하도록 강요하는 행위이다. 성폭력은 피해자의 자존감을 떨어뜨려 심신의 상처를 남기며 그 후유증은 평생을 간다. 어린 시절 성폭력을 당한 성인의 80%는 현실과 분리되는 느낌과 현실감각의 상실을 경험하고, 30%는 불안, 강박장애, 섭식장애, 성생활장애 등 외상후스트레스장애로 불행을 겪는다는 조사결과가 있다. 김부남 사건과 김보은 사건은 바로 선행연구의 결과와 일치한다.

20년이 지난 오늘에도 성폭력 피해아동은 법 앞에서 두 번 울어야 한다. 유치원에서 성폭력을 당한 네 살 여아는 경찰관 앞에서 세 번이나 당시 상황을 진술해야 했다. 처음 녹화된 것이 경찰관의 조작 실수로 지워졌고 그다음엔 법정 진술을 도운 상담가의 자격에 대한 문제가 제기됐기 때문이다. 반복된 진술요구는 피해아동의 상처를 더 깊고 크게 만들 뿐이며 억지로 진술을 반복할수록 그 내용은 오히려 불명확해진다.

2008년 12월 안산시 단원구에 있는 한 교회 안의 화장실에서 조두순이 여덟 살 나영이를 강간상해한 사건인 이른바 '조두순 사건' 직후에도 검찰은 온몸이 멍투성이에 만신창이가 된 나영이에게 다섯 차례나 똑같은 진술을 요구했다. 환자상태를 감안해 지나친 요구를 막아주는 의사도 곁에 없었다. 김수철 사건의 피해아동도 신속한 의료진단을 받지 못한 채 경찰수사를 위해 경찰을 따라다녀야 했고 놀라 당황한 부모는 자녀의 권리를 옹호할 수 없었다.

최근 아동 성범죄에 강도 높은 처벌을 원하는 사회분위기가 고조된 상황에서도 아동 성폭력사건은 되레 증가해 하루 평균 3.3건이 발생하고 있다. 따라서 무엇보다도 성폭력 피해아동에게 최선의 이익과 생존권, 보호권, 발달권, 참여권을 보장할 수 있도록 정부의 효과적인 개입이 필요하다.

'절대 너의 잘못이 아니다'

이를 위해서는 정부가 신속한 응급의료 조치를 취하는 것은 물론 '절대 너의 잘못이 아니다'라는 인지행동 치료와 함께 피해자가 손상된 자아존중감을 향상시킬 수 있도록 도와야 한다. 무서운 상황에서도 탈출할 수 있었던 나영이의 판단력과 용기를 북돋워주어야 한다. 자칫 '네가 제대로 처신했더라면' 하고 비난할 수 있는 부모를 누구보다 믿고 의지할 수 있는 지킴이 엄마, 아빠로 변신하도록 돕는 부모상담을 실시하고, 사례관리를 통해 가족의 적응력과 응집력을 강화시켜야 하며, 아동 전문가에 의한 법률적 지원과 권리구제 절차 등 피해아동의 권리를 옹호하는 제도를 정착시켜야 한다.

물론 근본적인 아동 성폭력 예방대책과 함께 피해아동이 가장 먼저 찾는 병원 의료진과 경찰에 대한 교육도 시급하다. 이로써 또 다른 김부남 사건을 예방할 수 있다. 2010년 7월 29일 국회를 통과한 성폭력 범죄자의 약물치료 법률과 아동 성범죄자의 신상정보를 인터넷으로 열람할 수 있도록 한 아동 청소년 성보호 관련 개정 법률이 실속 없는 땜질식 처방이 아니기를 바란다.

≪한국일보≫, "아침을 열며", 2010년 7월 2일

주요 용어와 관련 선행연구

공격성 ▌ 외부로 드러나 관찰할 수 있는 신체적·언어적 행동뿐 아니라 어떤 행동을 하게 만드는 원인 또는 화를 나게 하는 학습된 정서상태도 포괄하는 개념이기 때문에 학자에 따라 다양하게 정의된다. 마이어(Meyer, 1988)는 공격성을 다른 유기체에 대해 파괴적인 행동을 하거나 유해한 자극을 주려는 의도를 지닌 외현화(外現化)된 행동으로 정의한다. 공격성은 공격유형에 따라 신체적 공격성('화가 나면 주변의 물건 같은 것을 잘 집어 던진다'), 언어적 공격성('화가 났을 때 말을 함부로 하는 편이다'), 간접적 공격성('종종 친구나 동물을 괴롭힌다'), 부정성('나는 화를 잘 내는 편이다'), 흥분성('다른 사람과의 관계에서 참을성이 없다')으로 구분될 수 있다.

불안 ▌ 공격성이 외현화된 문제행동이라면 불안은 내재화된 문제행동이다. 불안은 개인의 정서를 나타내는 내면화된 행동으로서 신체 내부기관의 흥분에 의해 생기는 고통스러운 감정으로 정의되며, 개인의 성격형성과 정서적 발달에 중요한 영향을 미친다(Spielberger, 1977). 따라서 불안이 심한 사람은 자기평가가 부정적이고 자아존중감이 낮아서 원만한 대인관계를 형성하거나 유지하기 어렵고 사회적응에 어려움을 겪는다.

자존감(자아존중감) ▌ 로젠버그(Rosenberg, 1981)는 자아존중감을 자기수용 또는 자기가치에 관한 기본 감정 – '내가 내 자신을 어떻게 생각하는가' – 이라고 정의한다. 시버와 티핏(Siber and Tippitt, 1965)은 자아존중감을 '자기 자신의 실제 이미지와 자신이 생각하는 이상적인 이미지와의 일치 정도를 반영하는 자아에 관한 만족 또는 불만족의 감정'이라고 설명하고 있다.

이와 같이 자아존중감은 다양하게 정의되고 있으나 공통적으로 자기 자신의 가치와 중요성에 대한 평가를 포함한다. 특히 자아존중감은 청소년기에 매우 활발하게 형성된다는 측면에서 그 중요성이 더 강조되고 있다. 예컨대

에릭슨(Erikson, 1963)은 인간의 발달단계이론에서 청소년기에 이루어야 할 주요 과업으로 자아정체감, 개인적 가치, 성역할, 자기인식의 확립을 들고 있어 자아존중감의 형성이 다른 시기에 비해 청소년기에 더 중요하게 다루어져야 한다고 제시한다.

볼로니니 외(Bolognini et al., 1996)는 청소년기에 자아존중감이 중요한 이유를 네 가지로 설명하고 있다. 첫째, 청소년기는 신체적·정신적 변화 및 가족, 친구 등 사회적 관계의 변화를 경험하게 된다. 둘째, 청소년기는 자기 자신에 대한 관심이 증가되기 시작하는 시기이며 따라서 자기성찰이 중요한 역할을 하게 된다. 따라서 가족, 친구, 사회와의 관계에서 자신에 대한 평가에 변화가 일어날 가능성이 많다. 셋째, 성역할이 강화되는 시기로 자신의 관심, 가치, 활동 등에서 남녀 간 차이를 수용하는 문제로 사회적 압력을 받게 된다. 넷째, 학업, 과외활동, 여가활동과 음주, 흡연 등의 일탈행위 가운데 선택을 요구받는 상황에 처할 가능성이 많다. 따라서 자아존중감이 낮은 청소년의 경우 자신의 잠재력을 발휘하지 못하고 이후 성인이 되어서도 적극적인 사회구성원으로서 기능하지 못하는 부정적 결과로 이어질 가능성이 크다.

반면에 자아존중감이 높은 청소년일수록 전반적인 심리적 만족감이 높고 우울 정도가 낮은 것으로 보고되고 있다(Harter, 1993). 이러한 자아존중감은 고정적인 것이 아니라 다양한 경험을 통해 변화될 수 있다(Cooppersmith, 1967). 청소년을 둘러싼 환경은 자아존중감에 영향을 미친다. 하터(Harter, 1993)는 청소년의 자아존중감이 사회적 지지체계와 밀접한 관련이 있다고 전제하면서 잠재적인 사회적 지지체계로 부모, 교사, 또래를 들고 있다. 가족은 청소년의 발달에 긍정적·부정적으로 많은 영향을 미친다. 특히 부모의 양육태도는 청소년이 타인을 돕는 활동 및 책임감에 큰 영향을 미친다. 학교는 청소년이 가정과 함께 가장 많은 시간을 보내는 곳으로 청소년의 자아존중감에 중요한 영향을 미친다. 학교에서의 학업수행 정도, 교사와의 관계, 또래와의 관계 등이 중요한 변수로 작용한다고 볼 수 있다.

이와 같이 청소년기는 타인과의 상호작용에 의해 자신에 대한 평가가 달라지기 때문에 다양한 방식을 통해 긍정적인 자아존중감을 도모하는 방안을 모색하는 것이 중요하다.

외상후스트레스장애 ▌ 일상적인 상황에서는 겪을 수 없는 극히 위협적인 외상적 사건 때문에 심리적 충격을 경험한 다음에 나타나는 정신적인 증상으로 정의된다. 타인의 죽음이나 심각한 상해, 또는 신체적 안녕에 위협을 가져다주는 사건들 – 강간, 폭력, 전쟁, 홍수, 지진 등 – 을 경험하거나 목격했을 때 이 증상이 나타날 수 있다.

주된 임상증후로는 그 외상적인 사건이 꿈에 계속 나타난다거나, 반복적으로 그 사건이 생각난다거나, 마치 그 사건이 일어나고 있는 것같이 행동하거나 느끼는 현상을 들 수 있다. 또한 그러한 외상적인 사건을 생각나게 하는 요인들을 회피하거나 이전과는 달리 반응이 둔화되어 활동이나 흥미가 감퇴되고 정서적으로 위축되는 경험을 하기도 한다. 또는 과민상태 – 불면증, 분노의 폭발, 놀람반응 등 – 가 지속되기도 한다.

예컨대 새터민청소년의 25%는 자신과 가까운 다른 사람이 생명을 위협당하거나 죽음을 당하는 것을 목격한 것으로 나타났다(홍순혜 외, 2003). 이들 가운데 가족을 동반하지 않은 채 단독탈출했거나 친구와 탈출을 하고 탈북 횟수도 더 많고 제3국에서 더 장기간 체류한 것으로 나타난 무연고 새터민청소년은 탈북부터 남한정착까지 부모를 동반했던 청소년보다 상대적으로 더 큰 위험에 노출됐을 뿐만 아니라 외상의 재경험, 외부환경에 대한 회피, 증가된 각성반응, 죄책감 등 외상후스트레스장애 증상이 더 높은 것으로 나타났다. 이러한 청소년들의 외상후스트레스장애는 적응교육 불참, 술, 마약 등 자극적인 물질 요구, 남아 있는 가족들에 대한 죄책감 호소 등으로 표출된다. 또한 탈북 과정에서의 끔찍한 경험에 남한사회에서의 박탈감까지 더해져 그 피해의식이 쉽게 공격성으로 표출된다. 이 때문에 평소 순응적인 태도를 보이던 청소년이 조그만 일에 공격적으로 돌변하기도 한다(정익중, 2008).

생존권 ▌ 아동이 생명을 유지하고 기본적인 삶을 누리는 데 필요한 권리로서 적절한 생활수준을 누릴 권리, 안전한 주거지에서 살아갈 권리, 충분한 영양을 섭취하고 기본적인 보건서비스를 받을 권리 등을 포함한다.

발달권 ▌ 아동의 건강한 발달에 필요한 모든 권리를 국가로부터 보장받는 것을 전제로 하는 포괄적 기본권으로서 생태체계적 관점에서 생존권, 보호권, 참여권과 상호밀접하게 연관된다. 따라서 발달권은 아동의 건강한 발달을 위한 역량을 계발하고 잠재력을 최대한 발휘하는 데 필요한 권리를 의미하며, 교육을 받을 권리, 의료와 사회보장에 관한 권리, 여가를 즐길 권리, 문화생활을 하고 정보를 얻을 권리, 생각과 양심의 자유, 종교의 자유, 표현의 자유를 누릴 권리 등을 포함한다(Freeman, 2000). 발달단계에 있는 아동은 우선 교육권을 충분히 보장받아야 성인이 된 이후 취업을 통해 독립할 수 있다(김경준 외, 2005). 즉, 교육권과 발달권은 아동의 발달특성상 연계되어 있다.

사례관리 ▌ 복합적인 욕구를 가진 클라이언트의 일상생활 문제를 해결하고 욕구를 충족시키기 위해 다양한 자원과 연계하는 과정을 의미한다. 목슬레이(Moxley, 1989)는 사례관리를 '공식적·비공식적 자원의 관계망을 조직·조정·유지하는 과정'으로, 사라자와 마사가즈(白澤政和, 1996)는 '대상자의 일상적인

<그림 1> 사례관리의 과정

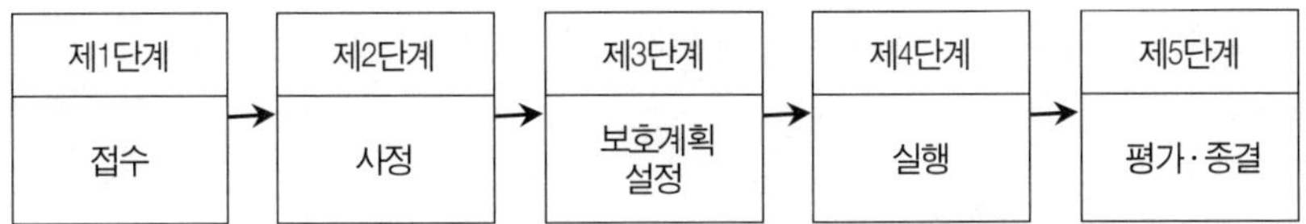

다양한 욕구를 충족시키기 위해 적합한 사회자원과 연결시키는 절차의 총체'로, 정순둘(2005)은 '한 사람의 사례관리자가 복합적 욕구를 가진 클라이언트에게 다양한 서비스 자원을 연결시켜 클라이언트가 일상생활상의 어려움을 극복할 수 있도록 돕는 사회복지 실천의 한 방법'으로 정의한다. 사례관리의 과정은 총 다섯 단계로 접수(intake), 사정(assessment), 보호계획 설정(care plan), 실행(자원연계), 평가·종결로 구성된다.

가족의 적응력과 응집력 ▌ 가족기능은 가족을 하나의 역동적 개방체계로 보고 환경과 가족 하위체계들 간의 상호작용에 초점을 두는 개념이다. 올슨(Olson, 1999)은 가족체계론 관점에서 가족기능을 가족 간 정서적 결합을 의미하는 응집력과 가족 내 의사소통 및 자녀양육방식을 의미하는 적응력으로 나누어 양분하고 있다. 따라서 기능적으로 역량이 있는 가족은 구성원 간 정서적 유대감이 강하고, 의사소통이 개방적이어서 가족규칙이 명확하고 역할이 분담되어 있으며, 새로운 상황에 쉽게 적응할 수 있다.

이러한 관점에서 올슨(Olson, 1999)은 가족의 기능을 측정하기 위해 FACES III(Family Adaptability and Cohesion Evaluation Scale)를 사용했다. 이 척도는 가족기능을 2개 하위척도인 가족의 응집력과 적응력으로 구분해 '우리 가족은 자녀에게도 어떤 일을 결정할 권리를 준다' 등의 10개 적응력 하위문항과 '우리 가족은 서로서로 도움을 청한다' 등의 10개 응집력 하위문항을 합해 총 20개

문항으로 구성되어 있으며 '전혀 그렇지 않다' 1점에서 '매우 그렇다' 5점으로 측정된다. 합산 점수가 높을수록 가족기능이 높은 것으로 해석된다.

✤ 생각 나누기

1. 영화 〈우리들의 행복한 시간〉 속 유정은 부유한 가정에서 남부러울 것 없이 자랐지만 열다섯 살 되던 해 아내와 아이까지 있는 사촌오빠한테 강간을 당했다. 울면서 너무너무 아프다며 제대로 걷지도 못하고 기다시피 겨우 엄마를 찾아온 유정에게 엄마는 몸 처신을 어떻게 하는 거냐며 오히려 그녀를 비난하고 때린다. 가해자는 아무런 법적 처분도 받지 않고 계속 떳떳하게 가정을 꾸리며 당당하게 살고 있다. 사촌오빠에게 성폭력을 당한 15세 소녀 유정에게 엄마는 존재했는가? 성폭력을 당한 자녀에게 가장 필요한 부모의 태도는 무엇인가? 또한 이를 위한 정부와 지역사회의 역할은 무엇인가?
2. 아동보호전문기관의 사회복지사가 성폭력 피해아동의 권리를 옹호할 수 있는 방법은 무엇인가?

5
거꾸로 가는 저출산대책

연말 무렵 시간에 쫓길 때면 세월이 거꾸로 가면 좋겠다는 생각을 하게 된다. 그런데 정말 신기하게도 12월이면 거꾸로 가는 것이 있다. 정부 여당의 예산안 처리와 저출산대책이 그렇다. 여당이 새해 예산안을 날치기 처리해 의회민주주의를 역류시키는 모습을 반복해서 지켜봐야 하는 우리 자신이 부끄럽다.

출산·양육 지원예산 삭감

세계에서 가장 낮은 출산율을 기록하고 있는 우리나라는 지금 소중한 아기의 생명과 건강을 위해 책정된 필수 예방접종비용마저 4대강으로 흘려보내고 있다. 이 강물이 역류하기를 기대하는 것은 세월이 역류하기를 기대하는 것보다 더 허무한 일이리라. 정부가 약속한 '서민희망 예산'과 '출산희망 예산'은 어디로 갔는가? 그 약속을 철석같이 믿고 일상의 고통을 감내해왔던 서민들의 마음은 씁쓸하기만 하다.

2009년 12월 정부는 경제위기 상황에서 내놓았던 한시 생계보호, 영유아보육시설, 산모도우미, 긴급복지와 관련된 예산을 삭감했다. 2010년에는 생계급여 예산마저 삭감했다. 국민기초생활보장제도의 사각지대에서 생존권을 보장받지 못하고 있는 410만여 명을 애써 외면한 것이다. 빈곤아동이 100만 명으로 늘고 있는데 방학 중 결식아동 급식지원 예산도 전액 삭감했다. 장애아동 무상보육지원금은 물론 보육시설을 이용하지 못하는 영유아의 양육수당 예산도 삭감했다.

특히 대통령의 공약이던 영유아 예방접종비용 지원은 전면 백지화됐고, A형간염 백신지원금, 산후도우미 예산도 삭감됐다. 출산모를 위한 휴가급여와 육아휴직급여는 2010년 11월부터 예산 부족으로 중단됐다. 겨우 마련된 소극적 대책마저 이행하지 못하는 정부를 어떻게 믿고 자녀를 낳을 수 있겠는가?

필자는 27년 전 크리스마스를 일주일 앞두고 영국에서 큰 아이를 출산했다. 가난한 유학생 부부였던 우리는 체류기간이 6개월 이내였는데도 집에서 가장 가까운 거리에 있는 의사를 선택해 무료 산전관리를 받을 수 있었다. 의사와의 만남은 월 1회에서 출산이 가까워질수록 주 1회로 늘어났다. 옆집 아저씨 같은 주치의는 출산을 1개월 앞둔 시점에서 가까운 병원 네 곳 가운데 출산을 원하는 곳을 선택할 수 있는 권한까지 우리에게 주었다. 병원을 정하고 담당의사를 미리 만나 네 차례 산전검진을 받은 뒤 편안한 마음으로 순산했다. 영국에서 출산하는 산모에게는 이 모든 것이 무료로 제공된다.

더욱 놀라운 것은 퇴원 4주일 만에 집으로 찾아온 가정방문 보건사의 역할이었다. 아기가 누워 있는 방의 온도, 습도, 조명을 체크하고 무료 예방접종의 내용을 월별로 설명해줬다. 부모가 보건의료기관을 선택하면 아이는 발달단계별 지역사회 모자보건서비스로 연계된다. 부부가 합의해 결정한 피임도구는 물론 산모의 산후 치과 진료 및 안과 진료도 무료로 지원된다. 영화 〈식코〉가 소개한 영국의 국민의료제도는 모자보건사업의 산전·산후관리가 저출산대책과 어떻게 맞물려야 하는지를 제대로 보여준다.

우리나라에서는 아기가 돌이 될 때까지 지출해야 하는 예방접종비가 100만 원이 넘는다. 산후조리원의 2주 비용은 200만 원이 넘는다. 그 결과 출산의지가 동결되어 임신할 수 있는 여성 한 명이 평생 낳는 자녀 수는 평균 1.15명에 지나지 않게 되었다. 합계출산율이 세계최저 수준인 1.17명으로 집계되어 사회적 이슈로 떠오른 이른바 2003년의 '1.17 쇼크' 이후 뒤늦은 대책들이 쏟아졌지만 매년 역행하는 예산 때문에 오히려 우리나라는 세계에서 최고 빠른 속도로 저출산사회가 되었다.

출산의지 얼어붙지 않도록 해야

이제 정부는 무엇보다 신생아와 산모의 산전·산후 건강관리비용을 분담해야 한다. 출산을 주저하는 여성이라도 신생아의 건강관리와 산모 자신의 산후관리, 그리고 자녀를 안심하고 맡길 수 있는 보육시설에 대한 정부의 믿을 만한 재정지원이 있다면 자녀를 낳을 가능성이 높다. 우리 사회의 희망자녀 수는 1976년 2.8명에서 2006년 2.3명으로 30년 동안 거의 멈추어 있다. 이런 희망을 실현할 수 있도록 정부가 예산을 확보해 사회적 투자를 한다면 동결된 출산의지가 녹을 수 있다. 한겨울 동파를 예방하려면 수도꼭지를 알맞게 열어놓아야 한다. 정부는 과연 출산의지의 동파를 어떻게 예방할 수 있을까?

≪한국일보≫, "아침을 열며", 2010년 12월 17일

주요 용어와 관련 선행연구

영유아보육시설(2011년 6월부터 어린이집으로 전면 개칭) ▌ 영유아보육법에 근거하면 영유아는 6세 미만의 취학 전 아동으로 정의되고, 보육은 영유아를 안전하게 보호하고 건강하게 양육하기 위해 제공되는 사회복지서비스로 정의된다. 한편 보육시설은 보호자의 위탁을 받아 영유아를 보육하는 시설을 의미하나 2011년 6월 영유아보육법이 개정되면서 영유아보육시설이라는 명칭이 폐지되고 어린이집으로 개칭됐다.

어린이집은 보호자의 위탁을 받아 영유아를 보육하는 기관을 의미한다. 이때 보호자는 친권자·후견인, 그 밖의 자로서 영유아를 사실상 보호하고 있는 자를 의미하고, 보육교직원은 어린이집 영유아의 보육·건강관리, 보호자 상담, 그 밖에 어린이집 관리·운영 등의 업무를 담당하는 자로서 어린이집의 원장과 보육교사, 그 밖의 직원을 말한다.

어린이집의 종류는 총 여섯 개로, ① 국공립어린이집(국가나 지방자치단체가 설치·운영하는 어린이집), ② 법인어린이집(사회복지사업법에 기초해 사회복지법인이 설치·운영하는 어린이집), ③ 직장어린이집(사업주가 사업장의 근로자를 위해 설치·운영하는 어린이집이며, 국가나 지방자치단체의 장이 소속 공무원을 위해 설치·운영하는 어린이집도 포함됨), ④ 가정어린이집(개인이 가정이나 그에 준하는 곳에 설치·운영하는 어린이집), ⑤ 부모협동어린이집(보호자들이 조합을 결성해 설치·운영하는 어린이집), ⑥ 민간어린이집(영유아보육법 제10조 제1호부터 제5호까지의 규정에 해당하지 아니하는 어린이집)이 있다.

생계급여 ▌ 국민기초생활보장법에 근거해 기초생활보장을 받을 자격과 권리가 있는 국민, 즉 기초생활보장 수급권자(이하 수급자)에게 현금으로 지급되는 급여를 의미한다. 생계급여는 수급자에게 의복, 음식물, 연료비, 기타 일상생활에 기본적으로 필요한 금품을 지급해 그 생계를 유지하게 하는 것으로, 매월 정기적으로 현금으로 지급되며, 일반 생계급여, 시설수급자 생계급여, 긴급 생계급여, 조건부 생계급여 등이 있다.

일반 생계급여는 최저생계비에서 가구소득은 물론 주거, 교육, 의료 등 기타 부문의 법정 지원액을 뺀 나머지 금액을 매월 20일 해당 가구의 개인계좌로 입금한다. 보호시설 등에 거주하는 자를 위한 시설수급자 생계급여는 주식비, 부식비, 연료비, 피복비 등을 그 보호시설(위탁받은 자)에 현금으로 지급한다.

긴급 생계급여는 주소득원의 사망, 질병 또는 행방불명, 천재지변 등으로 갑자기 생계유지가 어려운 경우 급여실시여부 결정 전 관할 구청장이나 군수의 직권에 의해 지급된다.

조건부 생계급여는 18세 이상 60세 이하 수급자로서 근로능력이 있는 자를 조건부 수급자로 결정하는데 이들에게는 자활지원계획에 따라 자활에 필요한 사업에 참가할 것을 조건으로 생계급여를 지급한다. 정부는 조건부 수급자의 상한연령을 단계적으로 높이고 있다.

국민기초생활보장제도 ▌ 국민의 최저생활을 보장해주는 사회보장제도 가운데 특히 최저생계비 이하의 국민을 위한 생계급여·주거급여·의료급여·교육급여·장제급여·해산급여·자활급여 등 기본적인 생활을 국가가 보장해주기 위한 공공부조제도를 의미한다.

이 제도의 목적은 생활이 어려운 자에게 필요한 돈을 지급해 이들의 최저생활을 보장하고 자활을 조성하는 것으로, 1961년부터 시행된 생활보호법을 폐지하고 국민기초생활보장법에 근거해 2000년부터 시행됐다. 따라서 이 제도는 국가로부터 생계지원을 받더라도 일할 능력이 있으면 자활 관련 사업에 참여한다는 조건 아래 매달 생계비를 지급받도록 한다. 즉, 일할 수 있는 사람에게는 일자리를 제공하고 생활이 어려운 사람에게는 최저생활을 보장하는 '생산적 복지' 철학에 기초하고 있다. 소득이 최저생계비에 미달하는 대상자에게는 미달 금액 전부를 국가가 지원해주는데, 근로능력이 없는 빈곤층은 조건 없이 돈을 받고 근로능력자는 직업훈련 등 자활에 참여하는 조건으로 돈을 받는다. 또한 생계급여를 현금으로 주는 것 이외에 의료와 주거, 교육 등에서도 다양한 급여를 보장하고 있다.

이 제도의 수급자는 가구의 소득평가액과 재산의 소득환산액을 합산한 소득인정액이 최저생계비 이하이고 부양의무자가 없거나 부양의무자가 있어도 부양능력이 없거나 부양을 받을 수 없는 사람이어야 한다. 급여수준은 최저생계비와 가구소득의 차액을 보충적으로 지급하는 수준이다. 근로능력자에 대해서는 생계급여를 위한 가구소득 산정 시 소득의 일부를 공제하는 방안 등 근로유인장치를 두어 근로의욕 감퇴를 방지하고 있다. 그렇지만 현행 각종 급여의 수준이 충분하지 못하기 때문에 앞으로 급여의 내용이 확충되어야 하며, 특히 실효성이 없는 부양의무자 조건은 폐지되어야 한다.

육아휴직급여 ▌ 만 6세 이하의 초등학교 취학 전 자녀가 있는 남녀 근로자가 그 영아의 양육을 위해 휴직하는 기간에 받는 급여로, 기간은 1년 이내이다. 육아휴직을 신청하려면 육아휴직을 개시하고자 하는 날의 30일 전까지 사업주에게 신청서를 제출해야 한다. 그러나 육아휴직을 개시하고자 하는 날 이전에 당해 사업장에서 1년 미만 근로한 근로자, 동일한 자녀에 대해 배우자가 육아휴직 중인 근로자는 제외된다.

급여 지급대상은 육아휴직 개시일 이전까지 180일 이상 고용보험을 납부한 근로자, 육아휴직을 30일 이상 부여받고 동일한 자녀에 대해 배우자가 30일

이상의 육아휴직을 사용하지 않은 근로자이다.

급여 액수는 2007년 현재 고용보험기금에서 1인당 월 50만 원씩 지급하며, 육아휴직 개시일 이후 1월부터 종료일 이후 12월 이내에 육아휴직 급여신청서와 육아휴직확인서를 거주지 또는 사업장 소재지 관할 고용지원센터에 제출해야 한다.

육아휴직 신청을 받은 사업주는 요건을 갖춘 경우 반드시 이를 허용해야 한다. 육아휴직 기간은 근속기간에 포함되며, 사업주는 육아휴직을 이유로 해고 등의 불이익 처우를 할 수 없다. 특히 육아휴직 기간에는 어떤 이유로든 해고할 수 없으며, 휴직 후에는 반드시 휴직 전과 동일한 업무 또는 동등한 수준의 임금을 지급하는 직무에 복귀시켜야 한다.

근로자는 이러한 육아휴직 후 육아휴직급여를 받는 대신 근로시간 단축을 신청할 수도 있다. 육아기 근로시간 단축 기간도 육아휴직과 마찬가지로 1년 이내이며, 이러한 육아기 근로시간 단축과 육아휴직은 1회 분할 및 병행해서 사용할 수 있다.

모자보건서비스 ▌ 모자보건법에 근거해 모성과 영유아에게 전문적인 보건의료서비스와 관련 정보를 제공하고 모성의 건강관리와 가족계획·임신·출산·양육에 대한 지원을 통해 이들의 신체적·심리적·사회적 건강을 증진시키는 사업(이하 서비스)을 의미한다. 이때 모성은 임산부와 가임기(可姙期) 여성을, 가족계획은 가족의 건강과 가족복지의 증진을 위해 수태조절에 관한 전문적인 의료봉사·교육을 하는 사업을 말한다.

한편 산후조리업(産後調理業)은 산후조리, 요양 등에 필요한 인력과 시설을 갖춘 산후조리원에서 분만 직후의 임산부나 출생 직후의 영유아에게 급식·요양과 그 밖에 일상생활에 필요한 편의를 제공하는 서비스를 말한다. 참고로 보건소는 아동복지법에 기초해 아동의 전염병 예방조치, 아동의 건강상담, 신체검사와 보건위생에 관한 지도, 아동의 영양관리를 담당한다.

✤ 생각 나누기

1. 정부의 저출산대책이 매년 거꾸로 가는 근본적인 이유는 무엇인가?
2. 우리나라 가임여성의 출산의지가 매년 낮아지는 현실적인 이유는 무엇인가?

6
아동복지법 50년 성적표

2011년은 우리나라가 아동복지법을 제정한 지 50년, 유엔아동권리협약에 가입한 지 20년이 되는 해이다. 그러나 우리의 아동복지 성적표는 초라하다. 합계출산율은 1.15명으로 급감했으며, 부모의 실직, 이혼, 가출 등으로 친가정의 보호를 받지 못해 위탁가정, 입양가정, 양육시설에 맡겨지는 아동은 급증하고 있다. 아동의 빈곤과 아동에 대한 학대가 심해지고 있으며 아동자살도 늘고 있다. 이제 지난 50년간 걸어온 아동복지의 발자취를 돌아보고 출산과 양육을 지원하는 새로운 패러다임을 마련해야 할 때이다. 2010년 예산으로는 전체 아동을 위한 보편적 복지는커녕 보호가 필요한 아동의 양육과 자립을 위한 선별적 복지도 제대로 할 수 없다.

우울한 아동복지 현실

1961년 제정된 아동복리법은 전쟁고아 등 부모가 갑자기 사망했거나 실종

된 아동만을 대상으로 이들에게 시설보호 또는 해외입양보호를 제공했다. 1981년 개정된 아동복지법은 영유아보육과 같이 전체 아동을 대상으로 하는 보편적 복지를 표방했으나 아동복지 예산의 90% 이상이 친부모 보호를 받지 못하는 아동을 위한 선별적 복지에 머물렀다.

2000년 유엔아동권리위원회의 권고에 따라 아동복지법은 대폭 개정됐는데 이를 통해 아동학대 예방을 위한 아동보호전문기관 설립 등 전체 아동의 생존권과 보호권을 보장하기 위한 보편적 대책이 마련됐다. 2003년 개정된 아동복지법은 해외입양과 시설보호를 지양하라는 유엔아동권리위원회의 2차 권고에 따라 전국 가정위탁지원센터를 설립하도록 규정했다. 그러나 중앙정부의 예산 부족과 지방정부 및 민간단체로의 책임이양은 법의 실효성을 떨어뜨려 아동복지는 제자리걸음을 하고 있으며 우리 사회는 여전히 저출산 터널을 벗어나지 못하고 있다.

2009년 아동복지 예산은 GDP의 0.1%로 OECD 최하위 수준이다. OECD 평균인 GDP의 2.3%를 따라가려면 예산이 23배가 되어야 하며, 스웨덴 수준이 되려면 100배나 늘려야 한다. 적어도 모든 아동이 신체적·심리적·사회적으로 건강하게 자립해 국민기초생활보장제도에 의존하는 절대빈곤층이 되지 않도록 예방할 수 있는 예산이 확보돼야 한다. 우리 사회의 절대빈곤층이 차상위계층 이상으로 올라가는 빈곤탈출률은 겨우 6%이다. 이같이 우리 사회에서는 빈곤이 만성화되고 계층 간 양극화가 깊어지고 있다. 이러한 아동기의 빈곤경험은 생애주기별 발달과업 성취에 장애를 초래하고 빈곤의 대물림을 낳는다.

현재 위탁가정과 입양가정에서 보호받는 아동을 위한 양육수당은 월 10만 원, 양육의지가 있는 미혼모에게 제공하는 양육비는 월 5만 원에 지나지 않는다. 연초 한국보건사회복지연구원이 자녀 한 명을 대학졸업 시킬 때까지 필요한 양육비가 2억 6,000만 원이라고 발표한 점을 감안하면 이들의 빈곤탈출과 자립은 요원하다. 이것이 우리나라가 세계에서 네 번째로 해외입양을 많이 보내는 이유이자 요(要)보호아동이 하루 25명이나 발생하는 악순환을 겪는 원인이다.

그럼에도 정부는 2011년 새해 복지 예산이 사상 최대 규모이며 보편적 복지는 '무차별적 시혜를 베풀어' 국가 재정을 망칠까 우려된다는 입장을 표명했다. 복지포퓰리즘이라는 용어까지 등장했다. 이로 인해 복지에 대한 다양한 주장이 트위터를 통해 봇물 터지듯 제기됐다. 물론 무상급식이 포퓰리즘에 기초한다면 경계해야 한다.

사회투자 차원에서 예산 늘려야

이와 함께 정부 입장의 논리적 근거도 명시되어야 한다. 2010년 정부가 강조한 사회통합은 보편적 복지가 전제되어야 가능하기 때문이다. 정부의 정책이 일관되고 공정해야 국민의 신뢰와 지지를 얻을 수 있다.

일본은 1987년 '1.57 쇼크'라는 저출산 문제에 직면한 뒤 일과 자녀양육이 양립되는 문제를 해결하기 위해 노동성과 후생성을 노동후생성으로 통합하고 특별회계 도입을 통해 아동복지 예산을 대폭 확대해 보편적 아동수당제도를 도입했다. 특히 아동복지시설에 종사하는 사회복지사의 임금을 3배 이상 인상함으로써 복지대상자 선정의 전문성과 서비스의 효과를 높여 맞춤형 복지를 실천했다. 이를 통해 현재 일본은 합계출산율을 1.37명으로 유지하고 있다. 우리 사회도 2011년을 아동복지원년으로 정하고 사회투자의 관점에서 아동복지 예산을 확대해 아동복지의 전문성을 향상시켜야 한다.

≪한국일보≫, "아침을 열며", 2011년 1월 7일

주요 용어와 관련 선행연구

아동복지법 ▌ 1961년 보호가 필요한 아동만을 대상으로 제정된 아동복리법이 1981년 전체 아동을 대상으로 전문개정되면서 아동복지법으로 개칭됐다. 이 법은 18세 미만의 모든 아동이 건강하게 출생해 행복하고 안전하게 자라나도록 그 복지를 보장하는 것을 목적으로 하며, 아동에 관한 모든 활동에서 모든 아동이 차별받지 않고 모든 아동의 이익이 최우선적으로 고려되어야 한다고 강조한다. 국가와 지방자치단체는 아동의 건강과 복지 증진을 위해 노력해야 하고 그 시책을 시행해야 한다. 아동의 보호자는 아동을 발달단계별 시기에 맞추어 건강하고 안전하게 양육해야 한다. 즉, 모든 국민은 아동의 권리와 안전을 존중해야 한다. 이를 위해 시·군·구에 아동위원을 두며, 시·도 및 시·군·구의 사회복지전담공무원은 아동복지지도원의 역할을 수행한다.

국가는 아동복지시설과 아동용품에 대한 안전기준을 강화해 규정하고, 아동가정 지원, 주간보호, 전문상담, 학대아동 보호, 공동생활가정 지원, 방과후 아동 지원사업을 수행하며, 각종 아동복지시설에는 필요한 적정 인원의 전문인력을 배치해야 한다. 시·도지사, 시장·군수·구청장은 보호를 필요로 하는 아동이 있을 경우 최선의 이익을 위해 해외입양과 시설보호를 최대한 지양하고 국내입양과 가정위탁보호 같은 아동의 발달특성에 적합한 보호조치를 해야 하며, 아동의 친권자가 친권을 남용하는 등의 사유가 있을 때에는 법원에 친권행사를 제한·상실하도록 선고를 청구하거나 후견인의 선임을 청구해야 한다. 참고로 후견인은 친권자가 없거나 친권자가 법률행위의 대리권 및 재산관리권을 행사할 수 없을 때 해당 미성년자를 보호하기 위한 제도를 의미한다. 특히 정부는 아동학대신고 긴급전화를 설치하고 아동보호전문기관을 설치해야 한다. 누구든지 아동학대를 알게 됐을 때에는 아동보호전문기관 또는 수사기관에 신고해야 한다.

한편 국가는 가정위탁지원센터를 두고 지방자치단체는 아동복지단체를 지도·감독해야 한다. 또한 정부는 유괴 등 범죄위험으로부터 아동을 보호하기 위해 아동보호구역을 지정해야 하며 폐쇄회로 텔레비전을 설치하거나 그 밖의 조치를 할 수도 있다.

합계출산율 ▌ 한 국가에서 임신할 수 있는 여성이 평생 낳은 평균 자녀 수.

위탁가정 ▌ 가정위탁은 보호를 필요로 하는 아동을 보호하기에 적합한 가정에 친부모와 동의한 일정 기간 동안 위탁하는 것이다. 친부모는 해당 기간 동안 양육자로서의 건강한 역할을 수행할 수 있는 준비를 완료해야 한다. 따라서 위탁가정은 가정위탁보호를 제공하는 가정을 의미한다.

양육시설 ▌ 아동복지법에 근거해 보호를 필요로 하는 아동(요보호아동)을 입소시켜 보호하고 양육하는 것을 목적으로 하는 시설을 뜻한다.

차상위계층 ▌ 이 개념은 일반적 학술용어라기보다 국민기초생활보장법에 기초한 법적·행정적 용어로, 소득인정액이 최저생계비의 100분의 120 이하인 자를 의미한다. 이들 규모에 관한 공식적인 통계는 현재 제공되지 못하고 있다. 그렇지만 '차상위'라는 용어 자체가 기초생활수급권자 바로 위의 계층을 의미하기 때문에 한국보건사회연구원은 이들의 규모를 기초생활수급권의 사각지대에 놓인 410만 명 정도로 추정하고 있다.

요보호아동 ▌ 보호를 필요로 하는 아동이라 함은 보호자가 없거나 보호자로부터 이탈된 아동, 또는 보호자가 아동을 학대하는 등 그 보호자가 아동을 양육하기에 부적당하거나 양육할 능력이 없는 경우의 아동을 말한다. 이때 보호자라 함은 친권자, 후견인, 아동을 보호·양육·교육하거나 그 의무가 있는 자, 또는 업무·고용 등의 관계로 사실상 아동을 보호·감독하는 자를 말한다.

포퓰리즘 ▌ 선거에서 표를 의식해 대중에 선심성 정책을 펴는 인기영합주의.

아동수당 ▌ 전체 국민의 가정생활 안정에 기여하고 다음 세대의 사회를 짊어질 전체 아동의 건강한 양육과 역량강화를 목적으로 지급되는 보편적 개념의 수당을 의미한다. 18세 미만의 아동과 생계를 함께하는 부 또는 모에게 지급된다. 한편 아동부양수당은 부모가 이혼한 아동, 부가 사망한 아동, 부가 일정의 질병상태에 있는 아동, 부의 생사가 불명확한 아동 등 부모와 생계를 같이하고 있지 않은 아동에 대해, 그리고 모가 그 아동을 보호하고 있을 때 또는 모가 아닌 자가 아동을 양육하고 있을 때 그 모 또는 보호자에 대해 아동의 건강한 양육에 기여한다는 취지로 국가가 지급하는 잔여적 또는 제한적 개념의 수당이다. 이때 아동은 18세 미만의 자 외에 20세 미만의 일정의 장애상태에 있는 자를 포함한다.

아동복지시설 ▌ 아동복지법 제14조에 근거해 설치된 시설을 의미한다. 그 종류는 총 11개로, ① 아동양육시설(요보호아동을 입소시켜 보호하고 양육하는 것을 목적으로 하는 시설), ② 아동일시보호시설(요보호아동을 일시보호하고 아동에 대한 향후의 양육대책을 수립하고 보호조치를 행하는 것을 목적으로 하는 시설), ③ 아동보호치료시설(문제행동을 하거나 문제행동의 우려가 있는 아동으로서 친권자나 후견인이 입소를 신청한 아동 또는 가정법원, 지방법원 소년부지원에서 보호를 위탁한 아동을 건강한 사회인으로 양육하는 것을 목적으로 하는 시설), ④ 아동직업훈련시설(아동복지시설에 입소되어 있는 만 15세 이상 아동과 생활이 어려운 가정의 아동에 대해 자활에 필요한 지식과 기능을 습득시키는 것을 목적으로 하는 시설), ⑤ 자립지원시설(아동복지시설에서 퇴소한 자를 취업 준비기간 또는 취업 후 일정 기간 보호해 자립을 지원하는 것을 목적으로 하는 시설), ⑥ 아동단기보호시설(일반 가정에 아동을 보호하기 곤란한 일시적 사정이 있는 경우 아동을 단기간 보호하며 가족복지에 필요한 지원을 하는 것을 목적으로 하는 시설), ⑦ 아동상담소(아동과 그 가족의 문제에 관한 상담, 치료, 예방, 연구 등을 목적으로 하는 시설), ⑧ 아동전용시설(어린이공원, 어린이놀이터, 아동회관, 체육, 연극, 영화, 과학실험전시시설, 아동휴게숙박시설, 야영장 등 아동에게 건전한 놀이·오락을 위한 각종 편의를 제공해 심신의 건강유지와 복지증진에 필요한 서비스를 제공하는 것을 목적으로 하는 시설), ⑨ 아동복지관(지역사회 아동의 건전한 육성을 위해 심신의 건강유지와 복지증진에 필요한 서비스를 제공하는 것을 목적으로 하는 시설), ⑩ 공동생활가정(요보호아동에게 가정과 같은 주거여건과 보호를 제공하는 것을 목적으로 하는 시설), ⑪ 지역아동센터(지역사회 아동의 보호·교육, 건전한 놀이와 오락의 제공, 보호자와 지역사회의 연계 등 아동의 건강한 양육을 위해 종합적인 아동복지서비스를 제공하는 시설)이다.

✤ 생각 나누기

1. 현재 위탁가정과 입양가정에서 보호받는 아동을 위한 양육수당은 월 10만 원이고 양육의지가 있는 미혼모에게 제공하는 양육비는 월 5만 원에 지나지 않는다. 이러한 정책에 기초하고 있는 우리 사회의 가치는 무엇인가?
2. 이미 3명의 자녀를 키우는 30대 어머니가 최근 출산한 네 번째 자녀를 더는 키울 수 없다는 이유로 자녀를 화장실에 버리는 사건까지 발생했다. 한국의 합계출산율은 1.15명으로 급감하고 있는데도 친부모의 보호와 양육을 받지 못해 위탁가정, 입양가정, 양육시설에 맡겨지는 아동이 하루 평균 25명이나 발생하는 원인은 무엇인가?

7
아동방임, 미리 막아야

서울 광진구에서 발생한 '3세 아동 사망사건'은 우리 주변에서도 친부모가 어린 자녀를 숨지게 할 수 있다는 무서운 사실을 확인시켜주었다. 아버지는 세 살배기가 자신의 핏줄인지 의심스럽다는 이유로 매일 폭력을 일삼았다. 아이는 비명과 울음으로 호소했지만 들어주는 사람 없이 비참한 삶을 마감해야 했다. 아버지는 아이를 쓰레기더미에 버린 뒤에도 한 달 동안 선량한 시민으로 행세했다.

화장실 3남매에 대한 죄책감

이웃은 밤새 들린 아이의 울음소리를 기억했지만 아무도 그 가정의 은밀한 폭력에 관심을 갖거나 경찰에 신고하지 않았다. 법원은 친부에게 징역 5년을 선고했다. 친모는 나머지 자녀 2명의 양육을 고려해 기소가 유예됐다.

사람들은 지하철에서 새우잠을 자고 시식용 음식으로 배를 채우며 공원 화장실에서 살아온 어린 3남매 이야기를 들으며 다시 죄책감에 빠졌다. 끔찍한 환경에 방치된 아이들은 그 나이에 지녀야 할 인지능력은 물론 일상생활능력도 부족하다. 부모가 자녀를 방임하고 사회가 그 부모의 양육을 방임한 결과이다. 그 많은 학교, 그 많은 지역사회복지관과 지역아동센터도 이 아이들의 고통을 알지 못했다.

이 두 사건은 저출산대책의 허점을 보여준다. 그러나 같은 듯 다르다. 아동학대는 어른이 아동에게 양육자로서 하지 말아야 할 것을 하는 행위이다. 아동방임은 양육자로서 해야 할 것을 하지 않음으로써 고의적·반복적으로 아동의 발달을 소홀히 하는 행위이다.

정서적·교육적 방임은 아동의 우울과 학교이탈을 초래했으며 의료적·물리적 방임은 아동을 사망케 했다. 아동복지법은 아동방임을 아동학대의 한 유형으로 규정했다. 그러나 제한된 예산으로는 아동방임을 예방하기에 역부족이며 아동학대로 판정된 사례만 치료할 수 있을 뿐이다. 재학대 사례가 매년 급증하는 이유이다.

정부는 2005년 합계출산율 '1.08 쇼크'에서 벗어나 더 많은 부모들이 안심하고 자녀를 낳아 건강하게 양육할 수 있도록 매년 예산을 증액했다. 이에 2010년 합계출산율은 1.22명으로 증가했다. 그러나 방임되고 학대받는 아동이 매년 3배 이상 증가하는 현실에서 시행되는 저출산대책은 임시방편에 지나지 않는다.

2011년 5월 발표된 전국아동학대현황보고서에 따르면 2005년 이후 아동학대 사례는 매년 증가해 2010년에는 3만 3,000명이 특별보호를 받은 것으로 조사됐다. 유형은 방임, 정서학대, 신체학대, 성학대의 순으로 나타났다. 가해자의 80%는 초등학생 부모였다. 이들은 양육방법의 부족, 빈곤으로 인한 양육부담, 스트레스, 고립, 중독, 질환으로 인해 자녀를 학대했다.

특히 한부모가정과 다문화가정의 방임이 심각하게 증가했다. 따라서 초등학생을 둔 한부모가정과 다문화가정을 중심으로 경제적 양육부담을 경감시키고, 부모교육을 통해 양육방법을 지원하며, 지지망을 구축해 스트레스와 고립감을 줄임으로써 부모의 자신감과 역량을 강화할 수 있는 예방대책을 모색해야 한다.

정부는 '화장실 3남매 사건'을 계기로 2011년 5월 23일부터 사각지대에 방치된 사회적 약자를 찾는 전국조사를 실시했다. 또한 시민신고를 받는 복지콜센터를 운영하는 한편 주거와 의료 중심의 긴급복지지원 예산도 580억 원 투입하기로 했다.

저출산대책의 틈을 메우는 방법

그러나 이런 대책만으로는 아동방임의 원인을 치료하거나 예방할 수 없다. 하지만 지금으로서는 욕구를 객관적으로 조사할 수 있는 인력이 턱없이 부족하며, 보건복지부, 여성가족부, 교육과학기술부, 행정안전부, 고용노동부의 역할분담은 물론 중앙과 지방정부 간의 역할분담도 분명치 않다. 정부는 전국에 45개 아동보호전문기관을 설치해놓고 또 다른 창구를 만들려고 한다.

일본에서는 1987년에 발생한 '4남매 방임사건'을 기초로 영화 〈아무도 모른다〉가 만들어졌다. 이를 계기로 일본의 지방정부들은 아동방임 예방을 위한 지역사회 네트워킹을 촘촘하게 구축하게 됐다. 우리도 지역사회복지관이 아동보호전문기관과 연계해 잠재적 위험에 개입함으로써 아동방임을 예방해야 한다. 이는 곧 저출산대책이 지닌 빈틈을 메우는 일이다.

≪한국일보≫, "아침을 열며", 2011년 5월 20일

주요 용어와 관련 선행연구

정서적 방임 ▌ 아동이 필요로 하는 애정표현은 물론 시의적절한 정서적 반응과 지지를 제공하지 않는 행위를 의미한다. 예컨대 아동에게 관심이 없거나 관심이 부족해 아동이 말을 걸어도 답변을 하지 않는 행위, 아동을 안아주는 등 아동이 원하는 애정표현을 하지 않는 행위, 아동과 신체적 접촉을 피하는 행위, 아동과의 약속에 무관심한 행위, 자신감을 상실케 하는 언어를 사용하는 행위 등과 같이 아동에게 정서적으로 결핍을 주는 행위를 말한다.

교육적 방임 ▌ 보호자가 아동을 의무교육기관인 초등학교와 중학교에 보내지 않거나 아동의 무단결석을 허용하는 행위, 학교준비물을 챙겨주지 않는 행위, 특별한 교육적 욕구를 소홀히 하는 행위 등을 의미한다. 이때 무단결석이란 정당한 사유 없이 계속해서 7일 이상 결석하는 경우를 뜻한다.

의료적 방임 ▌ 아동에게 필요한 의료적 처치를 하지 않는 행위, 예방접종이 필요한 아동에게 예방접종을 실시하지 않는 행위, 장애아동에 대한 치료적 개입을 거부하는 경우 등을 의미한다.

물리적 방임 ▌ 기본적인 의식주를 제공하지 않는 행위, 상해와 위험으로부터 아동을 보호하지 않는 행위, 불결한 환경이나 위험한 상태에 아동을 방치하는 행위, 아동의 출생신고를 하지 않는 행위, 보호자가 아동을 가정 내에 두고 가출하는 행위, 보호자가 아동을 병원에 입원시키고 사라지는 행위, 보호자가 아동을 시설 근처에 두고 사라지는 행위, 보호자가 친족에게 연락하지 않고 무작정 아동을 친족 집 근처에 두고 사라지는 행위 등을 의미한다.

아동학대 ▌ 아동복지법 제2조는 보호자를 포함한 성인이 아동의 건강과 복지를 해치는 경우, 정상적인 발달을 저해할 수 있는 신체적·정서적·성적 폭력과 가혹행위를 하는 경우, 아동의 보호자가 아동을 유기·방임하는 경우를 아동학대라 규정한다. 즉, 적극적 의미의 가해행위뿐 아니라 소극적 의미의 방임행위까지 아동학대의 정의에 포함시키고 있다.

정서학대 ▌ 아동의 정서에 손상을 주는 학대행위를 뜻한다. 보호자를 포함한 성인이 아동에게 행하는 언어적 모욕, 정서적 위협, 감금이나 억제, 기타 가학적인 행위를 말하며, 언어적·정신적·심리적 학대라고도 한다. 이러한 학대는 눈에 두드러지게 보이는 것도 아니고 당장 그 결과가 심각하게 나타나는 것도 아니기 때문에 그냥 지나칠 수도 있다는 점에서 더욱 유의해야 한다.

신체학대 ▌ 아동의 신체에 손상을 주는 학대행위이다. 보호자를 포함한 성인이 아동에게 우발적인 사고가 아닌 상황에서 신체적 손상을 입히거나 또는 신체적 손상을 입도록 허용한 모든 행위를 말하며, 생후 36개월 이하의 영아에게 가해진 체벌은 상황에 관계없이 심각한 신체학대로 규정한다.

성학대 ▌ 아동에게 성적 수치심을 주는 성희롱, 성폭행 등의 학대행위는 물론 아동에게 음행을 시키거나 음행을 매개하는 행위를 의미한다. 즉, 보호자를 포함한 성인이 자신의 성적 충족을 목적으로 18세 미만의 아동과 함께하는 모든 성적 행위를 말한다.

가족 내 성학대는 가족 및 친인척 사이에서 발생하는 형태를 말하며, 가족 외부의 성학대는 아동과 안면이 있는 사람 또는 낯선 사람에게서 발생하는 형태를 말한다. 일반적으로 강간은 두려움이나 강압적인 힘으로 성적 행위를 하는 것을 의미한다. 아동 성학대 역시 대부분 두려움이나 힘으로 강압하지만 다른 방법이 사용되기도 한다. 놀이를 통해 아동을 착각하게 만들거나, 아동을 사랑하는 사람들로부터 심리적으로 고립되도록 조정하거나, 성인의 권위로 강요하거나, 움직일 수 없도록 물리적인 억압을 하면서 위협이나 공포를 조성하는 식이다.

네트워킹 ▌ 네트워크의 사전적 의미는 연결이다. 네트워킹(networking)은 여러 종류의 일을 횡적으로 연결해 그물코와 같은 관계를 형성하는 일을 뜻한다.

이러한 개념이 주목받게 된 것은 정보화사회로 진입하면서부터이다. 정보를 주고받는 일이 자유로워지면서 가치를 공유하는 사람들이나 조직들이 수평적으로 동반자관계를 맺고 연대의 고리를 확대시켜나가게 되었는데 이러한 활동이 곧 네트워킹이며 이는 상호간 신뢰를 기반으로 사회통합을 지향한다. 한 예로, 1992년 영국에서 시작된 연계(Linkage)사업의 목적은 장기보호를 필요로 하나 집에서 생활할 수밖에 없는 클라이언트를 가족과 지역사회가 서로 협력해 공동으로 보호하는 것이었다. 즉, 개별 사회복지조직은 클라이언트의 복합적인 욕구를 제때에 제대로 충족시킬 수 없기 때문에 인근 관련 조직들과 밀접한 관계를 맺고 정보, 인력, 물자 등을 서로 공유함으로써 문제를 해결하고 사회구성원의 자립을 지원하고자 노력했던 것이다. 이때 제공되는 서비스의 중복을 최소화하고 공동사업을 통한 효율성을 최대화하기 위해서는 거점(hub)기관의 전담인력이 클라이언트의 욕구를 중심으로 자원을 연계, 조정, 통합해야 했다.

이러한 배경에서 네트워킹은 연계와 통합으로 구분된다. 연계는 단순조정의 방법으로 개별조직의 인적·물적 자원과 구조들에 대한 독립성을 유지하면서 서로 관계를 밀접하게 개선하는 형태를 의미하며, 이는 협력, 조정, 협동의 단계로 점차 체계화되고 공식화되어간다. 이 과정에서 조직과 조직은 구두로 또는 문서로 연계를 합의할 수 있다. 그 유형은 정보공유(욕구조사 결과 등 정보를 공유해 협력하는 연계), 자원공유(직원, 시설, 장비, 자문위원 등 자원을 공유해 협력하는 연계), 사업공유(특정 서비스를 위해 공동계획이나 공유재정을 수립해 협력하는 연계)로 구분할 수 있다(정순둘, 2005).

통합은 연계의 차원을 넘어 두 개 이상의 조직이 공통의 구조를 가지고 재정을 공유하며 하나의 서비스 구조를 만드는 것을 의미한다(이혜원, 2008). 실제로 관련조직 간 네트워킹을 통해 제공된 서비스가 개별기관이 각각 제공하는 서비스보다 더 효과적이며 지속적인 것으로 나타났다.

이러한 관점에서 클라이언트 중심 지역사회 네트워킹의 개념은 사회복지 담당자가 클라이언트의 지속적인 지원을 목적으로 수평적 관계를 맺고 클라이언트의 욕구와 강점에 맞춰 지역사회의 공식적·비공식적 자원을 연계하고 조정함으로써 클라이언트 본인은 물론 가족과 지역사회가 공동으로 보호망과 지지망을 구축하고 이를 통해 궁극적으로 자립을 지원하는 활동으로 규정할 수 있다.

✤ 생각 나누기

1. 아동학대와 아동방임의 차이점과 공통점은 무엇인가?
2. 중앙아동보호전문기관의 2010년 전국아동학대현황보고서는 가해자의 83%가 친부모라고 보고하고 있다. 이들 가운데서도 초등학생 자녀를 둔 부자가정의 친부가 60% 이상을 차지하며, 매년 중복학대와 재학대의 비율도 높아지는 것으로 나타났다. 그 이유는 무엇이며, 이를 예방할 수 있는 방법은 무엇인가?

8
아동결식은 사회의 방임

우리가 건강하게 살기 위해서는 매 끼니를 골고루 적당하게 먹어야 한다. 결식은 제때 골고루 먹지 못하는 것을 의미한다. 서울대 식품영양학과 조사 결과, 결식아동은 우유, 야채, 과일, 생선을 거의 먹지 못하고 주로 라면과 빵으로 끼니를 때워 성장기에 필요한 단백질, 비타민, 무기질 섭취는 낮고 콜레스테롤 섭취는 높아 일반 아동에 비해 키가 작고 비만율은 높았다.

결식아동 10년 사이 50배 늘어

결식아동은 면역력이 약화되어 질병에 쉽게 걸리고, 기억조절능력과 집중력이 떨어져 학교성적이 낮으며, 정서조절능력이 제한되어 우울증과 공격성을 보인다. 균형 있는 영양의 결핍은 주의력결핍과잉행동장애(ADHD)와 상관관계가 있다.

이러한 사실에 근거해 유엔아동권리협약 제6조는 모든 아동은 영양에 관한 권리를 갖고 있음을, 제18조는 부모는 자녀의 생존과 발달을 보장할 책임이 있음을, 제19조는 정부는 부모가 자녀를 방임하지 않고 건강하게 양육할 수 있도록 최대한 지원해야 함을 명시하고 있다. 일본의 아동학대방지법은 결식을 아동학대의 한 유형인 방임으로 규정한다.

우리 사회의 결식아동은 지난 10년 동안 50배 증가했다. 같은 기간 아동 수는 매년 감소해 초등학생은 20년 전의 절반으로 줄었다. 저출산대책의 아이러니이다. 서울시 아동 1,300명을 조사한 결과, 조식결식은 조사대상의 45%, 석식결식은 21%로 나타났다. 특히 결식이유는 '혼자 먹기 싫어서', '시간이 없어서', '챙겨주는 사람이 없어서'의 순서였다.

이는 곧 결식의 원인이 식품이 없거나 부족한 경우보다 가구 내 식품접근성이 부족해 방임되는 경우가 더 많음을 의미한다. 아동이 제때 가족과 함께 대화하면서 먹는 식사는 가족의 응집력과 적응력을 강화하고 아동우울증과 공격성을 줄이며 아동의 사회성을 향상시킨다.

지금과 같은 저출산사회에서 소중한 아이들이 왜 제때 밥을 먹지 못하는가? 일곱 살인데도 종일 놀이터나 대형 할인마트에서 노는 영수(가명)는 결식, 또래와의 관계부족으로 인해 적절하지 않은 곳에 대변을 누는 증상을 보였다. 이런 문제가 4세 이상 아동에게 3개월 동안 1회 이상 나타나면 전문가의 개입이 필요하다. 인근 복지관의 사회복지사는 어머니의 동의를 얻기 위해 영수의 가정을 방문했다.

영수의 어머니는 매일 아홉 시간 일하고도 밤늦도록 잔업을 한다. 이러한 일상이 휴일도 없이 반복되면서 딱히 마음을 열고 대화할 친구도 없이 고립된 채 생계와 양육에 대한 부담으로 지쳐 있었다. 사회복지사가 어머니에게 혼자 자녀를 위해 나름대로 최선을 다하고 계신 것이라고 지지하자 쌓였던 설움이 북받친 듯 영수 어머니는 한 시간 동안 울기만 했다.

사회복지사는 어머니의 경제적 책임감을 인정함과 동시에 이 때문에 양육에 소홀했던 부분을 복지관과 함께 보완할 수 있다는 믿음을 갖고 영수의 유분증을 치료하고 결식을 줄이기 위해 함께 노력할 것을 제안했다. 이후 어머니는 자신의 자원을 찾아냈다.

정부 책임으로 맞춤형 개입을

이로써 영수 어머니에게는 긍정적 양육과 유분증에 관한 정보가 제공됐다. 영수는 소아정신과와 연계된 치료를 받게 되었고, 지역아동센터에 다니며 중식과 석식을 지원받고 초등학교 입학을 준비하게 되었다. 또래와 만나는 문화멘토를 통해 우쿨렐레 연주를 하며 자기표현력과 관계형성 기술을 체험하기도 했다. 이제 영수 어머니는 영수와 함께 스티커붙이기판을 만들어 용변을 지도하고 아침을 챙겨먹으며 밥상대화도 나눈다. 이제 영수는 따돌림을 당하지 않고 마음을 열어 자신의 감정을 조금씩 표현할 수 있게 되었다.

이 사례는 결식원인별 맞춤형 개입의 효과를 보여준다. 따라서 정부는 아동복지법 제2조에 결식을 방임의 유형으로 명시하고 결식원인에 대한 전국적이고 과학적인 조사를 벌여야 한다. 객관적 조사결과에 기초해 결식원인에 대한 사회적 합의를 모아 급식지원 선정기준에 대한 부처별 차이를 줄이는 한편 중앙정부의 재정책임으로 지역격차도 줄여야 한다. 그래야만 아동의 생존권과 발달권을 보장할 수 있다.

≪한국일보≫, "아침을 열며", 2011년 6월 10일

주요 용어와 관련 선행연구

주의력결핍과잉행동장애(attention deficit hyperactivity disorder: ADHD) ▌ 충동적·무절제·과다행동이 나타나면서 소근육 협응이 안 되고 학습장애를 보이며 정서적으로도 불안정한 질병이다.

ADHD에 걸린 아동은 한 교실에 3~4명 정도인 것으로 보고되며, 남자아동에게 더 많이 발생하는 경향이 있다. 3세 이전에 발병하지만 정규교육을 받기 전에는 ADHD 여부를 알기 어려워 그저 산만한 편이라고 치부해버리고 넘어가는 경우가 많다. 대개 청소년기가 되면 증세가 호전되지만 성인이 되어서도 증세가 유지되는 경우도 많다. 우울증과 품행장애, 학습장애, 언어장애 등의 증상이 함께 나타나기 쉽다. 집중력이 매우 떨어지며 충동적으로 행동하는 것이 증상의 특징이다. 감정의 변화가 크고 기억력의 저하증세가 보인다. 소근육 운동능력이 떨어지며 학습능력 저하가 나타나 학습장애가 생긴다. 학습능력뿐 아니라 언어능력 역시 현저하게 떨어지는 경우가 많다.

유아기 때는 예민하고 환경변화나 자극에 약하며 잠들기 어려워하고 많이 우는 등의 행동을 보인다. 정규교육을 받기 시작한 후부터는 가족이 아닌 타인과의 접촉이 불가피하기 때문에 증세가 확연하게 나타난다. 행동을 예측하기 힘들고 분노조절이 어렵다. 또한 자극에 약하기 때문에 참견을 잘하며 집중력이 부족해 수업시간에 앉아 있지 못한다.

이 장애를 가진 아동의 75%는 지속적으로 적대감, 분노, 공격성, 반항 같은 행동상의 문제를 가지고 있으며 이 때문에 학교적응에 실패한다. 교사가 이런 아동에 대해 부정적으로 여기면 반사회적 행동과 자기비하 행동을 보여서 증세가 더욱 심해질 수 있다. 치료를 위해서는 항우울제 투여 등 약물치료, 놀이치료, 심리치료, 행동치료, 미술치료, 부모상담, 학습치료 등이 적절하게 병행되어야 한다.

사회성 ▌ 한 개인의 사회적응의 정도나 대인관계의 원만성을 의미한다. 애착이 특정한 사람과의 친밀감을 뜻한다면 사회성은 더욱 다양한 사람과의 긍정적인 관계형성을 의미한다. 사회성의 정도는 대부분의 장애진단에 매우 중요한 요소가 된다.

유분증 ▌ 적절하지 않은 곳에 대변을 누는 행동이 4세 이상 아동에게 3개월 동안 1회 이상 나타나는 증상을 뜻한다.

문화멘토 ▌ 멘토는 신뢰와 경험을 갖춘 선배후원자를 의미하고, 멘티는 멘토의 도움을 필요로 하는 후배를 의미한다. 문화멘토링은 악기지도, 연극지도, 미술지도와 같은 문화활동을 통해 성인과 아동이 한 팀을 이루어 상호신뢰를 형성한 관계로 정의된다. 문화멘토는 바로 문화활동을 지도하는 성인멘토를 의미한다.

우쿨렐레(ukulele) ▌ '뛰는 벼룩'을 뜻하는 하와이어로, 기타보다 작은 4현의 발현악기이다. 이 악기는 원래 태평양 포르투갈계의 폴리네시아인 사이에 유행해 하와이언 음악 등에 자주 쓰였으며 간단하게 화음을 얻을 수 있어 가정악기로도 널리 보급되고 있다.

따돌림 ▌ 따돌리는 일. 두 사람 이상이 집단을 이루어 특정인을 소외시켜 반복적으로 인격적인 무시 또는 음해를 하는 언어적·신체적 일체의 행위를 지칭한다. 개인이 개인을 가해하는 행위와 집단이 개인을 가해하는 행위를 모두 포함한다. 일본의 이지메는 가해자가 집단인 경우가 많다.

집단따돌림의 특성은 첫째, 가해자와 피해자가 비슷한 또래로 구성되어 있다는 점이다. 둘째, 가해자보다 피해자에게 그 원인을 둔다는 점이다. 셋째, 가해자와 피해자의 위치가 순환되면서 따돌림의 대상이 무차별화된다는 점이다. 집단따돌림의 행위로는 모함, 소외, 경멸, 폭력, 괴롭힘 등이 있다. 집단따돌림은 학교폭력, 등교거부, 자살, 정신장애, 비행 등의 문제로 이어질 수 있다.

✤ 생각 나누기

1. 아동의 결식은 아동학대라고 생각하는가? 그렇게 생각하는 근거는 무엇인가?
2. 현행 교육과학기술부와 보건복지부의 급식지원 선정기준은 어떻게 차이가 있는가? 이러한 차이가 발생하는 이유는 무엇인가?

두 번째 이야기.

학교사회복지

9 체벌, 생각을 바꾸자

10 이주아동 교육권 보장해야

11 학교 체벌, 대안이 문제

12 이주아동의 교육소외를 해소해야

13 개천에서 용을 만들자

14 이주아동의 교육받을 권리

15 학과선택의 이면

9
체벌, 생각을 바꾸자

이문열의 소설 『우리들의 일그러진 영웅』은 1960년대 시골 초등학교 교실을 배경으로 진정으로 학생을 가르친다는 것이 무엇인지를 성찰케 한다. 어린 학생들이 반장 엄석대의 폭력과 권력에 쉽게 빌붙었다가 또 쉽고도 무섭게 변절하는 생존방식을 그려가면서 우리 사회가 가지고 있는 권력에 대한 비겁한 순응과 폭력에 대한 뒤틀린 생각을 풍자한다.

새 담임선생님은 "서로를 존중하고 자유롭게 행동해라"라고 강조하면서도 석대의 잘못을 밝히는 과정에서는 독단과 폭력을 사용하고 이로써 교실은 또 다른 억압에 압도당한다. 이후 학교 밖으로 뛰쳐나갔던 석대는 수갑을 찬 성인의 모습으로 나타난다.

대물림되는 폭력과 아동학대

이 소설의 결말은 학교폭력 가해학생의 60%가 전과자가 된다는 심리학자 올베우스(Olweus)의 연구결과와 일치한다. 학생을 체벌하고 싶은 선생님은 없다. 하지만 처리해야 할 잡무가 산더미같이 쌓여 있는 현실에서 40명이 넘는 학생을 통제하고 학생의 옳지 못한 행동을 바로잡으려면 체벌을 할 수밖에 없다. 그러나 체벌은 학생의 행동을 바로잡기는커녕 오히려 학생들의 마음에 상처를 주고 분노만 키운다. 선생님이 고치라고 하는 행동에 대한 반성은 매를 맞음과 동시에 다 잊히고 매를 맞을 때 느낀 아픈 감정만 쌓인다.

소아정신과 의사들은 체벌이 오히려 학생의 우울감과 공격성을 키워 왕따 같은 또래 간 폭력을 표출하는 주요 원인이 된다고 분석한다. 집에서 또는 학교에서 맞고 자란 아이들은 바깥에서 사람을 때리게 되고 한번 때리기 시작하면 더 자주 세게 때리게 되며 결국 자신의 아이까지 학대하게 된다. 폭력은 폭력을 부른다. 이는 아동학대가 대물림되는 이유이기도 하다.

우리에게는 아직도 1960년대와 마찬가지로 학생은 매로 다스려야 된다는 인식이 강하게 남아 있다. 유엔아동권리위원회와 국가인권위원회가 체벌금지를 권고했지만 우리 사회에서 체벌은 법적으로 금지된 것도 허용된 것도 아니다. 그 결과 학교에서 또래로부터 폭력을 당하거나 교사로부터 체벌을 당해 마음속 깊은 상처를 경험하는 학생들이 늘고 있다. 학생자살은 2007년 309명으로 급증했는데, 이는 OECD 국가들 가운데 1위이다. 학교문제로 인한 우울감 경험률과 자살 시도율이 최근 큰 폭으로 증가했다는 사실은 학생의 정신건강이 위험수위에 다다랐음을 단적으로 보여준다.

한국형사정책연구원에 따르면 체벌의 즉각적인 통제효과를 경험한 교사는 사소한 문제에까지 체벌을 남용하는 빈도가 더 높은 것으로 나타났다. 강도 높은 체벌을 경험한 학생은 문제아라는 낙인이 찍히고 부정적 자아개념을 인식하게 됨으로써 공격성을 학습하고 폭력적인 사고와 행동을 하게 된다. 즉, 체벌은 학생의 인권을 침해함은 물론 학생과 교사 간의 신뢰관계까지 손상시킨다고 할 수 있다.

최근 우리 사회의 인권의식이 높아지면서 체벌에 관한 더욱 명확한 법적 기준을 규정하고 교사의 담당학생 수와 행정부담을 줄여야 한다는 주장이 제기되고 있다. 이와 함께 체벌에 대한 인식을 바꾸고 학생의 인격을 존중하는 '꾸중다운 꾸중'의 방법을 연구하는 선생님들도 늘고 있다.

신뢰와 존중을 바탕으로 한 교실 돼야

교실에서 왕따가 발생하면 선생님은 더는 회초리를 들지 않는다. 대신 인권교육을 통해 나와 남이 서로 다름을 인정하고 나의 권리와 남의 권리를 똑같이 존중할 수 있는 방법을 학생들과 함께 찾는다. 이는 곧 학생과 교사 간의 신뢰관계를 회복하고 교실의 응집력과 학생의 자아존중감을 강화해 모두가 즐겁고 행복한 학교를 만드는 길이기도 하다. 이러한 학교에서야말로 선생님은 학생 한 사람 한 사람의 마음을 확인할 수 있으며 체벌하지 않고도 진정으로 학생들을 가르칠 수 있게 된다.

≪한국일보≫, "아침을 열며", 2010년 2월 4일

사례분석: 〈우리들의 일그러진 영웅〉에 나타난 교실 속 권력구조분석

한 명의 교사가 교실 속 40명 이상의 학생들을 통제하기 위해 가장 많이 사용하는 방법은 꾸중이다. 교사가 언성을 높여 꾸지람을 시작하면 학생들은 잠시나마 하던 행동을 멈추고 교사의 말에 귀 기울이는 시늉을 한다. 이러한 일시적 효과 때문에 교사는 칭찬보다는 꾸중에 익숙하다. 교사의 하루는 아침 첫 시간에 지각한 학생을 꾸중하는 데서부터 시작해 오후 늦게 청소담당 학생을 꾸중해 보내는 것으로 끝나기도 한다. 그러나 교사는 학생을 꾸중할 때에도 상대방의 인격을 존중해야 한다. 즉, 인격을 존중하는 꾸중이 필요하다. 인격을 무시하는 꾸중은 효과도 없을 뿐더러 인간관계에 돌이킬 수 없는 상처만 남기게 된다.

최근 우리 사회에서는 언성을 높이거나 회초리를 들기보다는 꾸중다운 꾸중을 하려는 교사들, 특히 교실의 일상생활 속에서 인권을 보여주고 가르치려 노력하는 교사들이 점차 늘어나고 있다. 예컨대 교실에서 집단따돌림 문제가 발생하면 교사는 자신의 권위에 기대어 일방적으로 통제하고 처벌하기보다는 개별 학생의 자아존중감을 강화하고 서로의 차이를 인정하고 차별을 배제해 학생들 간 왜곡된 관계를 건강하게 바꾸려고 함께 노력한다. 그 결과 친구에게 지속적으로 폭력을 사용하던 학생은 상대방의 소중함을 스스로 깨닫고 왜 자꾸 친구를 때리고 괴롭히게 됐는지 솔직하게 털어놓고 사과하며 친구의 기분과 의견을 존중하면서 소통하고 갈등을 해결하는 방법을 체득하게 된다. 이때 교사는 학생에게 생각할 기회를 주고 그 상황에서 어떤 감정을 느꼈고 무엇이 문제이었는가를 학생 스스로 인식하게 함으로써 그 문제를 해결할 수 있는 방법을 스스로 찾아 대처할 수 있도록 믿고 기다리는 것이 중요하다.

이와 같이 나 자신은 물론 상대방을 존중하는 일은 사람살이의 기본이다. 따라서 초·중·고등학교 교사는 물론 지역아동센터 교사는 학생들에게 나 자신과 상대방을 존중해야 하는 이유와 방법을 가르쳐야 하며 일상생활 속에서 이를 체득하는 기회를 제공해야 한다. 이러한 인권교육은 영어교육 못지않게 가능한 조기에 이뤄져야 그 효과가 크다. 따라서 피아제의 인지발달이론에 근거해 논리적 사고가 가능해지는 만 7세 아동, 즉 우리나라 초등학교에 입학하는 시기부터 아동의 인지발달 수준에 맞춰 아동에게 세상에 태어난 모든 사람이 인간답게 살 권리를 가지고 있음을 이해하게 하고 마음을 활짝 열어 나와 남이 서로 다름을 인정하게 하고 나의 권리와 남의 권리를 똑같이 존중하는 태도를 형성하고 실천하게 하는 것이 무엇보다 중요하다. 여기서는 영화 〈우리들의 일그러진 영웅〉을 통해 교실 속 인권, 권력의 구조, 인권침해를 살펴보도록 하자(이혜원, 2006b).*

영화 〈우리들의 일그러진 영웅〉의 줄거리

한병태(태민영 분)는 40대 남자로 사회의 부조리에 염증을 느껴 1년 전 회사를 그만두고 학원강사로 일하고 있다. 학원에 적응하는 것에도 어려움을 느끼고 있던 그는 어느 날 초등학교 동창생인 황영수로부터 담임선생님(신구 분)의 부음을 듣는다. 시골로 향하는 기차 속에서 그는 초등학교 시절 반장이었던 엄석대에 대해 궁금한 마음이 커지면서 30년 전 '5학년 2반'을 회상하며 과거로의 여행을 시작한다. 당시 한병태(고정일 분)는 서울의 명문 초등학교에서 시골의 운천초등학교로 전학을 갔다. 병태는 담임선생님이나 반 아이들의 관심은커녕 냉대를 받게 된다. 더구나 엄석대(홍경인 분)라는 반장은 반 아이들의 절대적인 추종을 받으며 선생님과 같은 권력을 행사하고 있다. 병태는 석대의 행동이 옳지 못하다고 느껴 혼자서라도 그를 이겨야만 반의 질서가 잡히고 그의 부정한 행위도 없어질 것이라 확신하며 그에게 대항한다. 그러나 석대의 보이지 않는 압력은 병태를 지치고 힘들게 만든다. 병태는 최후의 수단

* 이혜원, 「학교사회복지 : 교실 이데아」, 한국여성복지연구회, 『영화와 사회복지』(서울 : 청록출판사, 2006b), 111~138쪽.

〈우리들의 일그러진 영웅〉

감독 박종원
주연 홍경인, 고정일, 최민식, 신구
제작연도 1992년
상영시간 119분
원작 이문열

인 공부로 석대를 누르려 하나 결국 그의 그늘에서 벗어나지 못한다. 마침내 그는 유리창 청소사건을 계기로 석대의 권력 아래로 들어가게 되고 석대의 성적이 가짜라는 사실을 알고도 그에게 순종하는 충복이 된다.

새 학년이 시작되면서 김정원 선생님(최민식 분)이 새 담임선생님으로 부임한다. 아이들에게 정직, 진실, 용기에 대한 신념을 심어주려 노력하던 선생님은 석대의 부정을 눈치채고 반 아이들에게 모두 똑같은 친구임을 강조한다. 석대 역시 선생님이 자신을 의심하는 것을 느끼면서도 지금까지 세워온 자신의 왕국을 고수할 수밖에 없는 딜레마에 빠진다. 결국 선생님은 석대의 이름을 바꿔 쓴 시험지를 발견하고 그 자리에서 석대는 물론 반 전체 학생들을 회초리로 체벌한다. 이에 반 학생들은 그동안 있었던 석대의 비행을 낱낱이 실토하지만 병태만은 “모른다”라고 대답한다. 석대는 그 상황을 견디지 못하고 학교를 뛰쳐나간 뒤 그날 밤 교실에 불을 지르고 다시는 돌아오지 않는다. 이후 병태는 세월이 지나 대학을 졸업하고 직장인이 된다. 그리고 선생님의 부음으로 찾아간 시골 상가(喪家)에서 초등학교 시절 친구들을 만난다. 그는 그

곳에서 석대를 만나지는 못했지만 석대는 어디선가 틀림없이 다시 '일그러진 영웅'이 되어 또 다른 사람들을 자신의 의지대로 움직이고 있으리라는 생각에서 벗어날 수 없다.

인권의 관점에서 분석한 〈우리들의 일그러진 영웅〉

전학 온 병태가 소수자로 학교생활에 적응하기

이승만 정권 말기이던 1959년 3월 중순, 한병태는 5학년이 되면서 지난 학년까지 다니던 서울의 명문 초등학교를 떠나 좌천한 아버지를 따라 작은 읍의 초등학교로 전학을 오게 된다. 서울의 크고 화려한 초등학교에 비해 시골의 초등학교는 작고 초라할 뿐이다. 특히 아동의 발달단계상 5학년은 사춘기 초기이자 청소년기 전기로서 여학생은 생리를 시작하고 남학생은 몽정을 시작하는 등 제2차 성 특징이 나타나기 시작하며 제2의 급격한 신체적 성장을 경험하게 된다. 이러한 성적 성숙은 일상생활과 행동에 영향을 주어 이성에 대해 많은 관심을 갖게 하고 정서적으로 예민하게 만든다. 또한 청소년의 사고는 점차 비판적이면서도 합리적으로 발전하게 되어 자기주장과 독립심이 점차 강해진다. 무엇보다도 이 시기에는 청소년의 자아정체성이 확립되어 개성이 뚜렷해지고 일상생활 적응능력이 점차 형성된다. 특히 사춘기 청소년은 또래로부터 인정과 존중을 받기 원하는 한편으로 가족에 대한 충성심도 아직 갖고 있으므로 가족을 힘들게 만드는 것을 원하지 않으며 자신이 힘이 들 때는 가족으로부터 위로를 받으려는 특성도 보인다. 이러한 특성을 파악해야 한병태와 엄석대, 그리고 교실 아이들의 욕구를 이해할 수 있고 전학 온 병태가 시골학교에 적응하면서 겪는 사회적·심리적 어려움을 이해할 수 있다. 이를 통해 이러한 어려움을 지원하는 교사와 부모의 바람직한 역할과 태도가 무엇인가를 생각해볼 수 있을 것이다.

병태가 전학 온 첫날 어머니 손에 이끌려 따라 들어간 영천초등학교는 낡은 일본식 시멘트 건물 한 채와 검은 타르를 칠한 판자 교실 몇 채로 이루어져 있고, 한 학년이 겨우 여섯 학급밖에 안 되며, 남학생반과 여학생반이 엄격하게 나뉘어 있었다. 거기다가 교무실은 교실 하나 정도의 크기이며, 그곳에서 처음 뵙는 선생님들은 시골아저씨들처럼 후줄근한 모습으로 맥없이 앉아 굴뚝같이 담배연기만 뿜어대고 있었다. 전학 온 학생의 어머니를 알아보고 다가오는 담임선생님의 빗질도 하지 않은 부스스한 머리부터가 병태의 기대와는 너무도 멀었다. 더구나 그날 아침 세수를 했는지가 정말로 의심스런 얼굴로 어머니의 말씀을 듣는 둥 마는 둥 하고 있는 담임선생님의 모습이 병태를 실망시켰다. 담임선생님은 병태를 교실로 데려가 "새로 전학 온 한병태이다. 앞으로 잘 지내도록"이라는 한 마디 말로만 조례를 끝낸 뒤 병태에게는 자신을 소개할 기회도 주지 않고 마치 귀찮다는 듯 뒤쪽 빈자리에 병태를 앉게 하고 바로 수업에 들어간다. 새로 전학 온 학생을 위해 칭찬 섞인 말씀과 함께 친구들 앞에서 자신을 소개하는 기회를 주는 서울 학교 선생님들을 떠올리며 자기소개를 시작하려던 병태는 야속한 마음이 들었다. 대단한 추켜세움까지는 아니더라도 적어도 전학 온 학생이 서먹함이나 소외감을 느끼지 않고 반 아이들로부터 따돌림 당하지 않도록 그 학생을 소개하고 앞으로 학교생활에 적응하면서 느낄 수 있는 어려움을 반 아이들과 함께 이야기 나눔으로써 새로운 교우관계를 형성하도록 도와주는 것이 바람직한 교사의 역할이다.

병태는 허전하고 외로운 마음에 집으로 돌아가 가족 앞에서 자신의 학교생활의 어려움을 내비치며 부모의 따뜻한 위로를 기대했다. 그러나 아버지는 서울에서 당했던 자신의 패배를 아들을 통해 보상받고픈 마음에서였는지 위로 대신 "힘이 있어야 한다. 힘 있는 반장이 되어라!"라고 강조한다. 그러나 새

http://movie.daum.net

로 전학해 적응과정에 있는 사춘기 청소년을 자녀로 둔 부모의 바람직한 역할은 자녀를 격려하고 자녀에게 일어나는 심리적 변화를 이해하며 학교에서 발생할 수 있는 또래 집단의 압력을 이해하고 자녀 스스로 이에 대응할 수 있는 방안을 마련하도록 지원하는 것이다. 이러한 부모의 지원이 클수록 자녀는 사회적으로 더 유능하게 성장할 수 있다. 또한 부모는 아동이 스스로 문제를 해결할 수 있도록 상담자 역할도 수행해야 한다. 이를 위해 부모는 자녀를 따뜻하게 지지하고 이해해줌으로써 자녀와 상호공개적으로 반응할 수 있는 의사소통체계를 유지해야 하며 힘과 권위로 강압하기보다는 자녀의 자율성을 인정해야 한다. 이에 근거하면 병태의 부모는 자녀가 현재 당면한 문제와 욕구를 제대로 파악해 지원했다고 할 수 없다. 따라서 가족으로부터도 제대로 위로받지 못한 병태의 마음이 얼마나 외롭고 힘들었을지 짐작할 수 있다.

친구를 때리는 급장에게 저항하기 : '엄석대반'의 권력구조

병태는 학교생활에 하루하루 힘겹게 적응하면서 자신의 학급이 강력한 힘을 가진 동급생 반장에 의해 통제되고 있음을 깨닫게 된다. 반장 엄석대는 담임선생님보다 더 절대적인 권력을 쥐고 같은 반 친구들을 마음대로 억압하고

때로는 폭력을 행사하고 있었다. 그런데 놀랍게도 아이들은 모두 석대의 폭력에 한마디의 저항이나 불만 없이 순순하게 응하며 당연하다는 듯 뇌물까지 바치고 있었다. 이에 대해 한병태는 학급회의에서 교실에 무기명 건의함을 설치할 것을 제안해 표결에 붙이지만 병태 한 사람만 찬성하고 나머지 전원은 반대를 한다. 또한 아이들은 교실 뒷문으로 다니지 않음으로써 엄석대의 권위를 인정하는 범위 내에서 학교생활을 하고 있었다. 그러나 병태는 "반장이면 다야? 반장이 부르면 언제든지 갖다 바쳐야 하느냐고?", "반장에게 왜 물을 갖다 주니? 싫어! 난 못 해!"라고 외치며 반장의 횡포와 억압에 정면으로 맞선다. 이러한 태도는 병태가 서울에서 전학 오기 전 여자친구로부터 받았던 자유의 여신상이 새겨진 동전을 늘 주머니 속에 간직한다는 사실을 통해 상징적으로 드러나는데, 이는 병태가 자유와 평등에 대한 신념과 합리성을 추구하는 사고를 지닌 인물임을 나타내고 있다.

한편 반장은 단순히 억압적이지만은 않다. 그는 반 아이들의 이기적인 속성을 교묘하게 이용해 때로는 미묘한 협박을 통해, 때로는 은밀한 회유를 통해 반항하는 세력을 결국 자신에게 예속시킨다. 그런 의미에서 석대는 다분히 정치적인 인물이며 학교폭력의 가해자이다. 따라서 고도의 독재자인 반장은 저항하는 병태를 직접적으로 처벌하는 대신 병태와 친한 김영팔 같은 주변 인물들을 괴롭힘으로써 병태를 철저하게 따돌려 고립시킨다. 이와 동시에 석대는 병태에게 은밀한 위협과 거절할 수 없는 회유공작을 시도하기도 한다.

더구나 담임선생님을 비롯한 학교당국은 철저하게 무기력하고 무능하기 때문에 학생들의 교우관계에 관심이 없을 뿐만 아니라 교실 속 왕따나 폭력을 가하는 학생 또는 폭력을 당하는 학생에 대해 개입하려는 최소한의 의지조차 없어 보인다. 이러한 태도는 이미 병태가 처음 전학 왔을 때 보인 담임선생님의 성의 없는 모습에서, 그리고 병태가 용기를 내어 문제제기한 라이터 사건에 대해 주먹구구식으로 대응하는 모습에서도 일관되게 나타난다. 오히려 담임선생님은 반장과 그를 동조하는 세력에 의해 전개되는 은밀한 부조리와 교실 속 폭력을 알고 있으면서도 반장 편을 들어줌으로써 자신의 이익을 챙겼으며, 라이터 사건 이후 "공부 잘하고 통솔력 있고, 이만한 반장이 어디 있니?"라면서 엄석대를 더욱 공개적으로 신임한다. 이로써 석대는 담임선생님의 비호 아래 교실 속 권력을 마음껏 누리게 되었고, 급기야 교장선생님으로부터 전교를 대표하는 모범학생으로 표창까지 받는다. 그러나 병태는 성적도 더 떨어지고 담임선생님은 물론 다른 선생님들로부터 석대를 질투하고 시기하는 문제학생으로 낙인찍혀 눈총을 받게 되며 친구들로부터도 외면을 당한 채 학교로부터 점점 멀어진다.

왕따와 좌절, 그리고 등교거부 : 서울로 돌아가고픈 병태

전학 온 지 얼마 되지도 않아 친구들로부터 관심이나 도움도 받지 못한 병태는 절대 권력자인 석대를 대상으로 외롭게 싸우면서 무엇을 그리도 갈구했던 것일까? 병태는 억압과 폭력이 있는 교실환경에 적응하지 못해 석대에게 저항하면서 교실 아이들을 자신의 편으로 만들려고 여러 방법을 사용한다. 예컨대 자신의 돼지저금통을 털어 반 친구들에게 극장구경을 시켜주고 자장면을 사주며 연필까지 나누어준다. 이러한 행동은 반 전체를 위한 것이라기보다는 자신의 권력을 확보하기 위한 것이었을지도 모른다. 하지만 이러한 방법들은 석대의 책략과 회유 그리고 그의 권력에 아부하는 아이들의 행동으로 물거품이 되고 만다. 그들은 석대의 부정에 저항하기는커녕 대부분 이를 방관하거나 석대의 지시에 따라 병태를 따돌리고 때리며 괴롭히기까지 한다. 라이터 사건을 계기로 자신을 구원해줄 것으로 믿었던 선생님마저 석대의 편을 들자 병태는 좌절한다.

이로써 석대는 일방적으로 유리한 상황이 되고 병태는 친구들과 어울리지도 못한 채 온갖 불이익을 당한다. 더구나 마지막 희망이던 시험성적에서도 석대가 1등을 하고 병태는 11등을 함으로써 병태는 완전한 패배감에 빠져 소외감을 느낀다. 친구와 선생님들로부터 철저하게 따돌림을 당한 병태는 외톨이라는 생각에 더는 학교에서 마음을 붙일 곳이 없음을 깨닫고 급기야 어느 날 아침 학교로 가는 길목에서 방향을 바꿔 학교를 등 뒤로 하고 서울로 돌아가고픈 마음에 철길을 따라 걷는다.

여기서 왕따는 한 교실 또는 전체 학교에서 따돌림을 받거나 폭력을 당하는 사람을 의미한다. 본래 따돌림이란 친구를 집단에서 소외시켜 조롱하는 등 언어적 공격을 통해 정서적 폭력을 가하는 행위를 의미한다(Olweus, 1997). 예컨대 교실에서 함께 점심식사를 하면서 한 학생을 따돌리는 것이 왕따이다. 그러나 우리나라 학교현장에서는 일반적으로 따돌림과 함께 신체적 폭력이 가해진다. 우리나라 학생들은 어떤 친구가 맘에 들지 않는다고 해서 수동적으로 놀리거나 따돌리는 것은 유치한 행동이라고 생각하는 경향이 있기 때문에 그 학생을 따돌리기보다는 우선 신체적 폭력을 먼저 가하는 것이다. 하지만 대부분의 사람들은 이러한 신체적 폭력을 방관하며 심각한 문제로 간주하지 않는다(이훈구, 2001a). 따라서 우리 사회에서 따돌림은 학교폭력의 일부로 간주되어야 하며, 이러한 우리나라 왕따의 전형을 그대로 반영해 보여주고 있는 것이 바로 소설 『우리들의 일그러진 영웅』이다.

주인공 석대는 겉으로는 학급을 잘 이끌어가는 반장이지만 실제로는 교실 속 폭력을 은밀히 행사하며 친구들을 자신의 손아귀에서 마음대로 주무른다. 그는 자신의 말을 거역하는 병태와 같은 학생에게는 서슴없이 폭력을 가하고 왕따를 시킨다. 또한 자신의 숙제도 남에게 시키며 시험 때에는 공부 잘하는 다른 학생이 자신의 이름으로 답안지를 작성하도록 함으로써 모든 과목에서 우수한 성적을 받는다. 이와 같은 폭군인 반장의 명령이나 압력에 대해 같은 반 학생들은 저항하기는커녕 오히려 그를 추종하고 심지어 뇌물까지 상납한다. 그렇다면 석대는 어떻게 반 학생들을 굴복시킬 수 있었을까?

우선 그는 다른 친구들보다 나이가 많고 주먹이 셌으며 표면적으로는 공부를 잘했다. 왕따 가해자의 일반적인 특징은 피해자에 비해 체격이 크다는 것이다(이훈구, 2001a). 물론 체격이 크다고 해서 모두 왕따 가해자가 되는 것은 아니다. 상대를 손아귀에 넣을 수 있는 지략과 권모술수가 있어야 한다. 또한 왕따 가해자는 일반적으로 성적이 중간 이상이다. 이는 학생사회에서 공부를 너무 못하면 부하들에게 영향력을 행사할 수 없기 때문이다. 왕따를 만드는 또 다른 예측요인으로는 가족 내 부부 간 폭력, 부모의 학대, 모의 가출 같은 가족갈등, 비디오·전자게임·컴퓨터 등으로 인한 폭력노출, 피해학생의 돈·라이터 등 금품갈취를 통한 이익추구, 권력추구, 교사의 태도 등을 들 수 있다. 영화의 후반부에 나오는 석대가 서울 창신동에 있는 어머니를 찾아 떠났다는 소문은 석대도 어머니의 가출 등 가족갈등과 가족 내 폭력을 경험했을 가능성이 높음을 시사하고 있다.

또한 석대는 친구들의 금품을 갈취하거나 뇌물을 받아 실익을 챙겨왔으며 반 학생들을 부하로 두고 왕 노릇을 하는 등 권력을 남용해왔음을 알 수 있다. 무엇보다도 5학년 담임선생님의 방임과 6학년 담임선생님의 강압적인 체벌은 석대를 비롯한 학생들의 교실 속 폭력문제에 효과적으로 개입했다고 할 수 없다. 그렇게 판단하는 이유는 이문열의 소설 속에서 석대는 성인이 되어서도 폭력전과자가 됐기 때문이다. 초등학교 시절 다른 학생을 협박해서 갖고 싶은 것을 쉽게 얻었던 학생은 교사나 학교사회복지사 같은 전문가의 시의적절한 개입이 없으면 커서도 그러한 폭력행위에 대한 욕구를 불식시키지 못하게 된다.

노르웨이의 심리학자 올베우스는 학교폭력문제에 관한 한 세계적인 권위자이다. 그는 초·중등학교 시절 왕따 가해자였던 학생들이 어떻게 성장하는가를 종단연구를 통해 20년 동안 조사한 결과, 왕따 가해자이던 학생이 30세 이전에 폭력전과자로 경찰에 체포된 비율이 일반 학생에 비해 4배 이상 높다는 사실을 발견했다. 이를 통해 5학년 2반 또는 6학년 2반 담임선생님이 가해학생인 석대와 피해학생인 병태, 그리고 무엇보다도 방관자인 대다수의 같은 반 학생들에 대해 책임을 갖고 더욱 효과적으로 개입했더라면 하는 아쉬움을 지울 수 없다.

엄석대 권력의 단맛에 취해 : 굴종의 본질

석대는 병태의 가느다란 항변에는 아랑곳하지 않고 "여기 아직 파리똥이 그대로 있잖아! 이 구석 먼지하고 다시 닦아"라며 냉담하게 말을 잘랐다. 병태는 마음에도 없는 미소까지 지으며 그의 호감을 사려고 애썼지만 소용없는 일이었다. 병태는 네 번째로 창틀에 올라가 다시 유리창에 달라붙었다. 그러나 온몸에서 맥이 싹 빠져 손가락 하나 까딱하고 싶지 않았다. 이미 합격, 불합격은 병태의 노력에 달린 것이 아니라 석대의 마음에 달려 있다는 것을 안 이상 헛수고를 하고 싶지 않아서였다. 어느덧 해는 서편으로 뉘엿해지고 교정에는 인적이 드물어졌다. 병태는 이제 저항을 포기한 채 스스로의 무력함과 외로움에 울기 시작했다. 이때 석대가 다가와 전에 없이 너그러운 표정으로 "이제 돌아가도 좋아. 유리창 청소 합격!"이라고 부드럽게 말했다. 석대는 마침내 병태의 눈물을 통해 이제는 결코 뒤집힐 리 없는 자신의 승리를 확인하고 병태를 외롭고 고단한 싸움에서 풀어주었던 것이다. 병태 또한 석대에 대한 반발과 저항이라는 힘든 싸움을 포기함으로써 참담하지만 한편으로는 홀가분한 마음이 들어 다음날 자신이 아끼던 샤프펜슬을 석대에게 건네준다.

병태는 결국 살아남기 위해 석대에 대한 저항을 포기하고 위협에 굴복한 것이다. 병태는 석대 앞에서 눈물을 흘림으로써 자신의 패배를 확실히 인정하고 타협했고 이로써 석대 세력의 2인자 지위를 차지하게 된다. 이때 석대는 교묘하게도 "나한테 오기가 그렇게 힘들었어?"라며 병태를 회유하고 병태를 미포리로 데려가 달콤한 권력의 맛에 취하게 만든다. 이로써 병태가 자신을 배신하지 못하게 만드는 치밀함마저 발휘한다. 이때 병태는 자유의 여신상이 새겨진 미국 동전을 주머니에서 꺼내 미련 없이 불 속으로 던져버리고 석대의 권력 속에서 보호를 받으며 굴종의 본질이 주는 안락함마저 느끼게 된다.

전근 온 교사의 개입: 학교폭력에 대한 체벌의 한계

하지만 6학년이 되어 새로운 담임선생님이 오면서 엄석대 권력에 금이 가기 시작한다. 선생님은 "매사 진실하게 생각하고 늘 자유롭게 행동해라"라고 강조하지만 같은 아이들끼리 검사를 하는 모습 등에서 교실의 권력구조를 조금씩 파악하기에 이른다. 그러던 어느 날 선생님은 칠판의 문제도 제대로 풀지 못하는 석대가 1등을 하는 이유를 의심하게 되고 결국 시험지의 이름을 바꿔 쓴 사실을 확인하게 된다. 그 자리에서 석대는 물론 반 전체 학생들을 체벌한다. 이에 학생들은 차례대로 석대의 만행을 아는 대로 털어놓기 시작한다. 여자애들의 치마를 들추게 하고, 장사하는 집 아이에게는 매주 얼마씩 돈을 바치게 하고, 농사짓는 집 아이에게는 과일이나 곡식을, 대장간 집 아이에게는 엿으로 바꿀 철물을 가져오게 한 일 등을 털어놓는다.

그런데 한 가지 묘한 것은 석대의 폭력을 고발하는 아이들의 태도이다. 처음에는 마지못해 선생님만 쳐다보고 머뭇머뭇하다가 한 명 한 명 석대를 고발하는 학생 수가 많아지자 차츰 목소리가 커지면서 눈을 번쩍이며 석대를 향해 "임마", "새끼"같이 전에는 감히 혀끝에 올려보지도 못한 엄청난 욕을 섞어 석

http://planet.daum.net

대에게 퍼부어댔다. 이윽고 병태의 차례가 왔다. 그러나 병태는 이렇게 말한다. "저는 잘 모릅니다."

담임선생님은 "좋다. 너희들이 용기를 되찾은 걸 다행으로 생각한다. 그렇지만 너희들도 지난 비겁함에 대한 값을 치러야 한다"라며 청소도구함 쪽으로 가 참나무로 된 걸렛대를 하나 빼든다. 그리고 다시 교단 앞에 서더니 나직이 명령한다. "1번부터 한 사람씩 차례로 나와!" 그날 모두에게 돌아온 매는 한 사람 앞에 다섯 대씩이었다. 뒤이어 두 시간에 걸친 반장선거가 실시된다. 그런데 반장선거의 개표가 거의 끝나갈 무렵 갑자기 거세게 교실 뒷문이 열리는 소리가 들린다. 모두 흑판 위에 불어가는 정(正)자에 정신이 팔려 있다가 놀라 돌아보니 엄석대가 그 문을 나가다 말고 학생들을 무섭게 흘겨보며 소리쳤다. "잘해봐, 이 새끼들아!" 그리고 잽싸게 복도로 뛰어 달아나는 것이었다. 그 갑작스런 일에 아이들은 잠깐 흠칫하지만 개표는 다시 진행돼 곧 선거결과가 나왔다. 석대의 표는 단 하나도 없었다. 아마도 석대는 그런 굴욕적인 개표결과가 확정되는 걸 참고 기다리지 못해 뛰쳐나갔을 것이다. 석대는 떠나고 그 반은 차츰 안정을 찾아가게 된다.

학생들이 담임선생님의 도움으로 석대의 잘못을 밝히고 그의 권력을 무너

뜨린 것은 잘한 일이다. 그러나 이들은 자신의 이익을 위해 변심한 것이지, 정의를 위해 변심한 것은 결코 아니었다. 이들은 석대가 반을 휘어잡고 있을 때는 석대에게 충성했다. 그러나 담임선생님의 개입으로 석대의 위치가 불리해지자 이제 석대의 잘못을 낱낱이 파헤쳐 석대가 완전히 몰락하는 데 동조했다. 이는 곧 '석대의 권력은 몰락하고 선생님의 힘이 더 세지니 선생님의 편에 빌붙어서 편하게 살아야겠다'는 생각에서 비롯된 행동인 것이다. 그리고 여기서 주목할 점은 담임선생님은 교실의 부정부패를 일소하고 반장의 권력을 무참히 꺾어버리는 과정에서 그 역시 석대와 마찬가지로 독단과 폭력을 행사했다는 점이다. 그는 평소 진실과 자유를 추구한다면서 이와 전혀 어울리지 않는 방법을 택한 것이다. 그는 특히 석대에게 매질을 하고 그가 부정을 저질렀음을 강제로 실토하게 했다. 그리고 엄석대의 폭력에 희생된 피해자이기도 한 학생들을 향해 석대에게 동조했다는 이유로 매를 휘둘러댔다. 이에 학생들은 이제 새 담임선생님에게 복종하고 교실은 또 다른 형태의 억압에 압도당한다. 그렇다면 우리 시대의 영웅은 과연 누구인가?

주요 용어와 관련 선행연구

학교폭력 ▌ 올베우스는 학교와 폭력의 합성어인 학교폭력을 '학생과 학생 간 힘이 불균형한 상태로 학교와 학교 주변에서 의도적이고 반복적으로 일어나는 공격적 행위'로 정의하면서 이를 '불링(bullying, 괴롭힘)'이라고 표현했다.

학교폭력에 대한 사회적 관심을 처음으로 보인 곳은 스웨덴이었다. 1960년대 말과 1970년대 초에 스웨덴이 학교폭력에 주목하자 그 후 이러한 관심은 스칸디나비아 반도로 퍼져나갔다. 올베우스를 포함한 소수의 사람들과 교육부에 의해 노르웨이에서는 1983년 학교폭력을 예방하기 위한 캠페인이 진행됐다. 당시 노르웨이 전국조사 결과, 15%가 학교폭력과 관련되어 있었고 이들 가운데 9%는 희생자, 7%는 가해자, 2%는 희생자이자 가해자였다(올베우스, 1999).

그런데 교사에 대한 학생의 폭력과 학생에 대한 교사의 체벌을 학교폭력에 포함시킬 것인가라는 문제에 대해서는 사회적 합의가 필요하다. 특히 학생에 대한 교사의 체벌은 교사에 대한 학생의 폭력에 비해 더 민감하고 판단하기 어려운 사안이다. 그러나 교사에 대한 학생의 폭력에 대해서는 명백한 폭력이고 교권이 침해됐다고 여기면서 교사의 체벌은 학생의 인권을 침해하는 행위라고 여기는 이중적인 잣대의 논리를 꼼꼼하게 짚어볼 필요가 있다. 이러한 관점에서 학교폭력의 개념은 고정된 개념이라기보다 사회적 합의에 따라 확장될 수 있는 개념이다. 따라서 학교폭력은 학교와 폭력을 어떻게 정의하느냐에 따라 그 정의가 사회마다 달라질 수 있다.

우선 학교를 단지 공간개념으로 보아 학교 내에서 일어나는 폭력만을 학교폭력으로 볼 것인가, 아니면 학교를 오가기 위해 다니는 도중에 일어나는 폭력까지 학교폭력으로 볼 것인가 하는 문제가 생긴다. 학교를 단지 공간개념으로 보아 그 공간 내에서 발생한 폭력만을 문제 삼는다면 교사의 눈을 피해 등하굣길 등 학교 주변에서 은밀하게 일어나는 폭력은 학교폭력에서 제외될 수밖에 없다. 폭력피해자가 등하굣길에서 안전하지 않다는 조사결과를 근거로 학교 밖에서 일어나는 폭력도 학교폭력에 포함시켜야 한다.

또한 학교 내에서 생활하고 있는 구성원의 측면에서도 학교폭력의 개념정의는 달라질 수 있다. 학교의 구성원으로는 크게 학생과 교사, 그리고 학부모가 있다. 그리고 이들 사이에서는 학생과 학생 간의 폭력, 교사가 학생에게 가하는 체벌, 학생이 교사에게 가하는 폭력, 교사와 학부모 간의 폭력이 일어날 수 있다.

그렇다면 이 모두를 학교폭력이라고 보아야 하는가? 이에 대한 대답은 그렇게 간단하지 않다. 우선 학생과 학생 사이에서 발생하는 폭력이 학교폭력이라는 데에는 이견이 없을 것이다. 그러나 학생이 교사를 폭행하는 일도 심심찮게 일어나는 게 현실이다. 또 교사의 학생지도나 수업방식에 불만을 품고 학부모가 학교로 찾아가 교사를 폭행하는 일도 있다. 미국의 일부 학자들은 교사에 대한 학생의 폭력도 학교라는 장소에서 발생하기 때문에 이를 학교폭력으로 간주하기도 한다(김준호, 2009).

문제는 교사가 학생에게 행하는 체벌을 어떻게 볼 것인가이다. 체벌에 대해서는 교육을 위한 정당한 수단이냐 아니냐, 법적으로 금지해야 하느냐 마느냐 같은 논란이 사회적으로 끊이지 않았다. 합당한 절차와 수단에 따라 적절하게 행해지는 체벌이 교육적으로 정당하다고 생각한다면 체벌을 학교폭력으로 보는 데에는 반대할 것이다. 그러나 절차와 수단이 아무리 합당한 체벌이라 하더라도 인권침해의 소지가 있기 때문에 교육적 행위가 될 수 없다고 생각한다면 체벌을 학교폭력으로 볼 수 있을 것이다. 따라서 체벌을 학교폭력으로 볼 것인지 말 것인지의 문제는 체벌을 어떤 시각으로 바라보느냐에 따라 다르다.

한편 폭력은 의도에 따라 도구적 폭력과 증오적 폭력으로 나뉘며, 가시적 폭력과 비가시적 폭력, 유형적 폭력과 무형적 폭력으로 나뉘기도 한다. 올베우스는 학교폭력을 '불링'이라고 표현하면서 이 폭력의 세 가지 특징 – 공격적 행동 또는 의도적인 피해를 주는 행동(harmdoing), 반복적이고 지속적인 행동, 힘의 불균형 – 을 강조한다(Smith et al., 2002에서 재인용). 결국 올베우스는 한두 번에 그치지 않고 반복적이고 지속적으로 다른 사람에게 피해를 주는 공격적이고 의도적인 행동에 주목한다. 또 힘이 불균형한 사람 사이에 일어나는 것이 학교폭력임을 강조한다. 이는 피해학생은 폭력 가해학생 또는 집단으로부터 자신을 방어하기가 어렵고 도저히 맥을 못 춘다는 것을 의미한다. 올베우스가 말하는 '폭력'의 의미로 보면 '마음에 들지 않아서' 또는 '그냥 싫어서'와 같은 이유로 비록 눈에 보이는 외상은 없더라도 힘의 비대칭적인 관계 속에서 의도적이고 지속적으로 따돌리는 행위는 폭력이라는 게 명백해진다.

김대유·김현수(2006)는 올베우스의 개념정의를 학교에서 일어나고 있는 실제 상황을 통해 좀 더 구체적으로 설명한다. "힘센 아이들 여럿이 한 아이를 괴롭히려고 일부러 신발주머니와 책가방을 감추고 돈을 뺏고 몸을 쿡쿡 찔렀다. 이것을 하루 이틀 한 것이 아니라 한 달 내내 했다면 명백한 따돌림, 괴롭힘, 학교폭력이다. 이것을 장난이나 우정을 위한 다툼으로 변명하기는 어렵다." "인기 있는 아이 몇 명이 소심한 한 아이에게 별명을 지어 놀리기 시작했다. 그 아이는 그런 별명을 싫어하고 괴로워했음에도 아이들은 교실, 운동장, 학교 바깥 놀이터에서 같은 방식으로 계속 놀렸다. 그래서 이 아이는 다른 친구들에게도 자신이 싫어하는 별명으로 불리게 됐고 결국 따돌림을 받게 되었다." 여기서 여럿이 한 아이를 괴롭힌 것은 '힘의 불균형'이고, 피해자가 괴로워하는 것을 알면서도 행위를 계속한 것은 '의도성'에 해당하며, 한 번이 아니라 계속했다는 것은 '반복성'에 해당한다.

이러한 논의를 정리하면 올베우스가 말한 '의도성', '반복성', '힘의 불균형'은 어떤 상황을 학교폭력으로 볼 것인지 아닌지를 판단하는 데 중요한 기준이 된다. 학급의 급우를 놀리는 행위가 그저 한두 번의 장난에 지나지 않는지 아니면 학교폭력에 해당하는지 민감하게 들여다볼 필요가 있다. 이런 민감성을 가지지 않으면 호미로 막을 것을 가래로도 못 막는 상황으로까지 이어질 수도 있다는 사실에 유념해야 한다. 또 성인이 폭력을 판단하는 올바른 기준을 가지고 있어야만 현장에서 아이들에게 폭력과 폭력이 아닌 것을 명확하게 구분지어줄 수 있다(이상희, 2008).

체벌 ▌ 몸에 직접 고통을 주어 벌하는 것으로, 일정한 교육목적으로 학교나 가정에서 아동에게 가하는 육체적 고통을 수반한 징계를 말한다. 고통을 줌으로써 바람직하지 않은 행위를 억제하려는 것이지만 아동의 입장에서 보면 어떠한 행위를 할지 말지의 선택이 그 행위의 가치에 의해 결정되는 것이 아니라 육체적 고통을 받느냐 받지 않느냐의 여부에 의해 좌우되는 결과를 초래한다. 따라서 체벌은 신체적 고통을 가할 뿐만 아니라 심리적 좌절감이나 갈등을 유발하고 동료 학생에게도 영향을 미치기 때문에 체벌을 둘러싼 논란은 끊이지 않고 있다.

하지만 체벌은 부정적 자아개념을 유발하는 경향이 있고 학생과 교사 간 신뢰관계를 왜곡시킬 뿐만 아니라 그 효과도 의문시되기 때문에 사용하지 못하도록 권장하거나 또는 법령이나 행정지시를 통해 금지하는 것이 세계적인 추세이다. 그러나 대부분의 교사나 부모는 체벌을 여전히 훈육의 한 방법으로 사용해야 한다는 입장을 취하고 있기 때문에 아직도 체벌에 관대한 편이다.

체벌은 우리 사회의 오랜 화두 가운데 하나였다. 이전에는 체벌을 암묵적·공개적으로 허용하는 분위기였다. 그러나 최근 학생과 교사 그리고 학부모의 인권의식이 높아지면서 체벌문제를 법적으로나 제도적으로 정비해야 한다는 지적이 늘고 있다. 현재 법적으로 체벌은 금지된 것도 허용된 것도 아니기 때문이다. 학교와 교육당국의 기준은 없으며 대법원의 판례(2004년 6월)가 그 기준이 되고 있다. 대법원 판례에서는 체벌을 교육상 불가피한 경우, 다른 교육적 수단으로는 교정이 불가능한 경우, 그 방법과 정도가 사회통념상 용인되는 경우로 제한했다. 이와 함께 교정의 목적 없이 지도교사의 감정·성격에서 비롯한 행위, 학생의 신체나 정신건강에 위험한 물건 또는 교사의 신체 일부를 이용해 부상의 위험이 있는 학생 신체부위를 때리는 행위, 다른 사람이 없는 곳에서 개별적으로 훈육·훈계할 수 있었음에도 낯모르는 사람 앞에서 공개적으로 체벌·모욕하는 행위, 학생의 성별·연령·개인적 사정에서 견디기 어려운 모욕감을 주는 행위 등은 정당한 체벌이 아니라는 기준도 제시했다. 즉, 체벌이라는 개념은 '교육적 벌'에서부터 '형사처벌 대상이 될 수 있는 신체적 가해행위'까지 포괄하고 있기 때문에 모호하고 자의적인 해석이 가능하다. 따라서 이에 대한 명확한 법적 기준이 필요하다.

왕따 ▌ '집단따돌림'을 가리키는 것으로, 사회 집단 내에서 무리를 지어 특정인을 소외시키고 반복적으로 인격을 무시하거나 신체적 폭력을 가하는 일체의 행위를 말한다.

1995년에는 '매우, 진짜, 엄청'의 의미로 단어 앞에 '왕~'이라는 말을 덧붙이는 것이 유행했는데, 당시의 유행에 따라 '집단적으로 엄청나게 따돌림을 당한다'는 의미로 '왕따'라는 말이 사용됐다. 왕따를 당하는 사람들, 특히 학생들의 경우 극심한 정신적 고통을 경험하며 등교를 거부하거나 극단적으로는 자살을 시도하는 경우도 있기 때문에 왕따는 심각한 사회문제로 인식되고 있다. 왕따는 일본의 '이지메'와 유사한 사회적 현상이다. 일본의 이지메가 일본사회의 특징인 획일주의와 집단주의를 배경으로 집단에서 튀는 행동을 하는 사람들에게 가해지는 폭력이었던 것처럼 한국의 왕따 역시 조직 내 튀는 사람들이 주요 대상이라고 알려져 있다. 차이와 다양성을 받아들이지 못하는 한국 조직사회의 경직성을 여실히 반영하고 있는 것이 바로 왕따문제이다.

왕따를 지칭하는 단어도 경우에 따라 다양한데, 가령 전교생이 따돌리거나 전학 온 아이를 따돌리는 것은 '전따', 반에서 따돌리는 것은 '반따', 은근히 따돌리는 것은 '은따', 심하게 따돌리는 것은 '진따'라고 부른다.

우울 ▌ 마음이 어둡고 가슴이 답답한 상태를 의미한다. 우울(憂鬱)은 슬프고 불행한 감정을 말하는 것으로, 우울증과는 다르다. 그러나 우울한 감정이 오래 지속되어 생활에 지장을 줄 정도가 되면 우울증과 같은 증상으로 나타나는 경우가 많다. 참고로 우울신경증의 특징으로는 현실에서 중요한 의미를 지닌 대상을 상실함으로써 유발되는 절망감을 동반한 병적 우울감정, 자기비하와 자기멸시의 경향과 행동, 정신운동 영역의 지연 등이 있다.

흔히 과거의 실패나 실수에 대한 죄악감을 지니고 있으며, 피로, 권태, 의욕 상실, 수면장애, 식욕부진, 소화불량, 두통, 작업능률 저하 등을 호소한다. 한편 우울감 경험률은 지난 일 년 동안 2주 내내 일상생활에 지장이 있을 정도로 슬프거나 절망감을 느낀 적이 있다고 응답한 사람의 비율을 의미한다.

낙인(stigma) ▌ 쇠붙이를 불에 달구어 찍는 도장을 의미하는 것으로, 원래 낙인은 가축에게 자신의 소유 등을 표시하기 위해 또는 범죄자를 쉽게 식별하기 위해 사용됐다.

특수교육에서 낙인은 주로 낙인효과 또는 명명효과(labeling effect) 차원에서 논의되는데, 장애학생의 진단명이나 어떤 특성에 대한 부정적인 고정관념이 해당 장애학생이나 그를 바라보는 타인 모두에게 오랫동안 비교육적으로 영향을 미칠 수 있다는 경계심을 강조하기 위해 사용된다. 예컨대 낙인이 찍힌 장애학생은 자신이 할 수 있는 능력조차 발휘하지 않고 자신에게 낙인이 찍힌 대로 행동하게 되고, 교사나 부모 또는 동료 학생들은 낙인이 찍힌 학생에 대해 교육적 기대를 하지 않을 수 있다는 점에서 그 폐해는 심각하다. 장애학생의 선별이나 진단을 위해 검사를 실시한 후 이들에게 아무런 교육적 후속

조치를 취하지 않는 경우 역시 낙인을 찍는 행위로 간주될 수 있다.

✤ 생각 나누기

1. 소설 『우리들의 일그러진 영웅』은 누구나 한 번쯤 읽어보거나 영화로 봤을 정도로 많은 매체를 통해 접할 수 있는 작품이다. 소설에서는 김영팔이라는 인물이 등장하지 않는다. 그렇다면 박종원 감독이 소설에도 없는 인물을 영화에서 등장시킨 이유는 무엇인가? 반장 엄석대가 몰락하는 과정에서 김영팔은 "너희들도 다 나빠!", "너희들도 다 똑같은 놈들이다!"라고 외친다. 이 외침의 의미는 무엇인가?
2. 체벌은 과연 학교폭력을 해결하거나 예방할 수 있는가? 그렇게 생각하는 근거는 무엇인가?

10

이주아동 교육권 보장해야

3월은 새로운 희망의 계절이다. 아이들은 새 학년이 되어 담임선생님과 학급친구들을 만나는 희망에 부풀어 학교로 간다. 그러나 학교에 가고 싶어도 가지 못하는 아이들이 우리 곁에 있다. 헌법 제31조는 누구나 평등하게 교육받을 권리를 명시하고 있으며, 교육기본법은 국가가 차별 없이 모두에게 초등교육과 중등교육을 받을 권리를 부여하고 이를 보장해야 할 의무가 있다고 규정하고 있다.

취학통지 차별, 입학 거부 잦아

우리나라도 비준한 유엔아동권리협약 제2조와 제28조는 차별 없이 모든 아동의 교육권을 보장해야 한다고 규정하고 있고, 헌법 제6조는 외국인은 국제법과 협약에 따라 그 지위가 보장된다고 명시하고 있다.

이에 근거해 유엔아동권리위원회는 2003년 우리 정부에 외국아동에게도 한국아동과 동등한 교육권을 보장하라고 권고했다. 우리 정부는 2008년 초중등 교육법 시행령 제19조를 개정해 이주아동이 초등학교에 입학하고자 할 때 '외국인등록사실증명' 서류 대신 '거주사실확인' 서류를 제출하는 것으로 변경했다.

그런데도 학교에 아예 입학도 하지 못하거나 학교에 겨우 다니게 되더라도 하루아침에 학교를 그만둘 수밖에 없는 아이들이 있다. 그들은 누구인가? 한국에서 태어나 여덟 살이 된 한 베트남 소년은 취학통지서를 받지 못했다. 부모가 불법체류 이주노동자이기 때문이다. 그래도 이 소년은 한국말밖에 할 줄 몰라 한국에서 살고 싶어 한다. 몽골에서 온 17세 청소년은 한국말을 잘 못한다는 이유로 고등학교 입학을 거부당했다. 그의 어머니는 한국인 아버지와 재혼한 후 고국에 혼자 남겨졌던 아들을 한국으로 데려왔다. 그러나 한국인 아버지는 그를 호적에 올리는 것을 원치 않았다. 관광비자로 입국한 그는 집 근처 고등학교에 입학해 재학증명서를 받아 학생비자로 변경한 뒤 어머니 곁에 살면서 공부를 하고 싶어 했으나 그 희망은 교문 앞에서 멈췄다.

이주아동은 부모 중 적어도 한 사람이 국내에서 등록 또는 미등록 이주노동자로 체류하거나 부모의 재혼으로 한국에 입국한 18세 미만의 자를 의미하며, 이주노동자 자녀와 결혼이민자 자녀로 구분된다. 법무부에 따르면 2008년 이주아동은 총 6만 9,987명이며, 이 중 미등록 이주아동은 8,259명인 것으로 추계된다. 그러나 이들의 재학률은 매우 낮다. 교육과학기술부에 따르면 2008년 재학 중인 결혼이민자 자녀는 1만 8,769명, 이주노동자 자녀는 1,402명이다. 특히 재학 중인 미등록 이주아동은 148명뿐이다.

미등록 이주아동의 재학률이 가장 낮은 것은 거주지 불안정, 신분노출 우려, 경제적 어려움과 함께 외국인등록사실증명을 중·고등학교에 제출할 수 없기 때문이다. 더구나 현행법은 교사가 학생과 부모의 불법체류 사실을 알게 되면 신고하도록 되어 있다. 따라서 소신 있는 학교장의 결단으로 학교를 다니게 되더라도 이들의 마음은 늘 불안할 수밖에 없다.

관련법부터 고쳐 적용확대를

최근 결혼이민 어머니와 한국인 아버지의 재혼으로 인해 중·고등학교 재학연령의 중간입국 자녀가 증가하는 추세이다. 그러나 호적에 입적되지 않은 아이들은 미등록 불법체류자가 되어 탈학교율이 높아지고 이는 청소년 비행 문제로 이어지고 있다. 이들의 문제는 곧 우리의 문제이다.

2007년 한국계 이민 1.5세인 조승희로 인해 발생한 미국 버지니아공대 총격사건은 이주아동의 교육권 보장과 건강한 인간관계 및 행복한 학교생활이 왜 중요한지를 충분히 설명해준다. 우리보다 3년 늦게 유엔아동권리협약에 가입한 일본은 10세 이상의 불법체류 이주아동에게 특별체류허가를 부여함으로써 교육권을 보장하고 있다. 우리 정부도 초중등교육법 시행령 제19조를 중·고등학교에도 적용토록 개정하고 G20 정상회의를 개최한 국가수준에 걸맞게 유엔아동권리협약의 무차별원칙을 준수해야 한다.

≪한국일보≫, "아침을 열며", 2010년 3월 19일

주요 용어와 관련 선행연구

교육권 ▌ 유엔아동권리협약 제28조와 제29조, 헌법 제31조, 교육기본법 제13조에 기초해 교육권은 모든 아동이 초·중등교육을 받을 기본 권리로서 국가로부터 학교출석의 권장은 물론 이탈의 방지를 적극적으로 지원받을 수 있는 권리로 정의되며, 그 내용은 교육기회의 평등, 교육과정의 평등, 교육결과의

평등으로 구분된다. 특히 유엔아동권리협약 제28조와 제29조가 규정하는 교육권의 내용을 분석하면, 교육은 인간의 기본권인 동시에 가장 높은 효과를 일으키는 사회적 자본의 기능을 수행하며, 특히 교육과 빈곤, 교육과 건강은 상호밀접하게 연결되어 있어 소득의 불평등은 건강의 불평등, 교육의 불평등을 초래할 수 있다고 지적하고 있다(Hodgkin and Newell, 2002).

이때 아동의 교육은 아동의 성격과 잠재역량의 계발, 인권의 보장, 아동의 부모와 문화적 정체성·언어·모국의 가치는 물론 다른 나라의 문화에 대해 존중할 수 있는 목표를 지향해야 한다고 강조하면서, 아동으로 하여금 인종·민족·종교를 넘어 모든 사람과 이해, 평화, 관용, 평등, 우정을 나누고 자신의 의견을 표현할 수 있는 자유로운 사회에서 자신의 역할과 책임을 다하며 자연환경을 존중하고 살아갈 수 있도록 인권교육의 기회를 제공해야 한다고 권고한다. 이를 위해 당사국은 유엔아동권리협약의 제28조 교육받을 권리, 제29조 교육의 목표, 무상의무교육, 인권교육은 물론, 제31조 휴식, 여가, 문화적 활동에 대한 권리를 보장해야 한다(이용교, 2004; 이중섭 외, 2006). 이를 통해 유엔아동권리협약은 교육권을 발달권의 핵심적 기본권으로 규정하며 모든 아동의 교육권 보장을 위한 국가의 의무와 책임을 강조하고 있음을 알 수 있다.

유엔아동권리협약이 규정한 교육정책 내용을 분석한 호지킨과 뉴웰(Hodgkin and Newell, 2002)은 초·중등교육기관에서는 모든 아동에게 차별하지 않고 준비물을 포함한 교재, 교복, 시설 등을 무상지원해야 함은 물론 학교 출석의 권장과 중도탈락의 방지를 위한 적극적인 교육조치를 마련해야 한다고 지적한다(이혜원, 2011a).

유엔아동권리협약의 총 54개 조항 가운데 이주아동의 교육권과 관련된 조항은 제2조(모든 아동은 어떠한 경우에도 차별받아서는 안 된다), 제9조(모든 아동은 부모와 헤어지는 일이 있어서는 안 된다. 다만 부모가 자녀를 해치거나 보살펴주지 않을 때는 제외한다), 제10조(아동이 부모가 다른 나라에서 살고 있으면 아동은 부모에게 돌아가 같은 나라에서 살 권리가 있다), 제26조(모든 아동의 권리를 보장할 수 있는 사회보장제도를 만들어주어야 한다), 제28조(모든 아동은 교육받을 권리가 있다. 초등교육은 무료로 받아야 하며 능력에 맞게 더 높은 교육도 받을 수 있어야 한다. 또한 학교규율은 아동의 인격을 존중하는 방법으로 운영되어야 한다), 제29조(모든 아동이 교육을 받는 것은 아동의 인격과 재능, 신체적·심리적·사회적 능력을 마음껏 개발하기 위해서이다. 또한 아동은 교육을 통해 인권, 자유, 평화의 정신을 배우고 다른 문화를 존중하는 방법, 자연을 사랑하는 방법을 배워야 한다), 제30조(소수집단의 아동은 고유한 문화 속에서 자신들의 종교를 믿으며 자신들의 언어를 사용할 권리가 있다)이다.

이주노동자 ▌ 이주(移住)는 본래 살던 지역을 떠나 다른 지역으로 이동해 정주하는 것을 의미한다. 이주민은 출생국 또는 출생해 성장한 출신국 등 국외에서 거주하다가 국내에 노동, 결혼, 교육, 군복무 등의 목적으로 입국해 체류하고 있는 자로서 현재 대한민국 국적을 갖고 있지 않거나 귀화, 혼인 등을 통해 대한민국 국적을 취득한 자를 의미한다.

김성천 외(2008)는 이주의 유형을 크게 비자(체류자격) 유무와 노동조건을 중심으로 등록 미숙련노동이주, 미등록 미숙련노동이주, 단기 숙련노동이주, 장기 숙련노동이주, 결혼을 위한 독립적 여성이주, 정치적 이유 등으로 인한 피난이주(난민)로 구분한다. 이들 가운데 취업활동을 목적으로 입국한 이주민이 바로 이주노동자이다. 다만 대한민국 국적자가 아님을 명시해야 할 필요가 있는 경우에는 외국인으로 표기된다.

출입국관리법은 체류외국인이 일정한 체류자격과 체류기간의 범위 내에서 체류할 수 있도록 규정하고 있다. 2009년 전체 체류외국인의 체류자격별 분포를 살펴보면, 방문취업 26.2%, 비전문취업 16.1%, 단기종합·상용 7.8%, 국민의 배우자 10.7%, 관광·통과 5.9%, 유학 5.3%, 재외동포 4.3%, 방문동거 3.8%, 기타의 순서로 나타났다. 이를 통해 체류외국인은 크게 이주노동자(50.1%), 결혼이민자(10.7%), 기타(이주노동자와 결혼이민자의 자녀 포함)로 구분할 수 있다. 체류기간별 분포를 살펴보면, 90일 미만의 단기체류자는 21.1%인 24만 7,590명이고 장기체류자는 78.9%인 92만 887명이다. 이때 장기체류외국인은 출입국관리법에 따라 입국한 날로부터 90일 안에 체류지 관할 사무소장 또는 출장소장에게 외국인등록을 하거나 거소를 신고한 자를 의미한다. 그러나 일정한 체류기간이 지났는데도 외국인등록이나 거소신고를 하지 못하거나 체류기간 연장허가를 받지 못하는 외국인들이 있다. 법무부(2010)는 이들을 불법체류외국인으로 분류하는데 이들은 총 체류외국인의 15.2%(17만 7,955명)를 차지하는 것으로 보고했다. 이 수치는 정부의 고용허가제 실시와 불법체류외국인 합법화 조치에 따라 최근 감소하고 있다.

결혼이민자 ▌ 앞에서 정의된 이주민 가운데 한국인과의 결혼을 위해 입국한 이주민이 결혼이주자, 즉 결혼이민자이다.

중간입국자녀 ▌ 결혼이주자 자녀는 한국에서 출생해 성장한 아동, 외국에서 출생한 아동으로서 부모의 재혼으로 한국에 입국한 아동, 한국에서 출생하고 중간에 외국에서 생활하다 재입국한 아동을 모두 의미한다. 이들 가운데 부모의 재혼으로 중간에 한국으로 입국한 자녀가 중간입국자녀이다.

무차별원칙 ▌ 성별, 종교, 사회적 신분, 인종, 국적 등 그 어떤 조건과 환경에서도 아동은 차별되어서는 안 된다는 원칙이다. 특히 유엔아동권리협약에 규정된 모든 아동의 권리는 어떠한 경우에라도 차별됨 없이 모든 아동에게 보장되어야 한다. 유엔아동권리협약 제2조에 따르면, 당사국은 아동과 그의 부모 또는 법적 후견인의 인종, 피부색, 성별, 언어, 종교, 정치적 또는 다른 의견, 국적, 민족, 사회적 출신, 재산, 장애, 출생 또는 기타의 지위에 관계없이 어떠한 종류의 차별도 하지 않고 자국의 사법권 안에서 이 협약에 규정된 아동의 권리를 존중하고 보장해야 한다. 또한 당사국은 아동이 그의 부모나 후견인 또는 가족구성원의 지위, 활동, 표명된 의견 또는 신념을 이유로 당하는 모든 형태의 차별이나 처벌로부터 보호받도록 보장하기 위한 모든 적절한 조치를 취해야 한다.

✤ 생각 나누기

1. 이주아동의 교육권을 보장해야 하는 근거는 무엇인가?
2. 출입국관리법 제84조는 교사 등 공무원이 불법체류자를 발견하면 관계당국에 통보하도록 되어 있다. 단속과 지원이라는 이중 잣대는 오히려 혼란만을 가중시켜왔다. 그 결과 미등록 이주아동의 재학률이 매년 감소했다. 예컨대 미등록 이주노동자를 아버지로 둔 한 베트남 소년은 한국에서 태어나 8년 동안 성장해 한국말밖에 할 줄 모르는데도 초등학교 취학통지서를 받지 못했던 것이다. 그런데 2011년 6월 법무부는 국가인권위원회의 권고(2011)를 받아들여 이 조항을 폐지함으로써 이주아동의 교육권을 적극 보장할 것을 발표했다. 이 발표가 더욱 실효성 있는 정책이 되기 위해서는 관련부처인 교육과학기술부, 보건복지부, 여성가족부가 어떠한 역할을 수행해야 하는가?

11

학교 체벌, 대안이 문제

서울시 교육감은 2010년 2학기부터 모든 초·중·고등학교의 체벌을 금지한다고 선언했다. 이 선언은 필자가 2010년 2월 4일자 ≪한국일보≫ "아침을 열며"에 쓴 '체벌, 생각을 바꾸자'를 읽고 미국에서 편지를 보내온 72세 어르신의 말씀을 떠올리게 한다.

굴욕과 분노의 기억

"1950년 12월, 서울의 중학교 1학년 학생이던 저는 미술시간에 물감을 준비해오지 못했다는 이유만으로 심한 구타를 당해 입안 여러 군데를 다쳤습니다. 더구나 많은 여학생들 앞에서 수치를 당해 지금도 미술선생님의 이름을 잊지 못하고 있습니다. 피난 중 가난했던 우리에게 물감은 사치스런 학용품이었습니다. 당시의 굴욕과 분노는 60년이 지난 지금까지도, 1971년 이후 미국으로 이주해 살면서도 마음 깊이 남아 있습니다. 어떠한 이유로든 체벌은 하면 안

됩니다. 제가 살고 있는 캘리포니아는 물론 미국의 대다수 주에서는 체벌을 금지하고 있습니다. 아직도 체벌을 허용하는 한국사회에서 선생님과 같은 생각을 하는 분들이 더 많아지기를 희망합니다."

체벌은 육체적 고통을 가하는 행위이다. 학교에서는 학생의 신체적 자유와 행복추구권을 침해하는 행위이다. 정신과 의사이자 심리학 박사인 앨리스 밀러는 체벌을 "권력을 이용해 자율적 의지를 꺾고 고분고분 말 잘 듣는 학생으로 만드는 부정적 교육"으로 규정한다. 그는 수많은 논문을 통해 어린 시절 부모나 교사에게 받은 신체적 폭력과 정서적 학대가 감성적 기억의 형태로 몸속에 그대로 저장됐다가 결국 성장하면서 우울증을 비롯한 모든 정신질환의 원인이 된다는 사실을 검증했다.

서울시 교육청의 결단이 실효성 있는 교육정책과 긍정적 교육의 구체적 지침으로 구현되기를, 그리하여 모든 학교의 교사와 학생이 서로 믿고 존중하며 행복할 수 있기를 기대한다. 학교 구성원의 상호신뢰와 소통에 기초해 적절한 학교규칙에 합의하고 이를 신호등처럼 누구나 일관되게 지켜야만 학생과 교사의 서로 다른 욕구가 충족되고 서로의 인권이 보장될 수 있다.

이러한 관점에서 일부 단체가 제기한 다음과 같은 반론에 대해서는 진솔한 논의가 이루어져야 한다.

첫째, 체벌금지는 현행 교육법과 상충한다는 논리를 따져보자. 초중등교육법 시행령 제31조 제7항은 '학생에게 신체적 고통을 가하지 아니하는 훈육방법을 행해야 한다'라고 규정하고 있다. 이는 유엔아동권리협약 제28조 제2항이 '학교규율은 아동의 인간적 존엄성과 합치하고 이 협약에 부합하게 운영되어야 한다'라고 규정한 것과 상충한다. 유엔아동권리위원회와 국가인권위원회가 체벌금지를 권고하고 있지만 우리 사회는 아직도 교편(敎鞭)을 사랑의 매로 인정하고 있다. 이 조항을 삭제하지 않는 한 체벌금지는 국내 교육법과는 상충하게 된다.

그러나 체벌이 법적으로 금지된 일본에서도 여전히 체벌이 자행되는 현실을 감안하면 체벌 관련 법률을 폐지하고 교사의 공문부담을 줄여 체벌의 대안을 마련할 수 있도록 학교행정과 문화를 인권적으로 바꾸어야 한다. 이를 위해서는 학생과 교사, 학부모, 지역사회의 인식을 바꾸는 것이 중요하다. 교사와 학부모를 위한 인권교육이 선행돼야 하는 까닭이 여기에 있다.

민주적인 재판 절차 따랐으면

둘째, 체벌의 대안을 제시하지 않는 체벌금지는 교사의 교권을 침해한다는 논리의 문제이다. 교사는 학생의 학습권은 물론 자신의 교권보장을 위해서도 학생의 발달단계별 특성과 욕구, 학교와 학급의 특성, 지역적 특성을 고려해 학생과 함께 체벌의 대안을 찾아야 한다. 이때 교사는 학생의 의견과 자기결정을 적극 지지하는 한편 민주적 소통을 통해 서로 합의한 학급규칙을 지킬 수 있도록 일관성 있게 학생들을 통제해야 한다. 서구에서처럼 학급에 '재판 절차'를 도입해 학생 자신에게 변론의 기회를 주는 것도 긍정적인 교육방법이다.

≪한국일보≫, "아침을 열며", 2010년 7월 23일

주요 용어와 관련 선행연구

행복추구권 ▌ 인간으로서의 행복을 추구할 수 있는 권리로, 행동의 자유권, 인격의 자유발현권, 생존권 등을 의미한다. 즉, 먹고 싶을 때 먹고 놀고 싶을 때 놀며 자기 멋대로 옷을 입을 수 있는 자유가 포함되며, 자신의 의지에 따라

인생을 살아가고 자기가 추구하는 행복의 개념에 따라 생활할 수 있음을 말한다. 또한 건강하고 쾌적한 환경에서 살 수 있는 환경권과 인간다운 주거공간에서 살 권리도 포함된다.

이 권리의 주체는 내국인과 외국인을 포함하는 자연인이다. 헌법 제10조는 '모든 국민은 인간으로서의 존엄과 가치를 가지며, 행복을 추구할 권리가 있다'고 규정하고 있다. 이는 곧 인간의 존엄과 가치 및 행복추구권을 자연권으로 인정하는 최고 기준이다. 따라서 국가는 이를 보장할 의무를 갖는다. 모든 국가기관은 물론 어떠한 개인도 타인의 행복추구권을 침해할 수 없다. 다만 국가안전보장, 질서유지 등 공공의 복리를 위해 꼭 필요한 경우에는 본질적 내용을 침해하지 않는 한도 내에서 이를 제한할 수 있다.

교권(敎權) ▌ 전문직으로서의 교직에 종사하는 교원의 권리를 말한다. 넓은 의미의 교권은 교육권을 의미하는데, 이는 교육을 받을 권리와 교육을 할 권리를 포괄한다. 즉, 교육권으로서의 교권에는 학생의 학습권, 학부모의 교육권, 교사의 교육권, 학교설립자의 교육관리권, 국가의 교육감독권이 모두 포함된다. 일반적으로 교권은 교원의 교육권이라는 제한적인 의미로 사용된다.

교권은 가르치는 일의 권리(교육의 자율성과 학문의 자유를 보장받을 권리, 신분상의 권리), 신분보유권, 직무집행권, 직명사용권, 쟁송제기권, 불체포 특권, 교직단체 활동권 등 재산상의 권리(보수와 연금 등의 경제적 급여와 복지후생서비스를 받을 권리), 그리고 교직단체활동권으로 구분된다. 실제로 교사는 자신의 전문적 소신에 근거해 학생을 가르칠 권리가 있다. 이를 교사의 교권 또는 교육권이라고 말할 수 있다. 교사의 교권은 학생의 학습권을 보장하기 위해 인정되는 권리이며, 여기에는 수업내용, 교육방법, 교재의 선정, 성적평가 등의 전문적인 사항을 정하는 권리가 포함된다(하승수 · 김진, 1999).

교권은 다른 주체들의 권리 또는 권한과 충돌할 수도 있다. 학부모의 권리와 갈등을 빚을 수도 있고 수업내용이나 교육방법에까지 개입하려는 학교설립자나 학교관리자와 충돌할 수도 있다. 그러나 교권과 학생의 권리는 서로 모순되거나 충돌하지 않는다. 교사의 교권과 학생의 권리가 조화롭게 실현되는 것이 교육이 지향해야 할 이상이기 때문이다. 즉, 교사는 학생의 인권을 존중하면서 교육하고 학생은 그런 교육을 통해 온전한 인간으로 성장해나가는 것이 가장 이상적인 모습이다.

학생의 인권을 존중하면서 교육하는 것이 불가능한 일은 아니며, 학생의 인권이 존중된다고 해서 교사의 교권이 침해당하는 것도 아니다. 그러나 한국사회에는 학생의 권리를 보장할 경우 교권이 침해되지는 않을까 하는 우려도 존재한다. 그러나 교사의 교권을 위협하는 진정한 주체는 주로 정치권이나 교육청 같은 교육행정기구, 학교관리자, 학부모라고 할 수 있다. 따라서 교권의 핵심은 그러한 주체들로부터 교사의 자율성이 보장되고 교사의 전문성이 존중되는 것이다(하승수·김진, 1999). 학생의 인권을 존중한다고 해서 교권이 위협당하거나 침해되지는 않는다.

학습권 ▌ 원하는 것을 학습할 권리 및 학습을 위해 필요한 교육을 요구할 권리를 의미한다. 인간은 출생 이후의 문화적 학습을 통해서만 비로소 다른 동물과 구별되는 인격적·사회적 존재로 성장할 수 있다. 학습기회가 박탈되거나 학습이 제한되면 인격적·사회적 성장은 불가능하거나 제한된다. 따라서 인간은 누구나 자유로운 성장과 자아의 실현을 위해 필요한 학습을 추구할 권리를 가지고 있다. 어느 누구도 다른 사람의 학습을 가로막거나 제한할 권리는 없다. 특히 제1·2차 세계대전을 거치면서 학습과 교육에 대한 국민의 권리의식이 높아졌으며 국민은 누구나 국가에 대해 교육을 요구할 권리가 있다는 인식이 형성됐다.

자기결정(self-determination) ▌ 도움을 필요로 하는 클라이언트의 권리와 욕구를 인정하고 클라이언트 스스로 원하는 바를 선택하고 결정할 수 있도록 지원하는 사회복지실천 원칙이다. 이 원칙은 사회복지사의 도움을 통해 클라이언트가 활용할 수 있는 자원은 무엇이고 그가 무엇을 선택할 수 있는지, 그 자신이 할 수 있는 선택의 범위는 어떠한지를 알게 만드는 것이다. 한편 자기결정권이란 헌법이 규정한 권리로, 일정한 개인적 사항에 관해 국가권력의 간섭 없이 스스로 결정할 수 있는 자의적 권리를 의미한다. 자기결정권의 근거는 헌법 제10조 개인의 인격권과 행복추구권에 전제된 자기운명결정권이다. 자기운명결정권에는 성적 자기결정권도 포함한다.

✤ 생각 나누기

1. '사랑의 매는 없다'라는 주장에 동의하는가, 반대하는가? 그렇게 생각하는 근거는 무엇인가?
2. 체벌이 사춘기 청소년에게 미치는 영향은 무엇인가? 또한 체벌금지가 교사에게 미치는 영향은 무엇인가?

12

이주아동의 교육소외를 해소해야

8월의 폭염에 밤잠을 설쳐 늦잠을 자던 아이들도 9월이면 아침 일찍 학교로 간다. 오랜만에 만난 학생들과 선생님은 새 학기 새 희망을 다시 펼친다. 그런데 활짝 열린 교문으로 들어가지 못하는 아이들이 있다. 바로 미등록 이주노동자의 자녀들이다. 이들은 비자가 없다는 이유만으로 등록된 결혼이민 가정의 자녀들과 구분된다.

불법체류자가 된 2만여 명

법무부는 이들을 불법체류자로 분류하고 그 부모를 단속한다. 여성가족부의 다문화가족지원법과 보건복지부의 아동복지법은 서비스 수급자격에서 미등록 이주아동을 배제한다. 부모를 따라 이주해온 아이들은 원주민 아이에게 따돌림을 당하고 소외를 느끼는 같은 처지이면서도 '나는 합법', '너는 불법'이라며 서로를 다시 구분하고 등급을 매긴다.

한국에서 태어나고 자란 일곱 살 소녀는 일하는 부모를 대신해 두 살 동생을 돌보며 하루 종일 컨테이너 집안에 갇혀 산다. 불법체류자인 필리핀 부모 때문에 태어나자마자 '불법'이 된 아이의 소원은 집 밖에서 친구들과 마음껏 뛰놀고 공부하는 것이다. 한편 부모가 강제 추방돼 한국에 남겨진 몽골 소년은 혼자 생계를 이어가기 위해 좋아하던 학교도 그만두고 공사판에서 벽돌을 나르는 일용직 근로자로 일한다. 대학입학은커녕 취업도 미래도 꿈꿀 수 없다. 이들은 언어적으로나 문화적으로 한국인으로서의 정체성을 확립하고 있지만 영원한 이방인이다. 생명이 위독해 달려간 병원 응급실에서도 체류신분을 따지는 것이 현실이다.

한국에서 일하는 이주노동자 가운데 전문기술직 종사자를 제외한 생산기능직 종사자, 산업연수생, 연수취업자는 가족을 동반할 수 없다. 그렇지만 장기간 떨어져 있는 자녀가 그립고 더는 양육을 소홀히 할 수 없기에 브로커에게 의뢰해서라도 자녀를 입국시킨다. 또한 한국에서 가족을 형성해 자녀를 낳기도 한다.

이처럼 본인의 의사와는 상관없이 불법체류자가 된 18세 미만 아동은 2만여 명으로 추계되는데, 이들은 G20 정상회의를 앞두고 강화된 집중단속 때문에 집 밖 출입조차 하지 못한 채 숨어 지내며 학교교육은커녕 의료서비스와 생존권조차 제대로 보장받지 못하고 있다.

그러나 유엔아동권리협약은 모든 아동은 국적에 상관없이 부모와 함께 살 권리가 있으며, 의료는 물론 교육을 받을 권리도 있다고 규정하고 있다. 실제로 2003년 유엔아동권리위원회의 권고에 따라 국내 초중등교육법 시행령 제19조가 개정되어 거주사실확인 서류를 제출하는 이주아동은 초등학교에 입학할 수 있게 되었다. 그러나 최종결정자는 교장이다. 더구나 출입국관리법 제84조는 교사 등 공무원이 불법체류자를 발견하면 관계당국에 통보하도록 규정하고 있다. 이처럼 단속과 지원이라는 이중 잣대는 오히려 혼란만 가중시킨다.

최근 교육과학기술부가 미등록 이주아동의 초등학교 입학허용 절차를 중학교에도 준용하도록 하는 초중등교육법 시행령 일부 개정안을 입법예고했지만 입학을 허락하지 않는 학교에 대해 책임을 물을 수 있는 벌칙규정이 마련되고 체류자격 문제가 해결되지 않는 한 문제해결의 실마리는 찾을 수 없을 것이다.

법과 현실이 다른 학교 입학

이주아동에 대한 인권을 보장하는 것은 20년 전부터 비숙련 저임금 노동력의 공백을 메워준 이주노동자들에 대한 한국 정부의 기본 도리이자 유엔아동권리협약에 가입한 국가의 의무이며 저출산사회에서 미래를 위한 투자이기도 하다. 이주아동들은 부모의 국가와 자신을 키워준 한국 간의 관계를 강화함으로써 네트워크와 사회통합을 확장할 수 있다. 그 역량은 이주아동이 누리는 교육의 기회와 내용에 비례한다.

정부 부처들이 머리를 맞대고 이들을 위한 학교진입, 교육실태 조사, 이중언어 교육, 상급학교 진학, 대안학교 설립, 진로지도, 부모교육 등을 논의한다는 소식은 반갑다. 충분한 예산이 확보되어 실효성 있는 정책으로 거듭나기를 바란다.

≪한국일보≫, "아침을 열며", 2010년 9월 3일

주요 용어와 관련 선행연구

다문화가족지원법 ▌ 다문화가족 구성원이 안정적인 가족생활을 영위하도록 지원함으로써 이들의 삶의 질을 향상시키고 사회통합에 기여하기 위해 2008년 제정된 법률이다. 이 법은 국가와 지방자치단체의 책무(제3조), 생활정보 제공과 교육지원(제6조), 가정폭력 피해자에 대한 보호·지원(제8조), 다국어에 의한 서비스 제공(제11조) 등 전문 16조와 부칙으로 이루어져 있다. 2011년까지 2차에 걸쳐 일부 개정됐다. 이 법은 다문화가족을 대한민국 국민과 혼인한 적이 있거나 혼인관계에 있는 재한 외국인과 국적법에 의해 대한민국 국적을 취득한 자로 이루어진 가족으로 정의한다. 이 법에 따라 여성가족부는 다문화가족을 지원하기 위해 5년마다 다문화가족정책에 관한 기본계획을 수립해야 하며 3년마다 이들의 현황과 실태를 조사하고 보고해야 한다.

국가와 지방자치단체는 다문화가족에 대한 사회적 차별과 편견을 예방하고 사회구성원이 문화적 다양성을 인정하고 존중할 수 있도록 다문화 이해교육과 홍보 등 필요한 조치를 취해야 한다. 또한 결혼이민자 등이 대한민국에서 생활하는 데 필요한 기본적인 정보를 제공해야 하며, 사회적응교육과 직업교육훈련 및 언어소통 능력향상을 위한 한국어교육 등을 받을 수 있도록 지원해야 한다. 다문화가족 내 폭력을 예방하고 가정폭력으로 피해를 입은 결혼이민자 등을 보호·지원하는 한편 아동보육·교육을 실시할 때 다문화가족 구성원인 아동을 차별해서는 안 된다. 또한 결혼이민자 등이 겪는 의사소통의 어려움을 해소하고 서비스 접근성을 제고하기 위해 다국어로 서비스를 제공하도록 노력해야 한다.

정체성(self-identity) ▌ 에릭슨(Erikson, 1963)은 청소년기의 발달과제 가운데서도 무엇보다 자아정체성의 확립을 강조한다. 자아정체성이란 자기수용이고 자기확신이며 자기규정으로서, 자신을 성인으로 통합하는 것을 의미한다. 청소년들은 자아정체성을 형성하기 위한 구체적인 방안으로 정서적인 분리를 시도하며 스스로 독립된 인간이 되길 원한다. 따라서 청소년은 부모와 가족에게서 건강한 방식으로 분리하고 자립할 수 있기 위해 우선 자신의 과거·현재·미래를 향한 꿈 그리고 자신의 삶에서 중요한 사람들이 자신에 대해 말하는 다양한 양상을 일관된 자아정체감으로 통합해야 한다.

이러한 관점에서 파웰(Powell, 1993)은 청소년기의 최종 발달과제로 자립을 강조했다. 그가 제시한 청소년의 발달과제는 동년배와 새롭게 성숙한 관계를 형성하고, 자신의 신체를 유용하게 활용하고, 성인, 특히 부모 또는 보호자로부터 정서적으로 독립하고, 한 사회의 구성원으로서 지식과 기능을 습득하고, 사회적으로 책임 있는 행동을 하는 것이다. 이 가운데 가장 중요한 과제는 부모로부터 정서적으로 분리해 독립성을 획득하는 것이다. 즉, 신체적·성적으로 급성장하고 있는 청소년은 부모로부터 독립해 자아정체감을 형성하고 취업과 사회적 역할수행을 준비해야 한다. 이 시기의 독립성 획득, 즉 자립은 성인기로의 전환을 성공적으로 완수하는 데 중요한 선행요건이 될 뿐만 아니라 이후 건강한 부모자녀 관계에도 상당한 영향을 미치는 것으로 나타나고 있다.

대안학교 ▌ 대안은 영어의 'alternative(대체 가능한)'에서 비롯된 것으로 둘 또는 셋 이상에서 하나를 택할 여지를 말한다. 하나의 안을 대신하는 새로운 안이 대안이다. 미국에서는 1960년대 중반에서 1970년대에 걸쳐 기존의 학교에 비해 학생들의 욕구에 크게 대응하는 맞춤형 실험학교들이 등장했는데 이를 대안학교라는 이름으로 불렀다.

한국에서는 1990년대부터 종래의 학교교육이 지닌 한계에 대해 논의하고 이를 벗어나려는 다양한 실천을 모색하는 과정에서 대안교육 또는 대안학교라는 용어가 사용되기 시작했다. 당시 교육인적자원부는 대안학교를 '공립학교들이 제공하는 전통적이고 정형화된 것과는 다른 새로운 경험을 추구하도록 학생과 학부모들을 위해 특별한 교육방법과 활동, 여건들을 제공하는 학교'로 정의했다. 최근 교육법은 대안학교를 '자연친화적이고 공동체적인 삶의 전수를 교육목표로 학습자 중심의 비정형적인 교육과정과 다양한 교수방식을 추구하는 학교'로 규정한다.

따라서 대안학교는 공교육의 문제점을 보완하고 학습자 중심의 자율적인 교육과정을 운영하도록 고안된 특별한 학교를 의미한다. 1921년 영국의 교육자이자 작가인 닐이 설립한 서머힐 학교가 대표적이다. 주요 특징은 학급 수나 학생 수를 줄여 학습자와 교사 간의 인간적 교류가 가능하도록 하고, 학습자와 교사가 동등한 자격에서 학습계획에 참여하며, 경쟁주의 원리를 지양한다는 것이다.

✤ 생각 나누기

1. 한국에서 일하는 이주노동자 가운데 전문기술직 종사자를 제외한 생산기능직 종사자, 산업연수생, 연수취업자는 가족을 동반할 수 없다. 그 이유는 무엇인가?
2. '모든 이주아동의 교육권을 보장하는 것은 저출산사회의 미래를 위한 투자이다'라는 주장에 동의하는가, 반대하는가? 그 근거는 무엇인가?

13
개천에서 용을 만들자

영화 〈블라인드 사이드〉는 개천에서 용을 만드는 미국식 과정을 보여준다. 몸무게 115Kg의 18세 청소년 마이클 오어는 어린 시절 아버지가 살해당하는 장면을 목격하면서 정신적 외상을 입었으나 마약중독에 빠진 어머니와 강제로 헤어지고 형제들과도 뿔뿔이 흩어져 여러 집을 전전하며 어두운 사각지대에서 하루하루를 겨우 버티고 있었다. 그의 건장한 체격과 남다른 운동신경을 지켜본 미식축구 코치의 도움으로 사립학교로 전학했지만 당장 필요한 것은 공부나 운동보다 매일 어둠과 비를 피할 수 있는 안전한 거처였다.

타인을 위해 나누는 긍정의 힘

어느 날 밤, 추운 날씨에도 반팔 티셔츠를 입고 체육관에서 밤을 보내려던 마이클을 우연히 만난 상류층 학부모 앤과 숀은 아들과 같은 학교에 다니는 그를 하룻밤 재워주기 위해 집으로 데려온다. 이들은 힘겨운 삶을 살아가면서도 순수한 마음과 성실한 태도를 잃지 않는 그에게 감동해 마이클의 법적 후견인이 되기로 하고 마이클이 좋아하는 운동을 아낌없이 지원했다. 그리고 새로운 가족의 끈끈한 믿음과 사랑은 마침내 그를 미국 최고의 프로미식축구 선수로 성장케 했다.

이 영화 속 실화가 안겨주는 감정의 진폭은 크다. 69일 만에 빛을 본 '33인 칠레 매몰광부들의 우정'과 같이 간혹 세상은 영화보다 더 놀랍고 따뜻하다. 오어는 "나의 삶을 바꿔주었고 내 인생과 내 경기를 그 누구보다 열심히 응원해주는 영원한 멘토"라며 이들 부부에게 고마워하고 이들 부부는 "아니야. 바뀐 건 우리 부부의 인생이지"라며 화답한다.

인간이 타인을 위해 나누는 긍정의 힘은 그 호의를 있는 그대로 품을 수 있도록 상대방의 기적을 이끌어주고 그 기적은 다시 상대방의 보람과 자존감을 높인다. '블라인드 사이드'는 미식축구 용어로서 쿼터백이 상대편을 보기 어려운 왼쪽 사이드, 즉 사각지대를 의미한다. 이 영화는 우리에게 주변에 있지만 눈에 잘 띄지 않는 소외된 이웃과 함께 희망을 나누라고 말한다.

'멘토'는 그리스 신화에 나오는 오디세우스 왕의 친구 이름이다. 오디세우스는 트로이전쟁에 나갈 때 자신의 아들을 가장 믿을 만한 친구에게 맡겼고 멘토는 20년 동안 일관되고 지속적인 교육을 통해 친구의 아들을 정서적으로 안정되고 합리적인 결정을 할 수 있는 왕으로 성장시켰다. 그 이후 멘토는 신뢰와 경험을 갖춘 선배후원자를 의미하고 멘티는 멘토의 도움을 필요로 하는 후배를 의미하게 되었다.

오늘날 멘토링은 성인과 청소년이 한 팀을 이루어 상호신뢰를 기반으로 형성된 관계라 정의된다. 1970년대 미국, 캐나다 등 서구사회의 학교, 기업, 교회에서는 다양한 멘토링 프로그램이 개발됐다. 이때 풍부한 경험과 건강한 성격을 갖춘 멘토는 멘티와의 소통과 믿음을 통해 멘티가 원하는 것에 초점을 두고 멘티의 잠재력을 최대한 개발하고 자원을 동원해 학습, 진로 등 멘티가 주도적으로 설정한 목표를 달성할 수 있도록 지원한다.

19세기 고아를 위한 중상류층 부인의 우애방문에서 유래된 미국의 멘토링은 20세기 청소년의 비행을 예방하기 위한 빅브라더(Big Brother), 빅시스터(Big Sister) 프로그램으로 발전됐고, 1992년 청소년 범죄 및 비행방지법의 법정 사업으로 자리매김했다.

도움 받는 이의 욕구를 살려야

한국의 멘토링도 1980년대부터 취약가정 청소년과 성인 후원자의 일대일 결연형태로 시작되어 지방검찰청의 보호관찰대상 청소년을 위한 사업으로 확대됐다. 특히 외환위기 이후 최근까지 전국의 지방교육청, 청소년기관, 지역아동센터, 지방자치단체와 연계한 대학교 산학협력단 등에서는 빈곤가정 아동과 청소년을 위한 대학생의 학습멘토링과 문화멘토링이 교육과학기술부의 교육복지지원사업, 보건복지부의 드림스타트사업, 민간의 위스타트사업과 함께 방과 후 프로그램으로 급속하게 확대되고 있다.

최근 교육과학기술부는 초중등교육법 제28조와 시행령 제54조 제3항을 신설해 교육복지지원사업을 법제화하는 방안을 발표하면서 사업운영의 효과성과 전문성을 강조했다. 특히 멘토링의 효과성을 확보하기 위해서는 무엇보다도 멘티의 욕구에 기초한 맞춤형 멘토의 선발, 체계적인 사전교육과 기록, 월 1회 이상의 정기적인 전문 슈퍼비전이 반드시 필요하다.

≪한국일보≫, "아침을 열며", 2010년 10월 15일

주요 용어와 관련 선행연구

후견인 ▌ 자신의 일을 처리할 능력이 없는 타인(보통은 미성년자)에 대한 감독권을 법적으로 위임받은 자를 의미한다. 일반적으로 후견인은 부모를 대신해 친권자의 역할을 수행한다. 한편 후견관계가 설정되어 후견인의 감독을 받는 자를 피후견인이라고 한다.

미성년자 이외의 자에 대한 후견관계는 통상 법원에 의해 심신장애자나 사무처리능력이 없는 자들을 대리하거나 그 재산을 관리하기 위해 설정된다. 법원이 미성년자에게 후견인이 필요하다고 결정하는 경우(보통 부모의 사망이나 실종 시) 법원은 후견인으로 지명될 만한 사람들을 심사한다. 즉, 잠재적 후견인의 재정상태와 성격, 이해충돌의 가능성, 피후견인의 희망, 사망한 부모의 종교관계 등을 고려한다. 그중에서도 가장 많이 고려되는 것은 미성년자의 복지이다. 따라서 법원은 후견인이 피후견인의 우선적 이익에 반해 행동한다고 판단하는 경우 후견인의 권한을 취소할 수 있다.

민법은 미성년자에게 친권자가 없거나 친권자가 법률행위의 대리권과 재산관리권을 행사할 수 없는 경우 또는 금치산·한정치산의 선고를 받은 경우 후견인을 두며, 그 수는 1명으로 한다고 규정하고 있다. 후견인의 직무수행에 관한 준칙은 다음과 같다. 첫째, 미성년자의 보호권 이행에 친족회의 동의를 얻어야 한다. 둘째, 금치산자의 감금치료에는 법원의 허가를 얻어야 한다. 셋째, 후견인은 피후견인의 재산목록을 작성해야 한다. 넷째, 후견인은 재임 중 피후견인의 재산을 선량한 관리자의 주의의무를 가지고 관리해야 한다. 다섯째, 후견인은 중요한 법률행위를 대리하거나 그에 동의할 때 친족회의 동의를 얻어야 한다. 여섯째, 후견인은 그 임무가 끝나면 피후견인의 재산에 관한 계산을 해야 한다. 후견인의 직무는 피후견인의 사망, 행위능력의 취득, 금치산·한정치산 선고의 취소, 입양, 상실친권의 회복, 후견인의 사망·결격·사퇴·

해임 등에 의해 종료된다.

보호관찰 ▌ 범죄인을 교도소나 기타 시설에 수용하지 않고 범죄인이 사회생활을 영위하면서 일정한 준수사항을 지키도록 유도하고 필요한 때는 원호를 함으로써 범죄인을 재활시키기 위한 처분이다. 보안처분 중 가장 오랜 전통을 지닌 이 제도는 먼저 영미법계에서 보호관찰부 집행유예 또는 가석방제도로 발전됐고, 후에 대륙법계에서도 집행유예를 기초로 한 자유제한적 보안처분의 영역으로 확대됐다. 한국에서는 소년법, 사회보호법, 보호관찰 등에 관한 법률 등에서 이를 규정하고 있다.

보호관찰은 그 대상자에게 대통령령이 정하는 바에 따라 일정한 장소에 출입을 제한하거나 특정한 물품의 사용을 금지하거나 기타 준수사항을 부과하는 처분이다. 사회보호위원회는 피보호관찰자에게 준수사항을 부과할 수 있으며, 피보호관찰자는 보호관찰담당자의 지도와 감독을 받는다. 보호관찰의 기간은 3년으로 하되 그 이전이라도 사회보호위원회가 보호감호의 집행면제 또는 치료감호의 종료결정을 하거나 보호관찰이 개시된 자가 다시 치료감호의 집행을 받게 된 때에는 보호관찰은 종료된다.

교육복지지원사업 ▌ 교육과학기술부가 도시 저소득층 아동·청소년의 교육기회, 과정, 결과에서 나타나는 교육취약성을 최대한 보완하고 공정한 출발을 보장하기 위해 2003년부터 지원하기 시작한 교육·문화·복지의 통합지원사업이다. 이 사업의 특성은 학교가 중심이 되는 지역교육공동체의 구축과 학교와 지역사회를 연계하는 지역사회 교육전문가의 서비스 네트워킹을 통해 교실 속 아동·청소년의 학습, 문화, 정서, 보건 등 일상생활에서의 욕구와 문제를 통합적으로 지원하는 것이다. 지역사회 교육전문가의 80% 이상은 사회복지학을 전공한 학교사회복지사이며, 이들은 시·도 교육청 교육복지과 소속 프로젝트 코디네이터(project coordinator)의 슈퍼비전을 받으며 해당 지역 초·중·고등학교에서 활동한다.

2003년 교육복지투자우선지역지원사업의 실시배경

한국교육개발원(2003)은 저소득층 밀집지역 초등학교의 기초학습부진 학생 수가 다른 지역 학교보다 4~6배 많은 것으로 보고했다. 영구임대아파트 단지에 있는 K중학교의 교사들은 전교생의 10% 이하만 수업을 이해하고 있고 33% 이상은 수업 일수만 채우기 위해 등교하고 있다고 응답했으며, 초·중학생의 30%는 자신의 미래가 희망적이지 않다고 응답했다(이혜영, 2002). 이러한 현상은 빈곤가정 학생이 느끼는 자신과 가정상황에 대한 절망감, 자괴감, 무력감과 무관하지 않다. 게다가 빈곤가정은 경제적 결핍으로 인한 가정불화, 이혼, 가족해체 등을 경험하게 되며, 이에 따른 가족기능의 약화로 인해 자녀들은 불안, 위축, 자신감 부족, 낮은 자아존중감을 느끼게 됨으로써 내재화된 우울증, 외현화된 과잉행동을 초래할 가능성이 높다. 따라서 복합적인 욕구를 충족시키고 부모의 역할 등 가족기능을 강화시킴으로써 빈곤가정 아동의 학교 적응능력을 향상시키고 이들이 건강한 일상생활을 누릴 수 있도록 가정 - 학교 - 지역사회가 연계해 이들의 신체적·심리적·사회적 발달을 통합적이고 지속적으로 지원할 수 있는 대책이 필요하다. 이러한 맥락에서 교육인적자원부가 2003년부터 시범적으로 실시한 교육복지투자우선지역지원사업의 목표는 교육·복지·문화영역에서 가정 - 학교 - 지역사회 간 네트워크를 구축함으로써 아동은 물론 가족을 위한 지원망을 구성하는 것이다. 이를 통해 아동의 학습결손을 보충함으로써 아동의 학력을 향상시키고, 가족의 기능을 강화시킴으로써 아동의 신체와 심리의 발달을 증진시키며, 교육·사회복지·문화 프로그램을 통합적으로 제공함으로써 다양한 욕구를 충족시키는 것이다(교육인적자원부, 2004).

드림스타트사업 ▌ 모든 아동에게 공정한 출발을 보장하기 위해 아동과 가족에 초점을 둔 통합적 지원서비스이다. 특히 빈곤가정 밀집지역에 거주하는 0~12세 아동가구를 대상으로 보건·복지·교육을 통합한 서비스와 가족지원서비스, 예컨대 임산부·영아·유아 대상 보충영양서비스, 가정방문서비스, 방과 후 돌봄 서비스, 책 읽어주기 서비스, 보건소 등을 연계한 통합의료서비스, 박물관 또는 영화관 체험같이 아동과 부모가 함께하는 문화체험 등을 제공한다(http://www.mohw.go.kr).

보건복지부는 지역사회보호망의 벌어진 틈을 메우기 위해서는 동사무소, 학교, 보건소, 사회복지관 등 관련 조직 간 네트워크를 구축해 보호가 필요한 아동과 가족을 통합적으로 지원할 필요가 있음을 인식하게 됐다. 이에 결식을 포함한 아동방임의 예방과 조기발견을 위해 전국 보건소 관할지역 가운데 빈곤가정이 밀집한 읍·면·동을 중심으로 지역사회 민관 사회복지 자원과 보건소의 방문간호서비스를 연계한 아동복지통합서비스 전달체계를 구성해 2007년부터 16개 시범지역에서 희망스타트사업을 실시하기 시작했다. 이 사업은 빈곤의 대물림을 차단하고 공평한 출발을 위한 양육환경을 보장하고자 빈곤가정 밀집지역에 거주하는 0~12세 아동과 그 가족을 대상으로 중앙정부, 지방정부, 지역사회 보건복지 및 교육관련 기관이 협력체계를 구축해 보건·복지·교육을 통합한 서비스를 제공하는 것으로, 2008년부터 드림스타트사업으로 그 명칭을 변경했다.

2009년 기준으로 전국 72개 지역에서 운영 중이며, 전적으로 공공모형을 기반으로 예방적 서비스를 제공하는 통합적 아동복지 사업이다. 경기도의 수원, 안산 등 기존 위스타트 지역과 병행해 실시되는 지역도 있지만 속초시는 전국 최초로 시 전역을 대상으로 기존 위스타트와 드림스타트 사업을 추진하고 있다. 속초시의 경우 2009년 3월 드림스타트 사업지역으로 선정되어 기존 위스타트사업 시스템과 자원을 그대로 연계해 시 전역에 걸쳐 스타트사업을 진행 중이며, 조직형태 또한 기존 위스타트사업의 강점요인을 바탕으로 드림스타트와 위스타트가 별개의 사업추진이 아닌 동일한 네트워크 내에서 기능할 수 있도록 일원화된 조직체계를 구축하고 있다.

위스타트사업 ▌ 미국의 헤드스타트(Head Start)사업, 영국의 슈어스타트(Sure Start)사업과 맥을 함께하는 한국형 빈곤아동 조기지원 포괄적 서비스를 말한다. 'We'는 'Welfare(복지)'와 'Education(교육)'의 앞머리를 따 교육과 복지를 접목한다는 것을 의미하며, 'Start'는 빈곤아동을 대상으로 한 조기지원 프로그램의 고유명사로 받아들여진다. 그러므로 위스타트는 빈곤가정 아동들의 빈곤 대물림을 끊기 위한 조기지원 프로그램을 말한다.

이 사업은 일회성 물질적 지원을 제공하는 것이 목적이 아니라 지역사회의 참여와 네트워크를 통해 가정형편이 어려운 아이들의 교육, 복지, 건강을 종합적으로 돌봄으로써 모든 아동이 공정하게 삶의 출발을 할 수 있도록 원조하는 지역사회운동에 목표를 두고 있다. 이를 더욱 구체적으로 설명하면, 이 사업은 가정과 지역사회의 연대를 통해 위스타트 마을 안에 거주하는 빈곤아동들의 건강하고 건전한 발달을 도모하는 것을 목적으로 하며, 연령대별로 주된 사업목표를 가지고 있다. 0~2세의 경우에는 건강한 아이의 출산과 영유아기 아동의 건강증진을, 3~5세는 취학 전 학교준비의 향상을, 6~12세는 학교적응력 향상과 학습능력 증진을 목표로 설정하고 있다(정익중, 2009).

슈퍼비전(supervision) ▌ 교육의 목표를 효과적으로 달성하기 위한 전문적·기술적 원조활동을 의미한다. 특히 사회복지기관의 실무자가 업무를 수행하는 데 지식과 기술을 최대한 활용하고 자신의 능력을 향상시켜 사업의 효과성을 높일 수 있도록 원조와 관리감독을 제공하는 활동을 슈퍼비전이라 하며, 이를 제공하는 사람을 슈퍼바이저, 이를 제공받는 사람을 슈퍼바이지라 한다.

슈퍼비전은 사회심리적 원조를 제공하는 전문직 실무자의 소진이나 위기를 관리하고 교육하고 지지하는 차원에서 필요하다. 관리적 차원에서는 조직의 상위·하위에 있는 직원들 간의 의사소통을 통해 업무환경의 개선을 도모한다. 교육적 차원에서는 기본적인 원조자세의 확립, 기술적 능력의 향상 등을 통해 실무의 질을 향상시킨다. 지지적 차원에서는 실무자가 직면하는 불안, 위기 등에 관해 새로운 지식이나 기술을 보완시키고, 자원의 개발 등을 지원하며, 정서적 지지를 통해 책임감과 적응유연성을 강화시킨다.

✤ 생각 나누기

1. 교육과학기술부의 교육복지지원사업, 보건복지부의 드림스타트사업, 민간의 위스타트사업 간 차이점과 공통점은 무엇인가? 이들은 지역사회 해당 아동이 최선의 이익을 얻도록 하기 위해 어떻게 연계(네트워킹)될 수 있는가?
2. 영화 〈블라인드 사이드〉는 우리에게 주변에 있으나 눈에 잘 띄지 않는 소외된 이웃과 함께 희망을 나누라고 이야기한다. 그러나 그 희망을 나누는 방식이 중요하다. 특히 풍부한 경험을 갖춘 멘토는 멘티와의 소통을 통해 멘티가 원하는 것에 초점을 두어야 한다. 이 영화 속 후반부에서 앤은 오어에게 묻는다. "그런데 네가 정말 축구를 좋아한 거니?" 개천에서 용을 만들어낼 수 있는지 여부보다 그 과정과 방법이 더 중요한 이유이다. 이 시대가 원하는 '용'의 의미는 무엇인가?

14
이주아동의 교육받을 권리

영화 〈동네 한 바퀴〉는 우즈베키스탄에서 한국으로 이주한 노동자가정의 팍팍한 일상을 따라간다. 자신의 의지와 상관없이 한국에 온 쉘은 한국 아이들과 어울리지 못하고 늘 혼자지만 공장에서 밤늦게 돌아오는 아버지를 기다려 하루일과를 이야기해주는 것이 즐겁기만 하다. 그러나 비자만료 기간이 다가오면서 쉘은 학교도 가지 못하고 불안에 휩싸여 하루하루를 보낸다. 이 영화는 한국의 체류자격이 이주아동의 정신건강과 학교이탈에 미치는 영향을 보여준다.

체류비자 없어 학교에서 쫓겨나

우리나라에 체류하는 외국인은 1990년 5만여 명이었으나 불과 20년 만에 120만 명을 넘어섰다. 이는 1980년대부터 중소제조업의 저임금 노동력을 메우기 위해 이주하는 외국인노동자들이 한 해 평균 20% 증가했기 때문이다.

이주아동도 크게 늘어 2009년에는 10만 7,689명에 이르렀다. 전년대비 54%나 증가한 수치이다. 이들은 저출산사회의 꿈나무이다. 그런데 18세 미만 학령기 이주아동 4만 3,649명 가운데 40.4%가 학교에 다니지 못하고 있는 실정이다. 그나마 학교에 다니는 결혼이민자 자녀는 2만 4,745명으로 전년도에 비해 32% 증가했으나 학교에 다니는 이주노동자 자녀는 1,270명으로 오히려 10% 감소했다. 공식통계에 집계되지 않은 미등록 이주아동 수를 감안하면 학교이탈률은 훨씬 더 높을 것이다. 정책당국은 이들의 정확한 수조차 파악하지 못하고 있다.

영화 속 쉘과 같이 불안과 따돌림을 당하는 아이들은 우리 가까운 곳에도 있다. 필자는 외국인이주노동운동협의회 석원정 소장, 이은하 팀장, 김미선 이사, 신순영 간사, 이경숙 간사, 최은미 간사와 함께 국가인권위원회의 지원을 받아 2010년 4월부터 10월까지 전국 이주아동의 교육권 실태를 조사했다. 활동가들은 아동 190명, 부모 96명, 교사 67명, 해당 교육청과 중앙부처 공무원들을 대상으로 객관적 설문지를 통해 인터뷰했다.

조사 결과, 체류비자가 없는 아동은 조사대상 아동의 63%인 것으로 드러나 체류자격이 이주아동의 공교육 진입에 통계적으로 유의미한 영향을 미치고 있음을 검증했다. 13세 몽골 소년은 "한국학교에 입학할 때 교장선생님이 비자가 있는지 물어보셨어요. 비자가 있어 10개월 동안은 학교를 다녔는데 비자기간이 끝나자 학교에 다닐 수 없다고 하셨어요"라며 서러움을 호소했다. 이들은 부모 곁에서 안정된 마음으로 또래들과 즐겁게 공부하며 졸업할 때까지만이라도 학교를 다니고 싶어 했다.

한편 이들 중 30% 이상이 어색한 발음 때문에 놀림을 당하고 무시, 수군거림 등의 차별을 경험한 것으로 나타났다. 21%는 돌아가라는 협박까지 당했다. 차별경험은 학년이 높을수록 더 심각했다. 또한 이들 가운데 28%는 나이

보다 낮은 학년에 재학 중이었고 25%는 수업료 부담 때문에 학교를 더 다닐 수 없었다. 생계를 위해 공장 등에 취업한 아동도 18%에 달했다.

이주아동의 권리에 관한 국제사회 기준인 유엔아동권리협약 제28조는 교육은 인간의 기본권인 동시에 가장 효과 높은 사회적 자본의 기능을 수행한다고 강조한다. 또 교육권은 이주아동을 포함한 모든 아동이 차별받지 않고 초·중등교육을 받을 기본권으로서 국가로부터 학교출석의 권장은 물론 이탈 방지를 적극적으로 지원받을 수 있는 권리로 규정한다. 이 협약에 우리보다 늦게 가입한 일본은 법무성의 재류(在留)특별허가 가이드라인에 따라 학령기 이주아동의 교육기회를 최대한 보장하고 있다.

교육기회 보장과 적극적인 지원을

독일도 체류법 제23조에 기초해 이주아동의 교육권을 보장하고 있으며, 체류자격에 관계없이 취학을 인정해야 한다는 사회적 합의가 확산되고 있다. 이 협약에 가입하지 않은 미국조차도 이주아동에게 초·중등교육의 기회를 제공함은 물론, 개별상담을 통해 특별한 이주경험에 기초해 출석과 학습활동을 지원하는 학교사회복지사를 배치함으로써 미등록 이주아동이 고등교육에 진입하고 체류합법화할 수 있는 길을 모색하고 있다.

이러한 사례들은 우리를 부끄럽게 만든다. 과연 우리는 쉘과 같이 자신의 의지와 상관없이 사랑하는 부모를 따라 이주했거나 이주한 부모에게서 태어난 아동에게 출입국 위반의 책임을 물을 수 있는가?

≪한국일보≫, "아침을 열며", 2010년 11월 5일

주요 용어와 관련 선행연구

정신건강 ▌ 정신상태의 건강성을 의미한다. 인간의 심리적 기능이 어느 정도 정상적인가를 나타내는 개념이다. 정신건강이 양호하다는 것은 일반적으로 정신질환이 없고 정상 범주에 있으며 사회에 잘 적응하고 있고 불만이 적으며 행복감을 느끼는 사람 등의 조건을 갖춘 경우로 볼 수 있다. 즉, 인간 정신기능의 신체적·심리적·사회적 측면이 상호 심각한 갈등 없이 고유의 기능을 발휘하고 있으며 사회집단에 현실적으로 적응하고 있음을 의미한다. 세계보건기구(WHO)는 정신건강을 '일상생활에서 주어진 일을 언제나 독립적·자주적으로 처리해나갈 수 있고 질병에 대해 저항력이 있으며 원만한 가정생활과 사회생활을 할 수 있는 상태이자 정신적 성숙상태'라고 정의한다. 이는 곧 어떠한 환경의 변화에도 유연하게 적응할 수 있는 건강하고 균형 있고 통합된 성격의 발달을 의미한다.

한편 정신건강운동을 처음으로 시작한 사람은 프랑스의 피넬(1745~1826)이었다. 당시만 해도 정신장애인은 하느님의 버림을 받은 사람 또는 악마가 붙은 사람이라고 해서 수용소에 강제로 가두어 쇠사슬로 묶어놓았는데 피넬이 정신이상도 병의 한 종류라고 주장하면서 쇠사슬을 풀어준 것에서부터 정신운동이 시작된 것이다. 이 운동은 전 유럽에 퍼져나갔다.

이 운동을 조직적으로 전개시킨 사람은 미국의 비어스(1876~1943)이다. 그는 정신질환자로 정신병원에 입원했다가 완치하고 퇴원한 후 『다시 찾은 내 마음(A mind that found itself)』이라는 책을 써서 당시 정신병원의 문제점을 지적하고 개선방안을 시사했는데 그의 주장이 많은 호응을 얻자 코네티컷 주에 처음으로 정신위생협회가 탄생됐다. '정신위생'이라는 말은 그를 원조했던 마이어 교수가 만들어낸 말이다. 이후 이 말이 부적당하다 해서 '정신건강', '정신보건'이라는 말로 대체되어 사용되고 있다.

정신장애를 일으킨 환자는 오랫동안 편견과 경멸의 대상으로 여겨져 그런 환자를 정신병원에 입원시킴으로써 격리시키고 치료를 받게 하는 것이 당시까지의 목표였지만 문화의 발달과 인권존중사상의 보급, 경제성장에 따라 차차 이들에 대한 개념이 달라지고 있다. 말하자면 정신병원 내 정신건강문제에 국한되지 않고 사회 전체가 정신위생의 인식을 달리해 예방문제를 생각하게 됐고, 더 나아가 이런 환자의 치료와 사회복귀를 위해 사회 전체가 참여하는 방향으로 발전됐다.

나라에 따라 활동양상이 다르기는 하지만 일반적으로 환자의 조기발견과 입원치료, 퇴원 후의 후속치료, 환자의 처우개선, 가족에 대한 사회지원을 실시하고 있으며 직업교육보다는 예방에 역점을 두고 있다. 따라서 지역사회 단위의 정신병원 설립, 가급적 단기입원, 조기퇴원환자를 위한 중간사회시설의 사회적응능력 강화, 이에 필요한 보건기구의 통합, 학교, 기업, 교도소, 경찰서 등에서의 정신의학 상담, 통원치료 지향, 낮병동·밤병동의 분리 운영 등을 고려하게 되었다.

현대사회에서는 정신장애의 책임을 그 가족에게만 물을 것이 아니라 사회구조적 모순에서 그 원인을 찾아 정상인의 정신건강을 해치는 많은 악조건을 확인하고 개선해야 한다. 인간관계를 왜곡시키는 사회적 원인을 제거하기 위해 전체 사회의 참여가 더 많이 필요하다. 정신병원 내 환자와 정신과 의사들의 정신건강문제로부터 사회학, 인류학 등 관련 학문과의 팀워크는 물론 직장, 기업체, 법률가, 심리학자, 사회사업가, 종교가, 보건원 등과의 네트워킹도 필요하다. 이를 위해 국가는 정신위생법을 제정해 이러한 실천에 소요되는 예산과 기구를 확보하는 동시에 이에 필요한 전문인력의 교육과 훈련을 위해 노력하고 있다. 유럽 각국에서는 약 200년 전 기초적인 법률을 제정한 뒤 수차에 걸친 수정을 통해 오늘에 이르렀으며, 미국에서는 1948년 국민정신건강법을 제정한 뒤 지역사회가 공동책임으로 정신질환자의 예방·치료·사회복귀를 위해 노력하고 있다. 한국에서도 국민의 정신건강 증진을 위해 1995년 정신보건법이 제정됐다.

비자 ▌ 비자는 개인이 타국으로 들어가려고 할 때 해당 국가의 대사·공사·영사로부터 여권의 검사를 받고 서명을 받는 일로, 입국사증을 의미한다. 'visa'는 라틴어의 'vise'가 어원인데, 이는 '보증하다, 보장하다, 확인하다, 인정하다, 증명하다, 사증(査證)하다' 등의 의미를 갖고 있다.

세계 각국은 각 국내법으로 사증사무에 대해 규정하고 있는데, 사증의 기능은 첫째, 여권이 정식으로 발행된 것이며 유효한 것임을 증명하는 것이고, 둘째, 사증자가 그 여권 소지자를 안전하게 자기 나라에 입국시키도록 본국 관리에게 추천한다는 것이다. 이 제도는 특히 제1차 세계대전 중에 주로 군사상의 이유로 스파이를 방지하기 위해 발달되었는데, 전후에도 국내의 보안, 노동문제나 이민제한 같은 차원에서 실시됐다. 최근에는 단시일의 체재에 한해 상호간 비자면제협정을 체결하는 국가들이 늘고 있으며, 관광이 목적인 경우 일정한 조건만 갖추면 비자가 면제되는 국가들도 많다.

공교육 ▌ 공적인 재원(財源)에 의해 이루어지는 교육을 의미하는 것으로, 여기에는 국가기관이나 지방공공단체가 관리하고 운영하는 국립학교 교육과 공립학교 교육이 있다. 사교육과 구별되는 공교육의 특성은 바로 '공적(公的)' 준거와 절차에 따라 공적 주체에 의해 교육의 내용과 형식이 이루어진다는 점이다. 특히 공적 주체가 공익을 위해 공적인 절차를 거쳐 결정하는 성격을 갖는다. 따라서 공교육의 가치는 교육적 공익을 지향하고 공적기관의 결정과정과 절차를 지키는 데 있다.

근대적 공교육제도는 이념적으로는 교육의 평등을, 제도적으로는 민주주의제도에 의한 공교육의 제도화와 운영을 추구하며, 교육의 발달과정에서는 종교와 정치와의 갈등관계를 고려해 종교와 정치로부터의 중립을 천명하고 있다. 특히 교육의 기회균등을 실현하기 위해 '능력에 따라 균등하게 교육받을 권리'를 보장하고 있어 교육기회의 균등원칙은 학교제도 운영의 기본이 되며, 이 맥락에서 의무교육과 무상교육의 원칙을 제도화하고 있다. 한국의 공교육제도는 초등교육, 중등교육, 고등교육 단계로 구분되며, 여기에 평생교육의 영역을 연결하고 있다.

이러한 공교육의 체제는 1997년 교육법 개정을 통해 헌법, 교육기본법, 초중등교육법, 고등교육법, 평생교육법을 근간으로 하는 교육관련 법체계로 제도화됐다. 교육관련 법체계는 공교육의 운영에 관한 학교종류, 교육기간, 교육목적과 방침, 입학과 졸업의 기준, 교육과정과 내용, 교사, 학교의 설립기준, 학교운영에 관한 기본사항 등을 규정하고 있다.

기본권 ▌ 인간답게 살기 위해 필요불가결한 기본적인 권리를 의미한다. 헌법이 규정한 기본권은 자유권, 수익권, 참정권, 평등권 등 기본적 권리와 납세·국방·교육·근로의 기본적 의무로 나눌 수 있다. 이는 인간이 인간이기 때문에 당연히 가진다고 생각되는 생래적(生來的)인 권리로서 기본권 또는 본래적 의미의 인권이라 부르기도 한다.

이 개념은 주로 계몽주의적 자연법론자들에 의해 천부인권론(天賦人權論)이 주장된 18세기에 형성됐다. 특히 로크(Locke)의 정치사상은 기본권 개념을 형성하는 데 결정적인 이론적 근거를 제공했다. 기본권을 선언한 최초의 헌법적 문서는 버지니아권리장전(1776)이며, 프랑스의 인권선언(1789)도 기본권을 선언한 고전적 문서로 인정된다. 한국에서는 1948년 미군정 법령에 의해 도입된 구속적부심사제도(拘束適否審査制度)가 최초의 기본권 보장제도이다. 1948년 헌법의 제정으로 서구식 기본권 보장제도가 도입됐고 이에 따른 기본권이론도 다양하게 전개됐다. 특히 헌법 제2장은 평등의 원칙과 신체의 자유를 비롯한 고전적 기본권을 보장하는 한편 법률유보에 의한 자유권적 기본권의 제한을 규정했다. 이후 노동3권, 노동자의 이익분배권, 생활보호대상자의 보호 등 일련의 사회적 기본권이 규정됐다.

한편 기본권의 법적 성격은 다음과 같다. ① 보편성 — 인종·성별·사회적 신분 등에 구애되지 않고 모든 인간이 보편적으로 누릴 수 있는 권리이다. ② 고유성 — 인간이 인간으로서 생존하기 위해 당연히 누려야 할 고유한 권리로, 국가나 헌법에 의해 창설된 권리가 아니다. ③ 항구성 — 영구히 박탈당하지 않는 권리이며, 장래의 국민에게도 인정되는 항구적인 권리이다. 이 권리는 헌법 개정 절차로도 폐지될 수 없다. ④ 불가침성 — 개인이 가지는 불가침의 권리이므로 모든 국가적 권력은 기본적 인권을 최대한으로 존중하고 보장할 의무를 지며, 기본적 인권의 본질적 내용은 행정권과 사법권은 물론 입법권에 의해서도 침해될 수 없다. ⑤ 이중성 — 헌법상의 기본권은 주관적으로는 개인을 위한 주관적 공권을 의미하지만 객관적으로는 국가의 기본적 법질서의 내용을 이루는 법질서의 구성요소로서의 성격을 가지고 있다.

✤ 생각 나누기

1. 영화 〈동네 한 바퀴〉 속 쉘과 같이 자신의 의지와 상관없이 사랑하는 부모를 찾아 이주한 아동이나 이주한 부모에게서 태어난 아동에게 출입국 위반의 책임을 물을 수 있는가? 그 책임을 물어야 한다면 근거는 무엇인가?
2. 이주아동의 공교육 진입(입학)과 학교적응에 영향을 미치는 요인은 무엇인가?

15

학과선택의 이면

2005년, 국가인권위원회의 지원을 받아 인권이라는 이슈를 유쾌한 풍자로 엮어낸 여섯 편의 옴니버스 애니메이션 〈별별 이야기〉가 제작됐다. 시사만화가 박재동 화백은 이 여섯 편 가운데 하나인 「사람이 되어라」를 제작했는데 이 영화에 등장하는 고3 학생들은 모두 동물의 모습으로 '대학 가서 사람 되자'는 급훈 아래 입시만 준비한다. 대학을 가야만 사람의 모습을 할 수 있다고 믿기 때문이다.

대학 들어와 비로소 진로고민

고릴라 모습을 한 원철은 곤충을 채집하고 탐구하는 것이 재미있다. 하지만 아버지는 "그런 건 나중에 해도 돼. 공부 열심히 해서 먼저 사람이 되어야지"라며 훈계한다. 그러던 어느 날 원철은 자신이 기르던 풍뎅이를 따라 학교를 벗어났다가 자연 속에서 자신이 누구이며 무엇을 원하는지를 깨닫고 자신감을 회복해 사람의 모습으로 학교로 돌아온다.

그러나 선생님은 원철의 '나 됨'을 거부하면서 대학을 가지 못했다는 이유로 "누구 마음대로 사람이 됐느냐?"라며 친구들 앞에서 그를 체벌한다. 이 영화는 대학을 나오지 못해 사람이 못 되는 바람에 동창회도 못 간다고 울부짖는 아버지의 훈계를 비난할 수만은 없는 현실과 학력차별의 심각성을 폭로한다. 사랑과 교육이라는 명분으로 길들여진 학생들은 대학을 가야만 한다는 중압감에 자신의 적성이나 꿈은 물론 문과나 이과까지 불문하고 단지 성적에 맞춰 부모가 권유하는 학과를 선택하고 있는 것이 현실이다.

대학교의 학과선택은 사회에서 어떤 직업에 종사할지와 밀접히 관련되어 있기 때문에 자신의 흥미와 적성, 졸업 후 진출분야, 발전가능성을 꼼꼼히 따져봐야 한다. 더구나 학생을 모집하는 단위는 학과나 계열이며, 졸업 후 취업분야도 학과별로 달라진다. 당장의 합격여부에만 매달리지 말고 졸업 후에도 만족할 수 있는 학과, 적성에 맞는 학과를 찾아야 할 때이다.

하지만 지금도 대학에 들어와서야 비로소 자신의 직업과 인생을 고민하는 학생들이 참으로 많다. 열심히 공부해서 대학에 입학했으면서도 대학에서 방황하는 학생들을 보면 참으로 안타깝다. 전국의 11학번 새내기 300명을 조사한 결과, 54%가 대학생활에서 가장 걱정되는 것이 '취업준비'라고 응답하면서도 56%는 희망직업까지 고려하지 못하고 점수에 맞는 학과를 선택했으며 10%는 부모가 원하는 학과를 선택했다고 응답했다. 한편 새내기의 72%가 생각하는 성공적인 취업은 '흥미와 적성에 맞는 일'을 하는 것이었다.

필자는 매년 1학기에 '세미나지도'라는 수업을 통해 일곱 명의 신입생과 한 학기 동안 매주 한 시간 만나는 시간을 갖는다. 이 수업의 목표는 신입생 자신의 성격과 진로적성을 파악하고 함께하는 학과의 또래를 알아가며 학과의 전공과 취업분야를 이해하고 사회변화와 자신의 특성에 맞는 세부진로를 구체적으로 설계할 수 있도록 도와 궁극적으로 자율성과 자아존중감을 향상시키는 것이다.

이를 위해 학과의 모든 교수가 각자 일곱 명의 학생과 자율적인 수업방식으로 편안하게 만나 자유롭게 생각을 나눈다. 한편 1학년 2학기부터 졸업할 때까지는 수업 밖에서 이들을 지원한다. 일종의 사제동행 멘토링이다. 3월 개강을 앞둔 신입생들에게는 과연 어떤 교수가 4년 이상 자신의 멘토가 될지, 어떤 친구들을 만나 마음을 열지가 중요한 관심사가 되기도 한다.

중·고등학교에서부터 체계적인 진로교육을 실시해야

그런데 이 수업이 성인이 된 대학생들을 과잉보호하는 것은 아닌지, 이들의 자립본능을 제한해 캥거루 제자로 만드는 것은 아닌지 우려되기도 한다. 이러한 사후처방보다는 문과와 이과를 결정해야 하는 고등학교 입학 이전부터 자신의 진로를 단계적이고 체계적으로 고민해 흥미와 적성을 발견할 수 있는 진로교육이 선행돼야 한다. 진로발달단계의 관점에서 보자면 초등학교는 진로의 인식단계, 중·고등학교는 진로의 탐색과 선택단계, 대학교는 진로의 전문화단계이기 때문이다.

따라서 학과선택의 기준인 학생의 적성, 전공, 직업이라는 세 개의 꼭짓점을 연결할 수 있는 진로교육이 필요하다. 이를 위해 진로지도 전담교사와 학교사회복지사를 양성해야 한다. 이들은 학생 자신이 좋아하고 원하는 것과 학생의 특성에 기초해 미래를 함께 설계해야 한다. 또한 검증된 정보를 제공하는 진로 관련 사이트를 관리하고 부모에 대한 진로교육도 실시해야 한다.

≪한국일보≫, "아침을 열며", 2011년 3월 18일

사례분석 : 인권애니메이션 「사람이 되어라」

여섯 편의 주제로 구성된 〈별별이야기〉(국가인권위원회, 2005)는 인권이라는 이슈를 유쾌한 풍자로 엮어낸 옴니버스 애니메이션이다. 이 영화는 장애아동 차별, 이주노동자차별, 성차별, 외모차별, 학력차별 등 별의별 이유로 차별당해 지친 사람들의 이야기를 통해 우리가 지닌 차별과 편견에 대해 더욱 객관적으로 인식하고 생각할 수 있는 기회를 제공함으로써 인권에 더욱 친근하게 다가가도록 만드는 인권교육의 역할을 하고 있다.

이 가운데 「사람이 되어라」(박재동 감독)는 일상적인 학교생활에서 성적에 의한 차별과 체벌이 학생들의 권리를 어떻게 침해하고 있는가를 영상을 통해 보여주고 있다. 입시준비에 바쁜 고3들은 모두 동물의 형상을 하고 있으며 이들은 사람이 되기 위해 공부를 한다. 대학을 가야만 사람의 모습을 할 수 있다고 믿기 때문이다. 고릴라 모습을 하고 있는 원철이는 일명 곤충박사이다. 동물을 채집하고 연구하는 것이 재미나기만 하다. 하지만 아버지는 원철이를 걱정하면서 "그런 건 나중에 해도 돼. 공부 열심히 해서 먼저 사람이 되어야지"라며 그를 훈계한다. 그러던 어느 날 원철이는 자신이 기르던 풍뎅이를 따라 숲에 갔다가 풍뎅이의 친구인 장수하늘소를 만난 뒤 깨달음을 얻게 되고 그 나름대로 사람이 된 모습으로 학교에 나타난다. 그러나 원철이 대학을 가지 못했다는 이유로 교사는 "누구 마음대로 사람이 됐느냐?"라며 많은 학생들 앞에서 체벌을 가한다.

이와 같이 이 이야기는 학력차별이 낳은 입시위주 교육의 문제점을 우화적으로 폭로한다. 특히 원철이가 풍뎅이의 도움으로 학교를 벗어나 자연 속에서 온갖 곤충을 스스로 연구하고 다양한 대상과 함께 소통할 수 있는 사람이 됐는데도 원철의 이러한 사람됨을 거부하는 선생님과 아버지의 모습을 통해

사랑과 교육이라는 미명하에 미성년자를 멋대로 길들이는 우리의 병든 현실을 새로운 시각에서 조명함으로써 우리 자신을 깊이 돌아보게 만든다(유지나, 2005; 이혜원, 2006b에서 재인용).

✤ 생각 나누기

1. 전국의 11학번 새내기 300명을 조사한 결과, 54%가 대학생활에서 가장 걱정되는 것이 '취업준비'라고 응답하면서도 56%는 희망직업까지 고려하지 못하고 점수에 맞는 학과를 선택했으며, 10%는 부모가 원하는 학과를 선택한 것으로 드러났다. 이들의 학과선택 이면에는 무엇이 있는가?
2. 진로발달단계의 관점에서 보면 초등학교는 진로의 인식단계, 중·고등학교는 진로의 탐색과 선택단계, 대학교는 진로의 전문화단계로 구분된다. 이들 단계의 차이점과 각 단계에서의 학생, 교사, 부모의 역할은 무엇인가?

세 번째 이야기.

가족복지

16 자녀와 밥상대화를

17 부부사랑에도 사회적 지원을

18 공정한 부모자녀 관계를 형성해야

19 기러기 가족을 위해

20 내 안에 부모 있다

16
자녀와 밥상대화를

우리 가족은 주말이면 저녁식사를 마치고 모여 앉아 〈개그콘서트〉의 「대화가 필요해」를 보면서 웃음꽃을 피우곤 했다. 교복을 입은 사춘기 아들과 부모가 밥상에 마주 앉아 나누는 좌충우돌 이야기는 바로 나와 가족, 그리고 이웃의 이야기이기 때문이었다. 이들의 이야기는 오랜 시간 안방을 지켰고 가족의 소중함을 새삼 일깨워주었다.

이 코너에 등장하는 가장으로서의 권위를 인정받고 싶어 하는 '한국형' 아버지는 삐딱한 아들과 고집 센 부인이 못마땅하고 의사소통기술마저 부족하다. 그래도 사랑하는 가족의 서운한 마음을 들어주고 자신의 감정도 서툴게 표출하면서 서로 잘 살아보려고 무던히도 애쓰는 모습이 찡한 감동을 주었다.

밥상대화는 정신건강·학업에도 좋아

이러한 노력은 자녀와의 친밀감을 강화시켜 자녀의 우울증을 예방하고 정신건강을 지키는 에너지가 된다. 이러한 에너지는 서로 터놓고 소통하는 밥상대화를 통해 매일 충전될 수 있다. 아이들이 늘 갖고 다니는 티머니처럼 가족과 함께하는 식사시간만큼 충전되는 자녀행복카드라는 게 만들어지면 좋겠다.

하버드 대학교 연구팀은 보스턴에 거주하는 중산층과 저소득층 85가구를 선정해 아동발달을 종단연구함으로써 가족식사 횟수와 밥상대화 내용이 자녀의 언어발달과 학습능력에 미치는 영향을 검증했다. 그 결과, 부모의 소득이 낮더라도 가족식사 횟수가 많고 밥상에서 설명식 대화를 많이 한 아동은 그렇지 않은 중산층의 아동보다 어휘습득능력과 언어구사능력이 높아져 학교성적이 더 우수한 것으로 나타났다.

또한 콜롬비아 대학교 약물오남용예방센터가 청소년 1,000명을 대상으로 조사한 결과, 주 5회 이상 가족식사를 하는 청소년이 B학점 이상 받은 비율은 그렇지 않은 다른 청소년보다 12배 더 높은 것으로 나타났다. 한편 약물남용 청소년이 가족식사를 주 1회 이상 경험 후에는 마약사용량이 그전보다 50% 감소하는 것으로 드러났다.

미국의 연구결과는 국내에서도 검증됐다. 구로구지역사회복지협의체의 조사(2009) 결과, 서울시 중·고등학생 1,316명 가운데 50%는 아침식사를 거르고 20%는 저녁식사를 거르는 것으로 나타났다. 저녁식사를 거르는 학생들 중 '혼자 먹기 싫어서' 결식한다고 응답한 경우가 20%였다. 이는 곧 부모의 경제활동으로 인한 늦은 귀가, 방임적 양육태도 같은 이유로 자녀가 혼자 저녁을 차려 먹어야 하는 현실임을 반영한다.

이 조사는 선행연구들과는 다르게 저소득층만이 아닌 중산층 이상 가정도 포괄하고 있다. 성공회대학교 사회복지연구소가 이 자료를 분석한 결과, 가족식사 횟수가 가족의 응집력과 자녀의 우울감에 통계적으로 유의미한 영향을 미치는 것으로 나타났다. 특히 부모와 저녁식사를 함께하는 횟수가 적을수록 가족의 응집력이 떨어져 자녀는 더 우울하고 공격적이며 사회성이 떨어지는 것으로 나타났다.

사랑을 충전하는 가정교육

실제로 결식하는 아동은 신선한 야채, 과일, 생선을 골고루 먹지 못하고 라면, 빵, 과자 같은 인스턴트식품을 식사로 대용한다. 영양학 관련 선행연구 결과, 야채와 과일에 함유된 항산화성분과 생선에 함유된 불포화지방산의 결핍은 정서조절능력을 제한해 우울증에 걸릴 확률이 58% 더 높게 나타났다. 철분과 필수아미노산의 결핍은 기억조절능력을 제한해 주의집중력과 학습의욕을 떨어뜨리고 학습부진을 초래하는 것으로 나타났다.

따라서 부모는 적어도 주 5회 이상 자녀와 밥상에 마주 앉아 야채와 생선을 포함해 골고루 먹으며 20분 이상 대화를 나누는 것이 필요하다. 이는 곧 자녀의 정신건강을 증진하고 학습능력을 향상시키는 방법으로, 사교육보다 더 중요한 가정교육이다. 가족은 바로 밥을 함께 먹는 식구(食口)를 의미하며, 가족은 밥상대화를 통해 서로 사랑을 확인하고 힘을 모을 수 있다. 자녀의 행복은 가족의 식사 횟수가 많을수록 더 많이 충전된다.

≪한국일보≫, "아침을 열며", 2010년 4월 9일

주요 용어와 관련 선행연구

의사소통 ▌ 한 사람 또는 그 이상의 사람으로부터 타인에게로 정보와 이해가 전달되는 과정을 의미하며, 언어적 의사소통, 비언어적 의사소통, 부언어적 의사소통으로 구분될 수 있다. 특히 기능적 의사소통을 위한 접근법은 일상생활에 필요한 의사소통기술을 먼저 가르친다. 이 방법은 장애의 정도가 심하거나 일탈의 정도가 심한 아동의 경우에 많이 사용한다. 예컨대 언어장애 아동에게 언어를 가르칠 때 구문적 형식이나 어휘에만 치중할 경우 일상생활에서 일반화하기 힘들다는 단점을 보완하기 위해 기능적 의사소통이 실시된다. 이때 부모나 교사는 언어촉진자 역할을 해야 하며, 가정이나 학급에서 사용하는 문맥이나 상황 속에서 자연스러운 언어학습이 이루어지도록 지도해야 한다.

한편 더 넓은 의미의 의사소통은 사람의 의사나 감정의 소통으로서, 커뮤니케이션(communication)이라고도 한다. 이 개념은 세 가지로 구분될 수 있다. 첫째, 이면적 커뮤니케이션이다. 대표적인 예로는 직장의 상사와 부하 간 명령과 보고를 들 수 있다. 이때 표준화되어 있지 않은 정보나 개인적 의사는 놓치기 쉬우며 이로 인해 기업이나 회사의 직원 간에 민감한 문제가 발생하기도 한다. 둘째, 수평적 커뮤니케이션이다. 이는 동일한 계층 간 협업(協業)을 위해 상호 연락을 조정하는 것이다. 각종 위원회가 수평적 커뮤니케이션의 예이다. 셋째, 비공식적 커뮤니케이션이다. 이는 인간관계 형성에서 중요한 기능을 한다.

강점 ▌ 남보다 우세하거나 더 뛰어난 점을 의미한다. 사회복지를 실천하는 데에 클라이언트의 강점을 구체화해 문제해결과 예방의 자원으로 활용하는 것은 유용한 방법이다. 그 이유는 클라이언트의 강점은 클라이언트로 하여금 변화에 대한 희망을 갖게 하고 클라이언트 자신에 대한 믿음과 확신을 강화시키기 때문이다. 또한 이러한 강점은 긍정적인 변화를 가져올 역량을 고취시켜 현실적으로 성취할 수 있는 목표에 대한 구체적인 방법을 제공해줄 수도 있다. 이때 사회복지사는 클라이언트의 능력과 잠재력에 역점을 두고 개입한다. 사회복지사는 클라이언트가 능력, 용기, 저항력 등 여러 가지 장점과 잠재적 능력을 가지고 있음을 인식하고 이에 대한 존중을 표현함으로써 이를 클라이언트의 변화과정에 적극 활용한다(이혜원, 2006a). 웨이크(Weick, 1986)는 개인의 결점에 초점을 두고 문제의 원인을 찾으려는 의료모델을 비판하면서 인간이 본래 가지고 있는 장점에 초점을 두는 관점의 효과성을 주장했다. 이 관점이 의미하는 인간의 잠재적 능력에 대한 신념은 인간은 아직 이용하지 않은 인지적·정서적·사회적 능력을 저장하고 있다는 임파워먼트(empowerment) 관점과 연결된다.

살리베이(Saleebey, 1992)도 강점관점의 핵심이 되는 임파워먼트 개념을 확립했으며, 양 개념의 관점을 접목해 사회복지실천에 적용했다. 그는 동등한 원조관계를 기반으로 한 클라이언트의 강점을 발견하기 위해서는 우선 면접에서의 대화가 중요하다고 강조하면서, 사회복지사의 여섯 가지 실천원칙을 제시했다. ① 클라이언트의 강점을 개입의 초점에 두고 그를 믿고 존중한다. ② 클라이언트의 긍정적 속성과 능력, 역량과 자원, 바람과 포부를 세심하게 파악하고, 클라이언트 스스로 이를 문제해결에 활용할 수 있도록 지원한다. ③ 클라이언트에게 동기를 부여하기 위해 그의 강점을 조장한다. ④ 클라이언트와 동등한 협력자 또는 그의 조언자로 기능한다. ⑤ 클라이언트를 비난하지 않는다. 특히 진단하지 않고 사정한다. ⑥ 지역사회 환경의 지원을 최대한 활용한다.

무엇보다도 사회복지사는 초기 접촉에서부터 클라이언트의 강점을 찾기 시작해야 한다. 이를 위해 사회복지사는 인터뷰, 경청, 기록, 계획 등을 통해 강점발견을 위한 사정활동을 전개해야 한다. 이때 사회복지사가 클라이언트가 자신의 강점을 발견하도록 지원하기 위한 구체적인 방안을 여섯 가지 들자면 다음과 같다(성민선 외, 2005). ① 클라이언트가 자신의 강점과 관련된 모든 주요사항을 생각해낼 수 있도록 자극한다. ② 클라이언트가 생각하지 못한 강점을 찾도록 지원한다. ③ 클라이언트와 함께 그가 긍정적인 내용을 선택해 찾도록 돕는다. ④ 클라이언트가 현실적으로 달성할 수 있는 범위 내에서 자신의 사례계획을 짤 수 있도록 지원하기 위해 사회복지사는 이와 관련한 기초자료를 제공한다. ⑤ 클라이언트에 대한 확신과 신념으로 클라이언트를 지지한다. ⑥ 클라이언트가 자신의 강점을 활용할 수 있도록 클라이언트의 강점사정목록을 준비해 제공하고 강점의 예를 폭넓게 제시함으로써 클라이언트를 적극적으로 지지한다.

학습부진 ▌ 정상적인 인지적 능력과 학교수업을 제대로 할 수 있는 잠재력을 지니고 있으면서도 학습장애, 주의력결핍, 학교생활 부적응, 가정환경, 건강문제 등 내부 또는 외부 요인 때문에 교육목표에서 설정한 최저 수준의 학업성취에 미치지 못하는 경우를 의미한다. 학습장애와 유사한 개념으로 혼동되기도 하지만, 학습장애는 뇌의 기능장애나 인지적 결함 등 기질적 문제가 원인이라는 점에서 학습부진과는 구별된다.

교사는 아동의 잠재능력에 비해 아동의 성취도가 현저하게 낮을 경우 부모와 상담해 학습부진의 원인을 객관적으로 사정하기 위해 치료전문가에게 평가를 의뢰해야 한다. 평가는 지능검사, 학습장애 관련 난독증, 이해력, 셈하기, 성격검사, 심리평가를 포함한 주의력검사 등으로 실시된다. 치료방법은 인지행동치료 등을 통해 학습에 필요한 기초기능을 향상시키는 것이다. 가정이나 학교 등 일상생활 환경으로 인해 정서적 문제가 발생했을 경우에는 그 원인을 최소화하거나 해결하기 위한 노력을 해야 하며 불안, 우울, 소외 등 정서적 어려움을 경감시키기 위한 부모상담과 가족치료를 병행해야 한다.

✤ 생각 나누기

1. 자녀와의 밥상대화가 자녀의 신체적 · 심리적 · 사회적 발달에 영향을 미치는가? 구체적인 예를 들어 설명해보자.
2. 「대화가 필요해」에 등장하는 아버지는 삐딱한 아들과 고집 센 부인이 못마땅하고 의사소통기술마저 부족하지만 사랑하는 가족의 서운한 마음을 들어주고 자신의 감정도 서툴게 표출하면서 잘 살아보려고 무던히도 노력한다. 이 아버지의 강점은 무엇인가? 또 부인과 아들의 강점은 무엇인가? 이들 강점에 기초해 사회복지사로서 이 가족의 기능을 지원하는 방법을 논의해보자.

17

부부사랑에도 사회적 지원을*

5월 21일은 부부의 날이다. 가정의 달 5월에 둘이 하나가 되어야 한다는 의미를 강조하기 위해 5월 21일을 부부의 날로 정했다고 한다. 이는 OECD 국가 가운데 이혼율 1위, 청소년자살률 1위라는 불명예를 극복하고 매년 증가하는 자녀학대를 예방하려는 정책과 무관하지 않다. 그러나 과연 가정의 달에 부부의 날까지 정하는 것으로 가정의 행복이 보장될 수 있을까?

5월 21일은 둘이 하나가 된다는 날

2000년 5월 가정의 달에 우리나라 최초의 부모 토막살해 사건인 이른바 '이은석 사건'이 발생했다. 이 사건의 피의자는 이른바 명문대 2학년에 재학 중

* 이 글의 일부는 이혜원, 「부모의 양육과 자녀의 행복」, 한국여성복지연구회, 『영화, 사회복지를 만나다』(서울 : 한울아카데미, 2011b)에 실린 것이다.

이었고 그의 부모는 각각 사관학교와 명문여대를 졸업한 이들이었다. 이 가정은 경제적으로도 전혀 어려움이 없어 겉으로 보기에는 아무런 문제가 없는 단란한 가정이었다. 심리학자 이훈구(2001a)가 피의자의 일기 20권, 심문조서, 법정진술문, 피의자 및 형과의 면담내용에 기초해 분석한 결과, 부부갈등, 자녀학대, 입시경쟁, 중학교와 군대에서의 왕따 피해, 인터넷 중독이 이 사건에 상호영향을 주었으며 피의자는 정상적인 정신상태에서 범행을 저지른 것으로 나타났다.

부모는 일찍부터 사이가 좋지 않아 각방을 쓰고 있었는데, 초등학교에 입학한 자녀는 친구 집에 놀러 갔다가 친구 부모가 같은 방을 쓰는 것을 보고 오히려 놀랐다고 한다. 부부불화의 골은 깊어질 대로 깊어져 그들은 법적으로만 부부였지 사실상 이혼상태였다. 그 결과 가족 간 대화도 끊고 서로의 갈등을 자녀에게 화풀이하고 신체적·정서적으로 자녀를 학대함으로써 자녀 마음속을 우울과 분노로 가득 채웠다. 실제로 어머니는 "너희들 때문에 이혼도 못 하고 족쇄를 차고 있다"라고 늘 푸념해 피의자로 하여금 이유 없는 죄책감에 빠지게 했으며 스스로 가치 없는 인간이라고 느끼게 만들었다. 이러한 생각은 명문대에 입학한 뒤에도 씻기지 않아 그는 자살까지 생각하기에 이르렀고, 제대 후 사건을 저지르기 직전 처음으로 부모에게 속마음을 표현했으나 부모의 냉담한 반응에 분노해 부모를 살해하게 되었다. 결국 피의자는 부모의 불화 때문에 정서적 상처를 입은 것은 물론 부모의 학대, 또래의 폭력까지 더해져 이중, 삼중의 피해를 당했던 것이다. 심리학자가 세 차례 만난 피의자는 연약한 몸에 앳되고 해맑은 얼굴을 하고 있는 청년이었으나 그의 내면은 겉모습과는 딴판으로 불신, 증오, 분노, 우울로 가득 차 사막처럼 메말라 있었다. 그는 부모로부터 "미안하다"라는 말 한마디가 듣고 싶었다며 울먹이기도 했다.

10여 년 전 벌어진 충격적인 사건을 지금 떠올리는 것은 이 사건이 한 가정의 개인적인 사건인 동시에 우리 사회가 아직도 떠안고 있는 여러 가지 문제가 상호작용해 발생된 사회적인 사건이기도 하기 때문이다. 더구나 부모살해 사건은 미국에서는 거의 매일 한 건씩 발생하고 있고 한국에서도 매년 증가하는 추세이다. 또한 아동학대 판정사례의 85%가 친부모에 의한 학대였고 그 주요 원인이 양육부담으로 인한 부부갈등이라는 사실은 제2, 제3의 이은석 사건이 발생할 가능성을 내포하고 있다.

이러한 사건을 예방하기 위해 우리는 이 사건의 객관적 사실을 정확하게 파악하고 근본적인 원인을 분석해야 한다. 이를 기초로 건강한 부부관계를 유지해야 하며 자녀를 안심하고 낳아 행복하게 키울 수 있도록 정부의 물질적·정서적 지원도 강화되어야 한다.

건강한 가정은 부부의 화목에서 시작

최근 연구결과 부부갈등의 상황에서도 영아보육, 산후우울증 사례관리, 부모교육, 가족상담 등 사회적 지원을 받은 부모는 자녀를 덜 학대하는 것으로 나타났다. 즉, 사회적 지원으로 부부갈등이 자녀학대에 미치는 영향력을 줄일 수 있다는 것이다. 이 사건의 경우 만일 피의자의 부모가 믿고 상담할 수 있는 전문가가 주변에 있었더라면, 피의자가 마음을 열어 따뜻한 위로를 받을 수 있는 학교사회복지사를 만났더라면 하는 아쉬움을 지울 수 없다.

≪한국일보≫, "아침을 열며", 2010년 5월 21일

사례분석 : 이은석 사건을 통한 부모자녀 관계 분석

여기서는 이은석 사건을 통해 부모의 통제적 양육태도가 자녀 및 부모 자신에게 미치는 영향을 살펴보고자 한다(이훈구, 2001b; 이혜원, 2006a).

- 가정환경 : 중상층 가정
- 부(60) : 해군사관학교를 나온 예비역 해군중령으로 예편한 뒤 직장생활을 함. 엄격하고 무뚝뚝하며 자식에게 무관심하고 고집이 셈.
- 모(50) : 부유한 집안의 무남독녀로, E여대 정치외교학과 졸업. 완벽주의자로 강압적 태도를 지니고 있고 성격이 냉정함.
- 형(26) : 대학을 중퇴한 회사원.
- 이은석(24) : K대 휴학, 163cm의 작은 키에 왜소한 체격이며 IQ는 130임. 취미는 영화보기와 컴퓨터 하기. 학창시절 따돌림을 당했음. 시나리오 작가를 희망함. 내성적이고 온순한 성격이며 자존감이 낮음. 공포를 쉽게 느끼며 사회에 잘 적응하지 못함.
- 성장과정 : 부모의 부부관계 갈등이 심해 집안분위기는 냉랭했으며 가족 간 대화가 단절되어 있었음. 권위주의적이고 엄격한 부모 밑에서 늘 꾸지람만 받고 능력이 부족하다는 이유로 학대받는 과정에서 부모에 대한 원망과 불만이 누적됐음. 그러나 부모가 무서워서 내색을 하지 않아 문제가 없는 아이로 비쳐짐. 왜소한 신체로 인해 자신감을 상실해 학창시절에는 공부에만 전념했으며 친구관계가 원만하지 못했고 집단따돌림을 당하기도 했음. 서울대에 진학을 하지 못해 부모에게 계속적인 질타를 받음. 제대 후 자신감을 더욱 상실하고 좌절해 자살까지 생각함. 이 사건을 저지르기 직전 처음으로 부모에게 저항해봤으나 냉담한 부모의 반응에 분노함. 부모로부터 “미안하다”라는 말을

듣고 싶었음. 결국 부모를 살해함.

- 정신과 의사의 이은석에 대한 진단 : 정신분열증이나 심각한 정서장애를 겪은 증후를 발견할 수 없음. 따라서 이은석의 행동은 정신이상 행동이 아니라 비장애인의 충동적 행동으로 판단됨. 회피성 또는 수동공격성 성향을 지니고 있음.

이은석 사건의 개요

2000년 5월 21일, 우리나라 최초의 부모 토막살해 사건이 발생했다. 피의자 이은석은 서울의 사립대 2학년에 재학 중이었고 그의 집은 비교적 중류층에 속하는, 겉으로 보기에는 아무런 문제가 없는 가정이었다. 그러나 은석의 삶을 분석한 결과, 그는 부모에게 충분한 사랑을 받지 못했으며 학교와 군대에서 집단따돌림을 당했다. 그의 마음속에는 증오, 불신, 분노, 무기력이 소용돌이치고 있었던 것이다. 이 사건은 우리 사회가 떠안고 있던 여러 가지 치부를 한꺼번에 터뜨림으로써 많은 것을 돌아보게 만들었다. 생태체계적 관점에서 보자면 과도한 입시경쟁, 왜곡된 부모자녀 관계, 부부갈등, 아동학대, 가족폭력, 학교폭력, 각종 미디어폭력, 인터넷 중독 등이 이 사건에 영향력을 끼쳤다고 분석할 수 있다.

어머니, 공포의 이름

이은석의 어머니는 외동딸로, 중학교 때 아버지를 여의었으나 유복한 환경에서 모친의 극진한 뒷바라지를 받으며 자랐다. 그녀는 청상과부였던 모친의 지나친 기대 속에 엄격한 엘리트 교육을 받아서인지 있는 척, 아는 척을 너무 많이 한다는 이유로 사촌들에게도 따돌림을 당했다. 어려서부터 똑똑하고 공부를 잘했던 그녀는 한국 최초의 여자대통령이 되려는 야무진 꿈을 가지고 명문사립대의 정치외교학과에 들어갔다. 대학에 다니면서 그 꿈이 현실적으로 불가능하다는 사실을 인식하게 됐지만 그녀는 꿈을 포기하지 않았다. 대통령 영부인이 됨으로써 그 꿈을 실현할 수 있다고 생각했던 것이다. 그녀는 몇 차례의 맞선을 통해 남편을 만났고 드디어 이상적인 남편감을 찾았다고 생각했다.

그녀의 남편은 해군사관학교 출신의 엘리트 장교로서 월남전에서 무공을 두 번 세운 용장이었다. 나이가 그녀보다 열 살 많았지만 이에 개의치 않고 결혼했다. 남편은 군에서 인정을 받아 중령까지는 초고속 승진을 했으나 그 후부터는 승진이 지연되기 시작했고 결국 대령으로 진급하지 못했다. 결국 1986년 남편이 계급정년으로 퇴역함에 따라 영부인이 되겠다는 그녀의 꿈도 함께 무산됐다. 남편은 퇴역 후 대기업의 부장으로 재취업했지만 남편에 대한 그녀의 기대는 이미 산산조각이 난 뒤였다. 이로써 평소에도 원만하지 않던 부부 사이는 더욱 악화일로를 걸었다.

어머니는 남편에 대한 실망을 두 아들로부터 보상받으려 했고, 두 아들이 자신의 못다 이룬 꿈을 대신 이루어주길 바라며 아들들을 철저하게 스파르타식으로 교육하기 시작했다. 큰아들은 성격이 괄괄해서 어머니 명령에 잘 따르려 하지 않았다. 반면 은석은 성격이 너무 소극적이고 예민해서 똑같이 부모에게 지나친 억압을 당하고 따뜻한 사랑을 받지 못했음에도 형에 비해 더 큰 상처를 받았다.

권위적이고 가족에게 무관심했던 아버지

이은석의 아버지는 4남 2녀의 둘째로 태어났다. 그의 아버지는 사업체를 운영하며 돈을 잘 벌었다. 그러나 형이 대학졸업 후 사업을 한답시고 아버지의 재산을 축내기 시작하자 집안형편은 점점 어려워지기 시작했다. 그의 부모는 맏아들에게는 끔찍했지만 둘째 아들인 은석의 아버지에게는 무관심했다. 그는 같은 자식인데 자신이야 어떻게 되건 말건 오직 형만을 바라보는 아버지를 미워하기 시작했고 그렇게 아버지를 원망하는 마음 때문에 성격도 점차 내성적으로 바뀌어갔다. 대학입시에 실패한 은석의 아버지는 집안이 그렇게 어렵지는 않았지만 형과 아버지에 대한 반발심과 자신의 독립심을 보여주기 위해 보란 듯이 취업을 했다. 사회생활을 하면서 출세와 명예에 대한 욕구가 생긴 그는 해군사관학교에 들어감으로써 자신의 발판을 마련했다.

이때부터 은석의 아버지는 자신이 부모의 도움을 전혀 받지 않고 자수성가한 인물이라고 호언하기 시작했고 자식들에게 이를 자랑스럽게 이야기했다. 그는 내성적이고 고집이 세서 훗날 자식들과 계속 갈등을 겪었다. 은석의 아버지가 큰아들을 극진히 사랑한 것은 아니었지만 그는 유독 둘째 아들인 은석을 미워했다. 물론 은석의 성격이 내성적이고 행동이 느려 마음에 들지 않았던 점도 있었을 것이다. 이에 비해 큰아들에 대해서는 별 트집을 잡지 않았다. 부모에게 차별대우를 받아 아픈 상처를 갖고 있으면 이를 거울삼아 자기 자식들은 반대로 따뜻하고 평등하게 키웠어야 하는데 그는 자신도 모르는 사이에 자기 부모와 똑같은 태도로 아이들을 양육했던 것이다.

은석은 고등학교 때까지 부모가 형만 사랑하고 자신을 미운 오리새끼 취급했다고 불만을 털어놓았다. 그러나 사실 은석의 아버지는 두 아들은 물론 아내에게도 사랑을 베풀지 않았다. 그 자신이 부모에게 차별대우를 받으며 자랐기 때문에 누구에게나 쉽게 사랑을 베푸는 따뜻한 사람으로 자라지 못했던 것이다. 또 일반 대학이 아닌 군대를 택한 것도 그의 성격형성에 큰 영향을 주었을 것이다. 그는 자식에게 강한 정신력과 절제하는 생활을 늘 강조했다. 특히 두 아들을 강하게 키운답시고 자식을 군인 다루듯 했다. 또한 결벽증이 있어서 집에 먼지가 있으면 화부터 냈고 집안에서도 반드시 슬리퍼를 신게 했다. 결국 두 아들은 어머니와 아버지 모두로부터 사랑은커녕 시달림만 받으면서 자란 셈이었다.

애정 없는 부부관계 때문에 상처받는 아이들

은석의 부모는 일찍부터 사이가 좋지 않았다. 먼저 부부가 자라온 환경이 너무나 달랐다. 부부간의 나이차이 또한 이들 부부가 사사건건 의견차이를 보이는 하나의 이유가 됐을 것이다. 1986년 은석의 아버지는 군에서 퇴역했지만 다행히 한 기업체의 부장으로 근무할 수 있게 되었다. 그러나 그는 부산에서 근무를 했는데, 그 이유는 그가 서울에서 일하는 걸 부인이 은근히 바라지 않았기 때문이다. 부부간의 불화의 골이 깊었기 때문에 은석의 어머니는 은석의 아버지와 한집에 사는 것을 아주 싫어했다. 즉, 그들은 법적으로만 부부였지 신체적·심리적으로는 이미 이혼한 상태나 다름없었다. 실제로 은석의 어머니는 자식들에게 "나는 남편과 마음이 맞지 않아 이혼하고 싶지만 너희들 때문에 이혼을 못 한다", "너희들 때문에 내가 족쇄를 차고 있다"라고 늘 한탄했다고 한다.

부부간의 불화는 비단 그들만의 문제로 끝나는 것이 아니라 자식에게도 부정적인 영향을 준다. 이들 부부는 서로의 갈등을 자식에게 화풀이함으로써 자식에게 씻지 못할 상처를 주었고 특히 그의 어머니는 아들들에게 "너희들 때문에 이혼하지 못 한다"라고 푸념을 함으로써 결국 은석이 이유 없는 죄의식을 품도록 만들었다.

이은석의 성장과정

아동학대

은석의 어머니도 자신의 어머니로부터 스파르타식 교육을 받아왔다. 이 때문에 심리적 스트레스를 받고 위궤양으로 늘 고생을 할 정도였는데, 어머니는 그녀의 어머니가 자신에게 행한 스파르타식 교육을 자식에게 그대로 답습했다. 설상가상으로 외할머니가 말년에 치매에 걸려 고생하는 등 이런저런 이유로 어머니의 스트레스는 더욱 커졌고, 이에 따라 자녀훈육(학대)도 날이 갈수록 더욱 엄해졌다. 그녀는 자식의 공부, 가정 내 예절, 교우, 일상생활을 자신의 잣대에 맞춰 훈육했다. 자식이 뜻을 거스르면 굵은 회초리로 온몸을 때렸다. 은석이 초등학교 1, 2학년이었을 때 은석의 어머니는 술과 담배를 하고 신경안정제와 수면제를 자주 먹었는데 신앙생활을 한 뒤부터는 이를 끊었다. 하지만 자식을 혼낼 때는 이웃에 다 들릴 정도로 소리를 지르고 히스테릭한 증상을 보였다. 은석의 어머니는 내성적이고 다혈질이며 극단적인 엘리트주의자였다. 또한 우월의식과 자존심이 강했다. 이런 가정환경으로 인해 마음이 여린 은석이 가장 많이 상처를 받아 그는 점차 무기력해지고 열등감이 심해졌으며 대인기피증을 갖게 되었다.

어머니의 학대를 짐작할 수 있는 하나의 예로, 은석이 초등학교 3학년 때 학교숙제를 잘 해가지 않자 담임선생님이 부모와 상담하려고 은석의 집에 전화를 건 적이 있었다. 다행히 어머니는 외출 중이었고 그의 형이 전화를 받았다. 담임선생님에게서 전화가 왔다는 사실을 들은 은석은 이내 심한 공포심에 사로잡혀 그날 이후 갑자기 행동이 180도로 바뀌었다. 학교숙제는 물론 준비물도 철저히 챙겼고 공부도 착실히 하는 모범생이 되었던 것이다. 은석의 행동이 갑자기 바뀜에 따라 담임선생님은 어머니를 학교에 소환할 필요가 없었고 따라서 이 일은 무사히 넘어갔다. 얼마나 어머니를 무서워했으면 그의 행동이 하루아침에 이렇게 완전히 달라질 수 있었을까? 일반적인 사회통념을 뛰어넘는 어린 은석의 행동은 역설적으로 어머니라는 존재를 얼마나 큰 공포의 대상으로 생각했는지 알게 해준다.

다른 예로 은석이 중학교 3학년이던 무렵 은석은 시험공부를 하고 있었는데 은석의 어머니도 자지 않고 은석이 공부를 열심히 하는지 감시하고 있었다. 은석은 자기 방에서 늦게까지 공부를 하다 깜박 잊고 어머니에게 자겠다는 말을 하지 않고 잠이 들어버렸다. 이를 몰랐던 어머니는 새벽까지 마루에서 깨어 있었고 뒤늦게 이 사실을 알게 되자 단단히 화가 나서 그를 때리고 심하게 야단을 쳤다. 이때의 충격으로 은석은 자살을 하려고 한강변으로 나갔으나 용기가 없어 그러지 못하고 거리를 여섯 시간이나 쏘다닌 후에 집으로 돌아왔다.

아동학대는 은석에게서 나타나는 바와 같이 심각한 심리적 문제를 야기한다. 학대를 받고 자란 아동은 열등감이 심하고 무기력하며 피해망상을 갖게 되어 정신적으로나 신체적으로 정상적인 발육을 하지 못한다.

열등감과 미숙한 인간관계

은석은 중·고등학교 시절 성적이 우수했고 가정환경도 중류층이어서 학교에서 기가 꺾이거나 열등감을 가질 소지가 전혀 없었다. 그러나 그는 자신에 대해 굉장히 부정적이었으며 열등감이 심했다. 은석이 자신의 외모에 대해 열등감을 갖게 된 것은 부모가 가끔 농담 삼아 또래보다 작은 그의 키를 놀린 것에서 시작됐다. 그의 부모는 은석을 보고 "너는 성격도 나쁘고 키도 작으니까 일반 회사원이 되기보다는 공부를 열심히 해서 판검사가 되는 길밖에 없다"라며 겁 아닌 겁을 주었다. 부모의 농담 섞인 이 말 한마디가 그에게 키에 대한 병적인 집착과 열등감을 갖게 했다. 단적인 예로 은석은 중학교 때 단짝이던 친구가 부모를 따라 독일에 1년 가 있는 사이에 부쩍 커서 온 반면 자신은 키가 자라지 않은 사실이 창피해서 그 친구가 다시 편입해 왔을 때 그 친구를 의식적으로 피하기도 했다.

고등학교 3학년 때 은석은 어머니의 기대를 저버리지 않고 K대에 특차로 입학하게 되었다. 이는 어머니의 스파르타식 교육이 효과를 보았다고 말할 수 있다. 그러나 어머니는 은석을 키우면서 따뜻하게 감싸기보다는 야단과 채찍으로 일관했기 때문에 그의 지적 능력과는 상반되게 정서적 능력은 위축되고 왜곡되어갔다. 은석은 대학입학이 결정된 1995년 1월부터 7월까지 동네 교회에 열심히 나가서 여자들과 어울렸으나 기술부족으로 제대로 된 인간관계를 맺지 못했다. 사실 많은 여자들이 호의를 갖고 은석에게 접근했지만 그는 그때마다 한 발짝씩 물러났다. 자라면서 부모에게 사랑을 받지 못했고 지속적으로 형에 대한 질투심을 경험했으며 폐쇄적인 부모로 인해 자연스럽게 인간관계를 맺는 법을 배우지 못했기 때문이다.

당시 은석은 피해망상증과 자기 자신을 학대하는 마조히즘적인 성향, 그리고 대인기피증을 보이고 있었다. 이렇게 열등감에 시달리고 정상적인 친구관계나 이성관계를 잘 맺지 못한 은석은 아무도 자기를 아껴주지 않아 외로웠고, 자기는 실패한 인생이기 때문에 성매매 여성에게나 어울리는 사람이라고 생각했다. 그래서 단순히 성적 욕망을 채우기보다 한 인간으로 자기를 대해주기를 바라는 마음으로 성매매 여성들에게 몰두하기도 했다.

집단따돌림

은석의 중고교 시절은 또래따돌림(이하 왕따) 때문에 악몽의 연속이었다. 은석은 성격이 까다로운 편이었고, 열등감을 지니고 있었지만 자부심 또한 대단했다. 즉, 친구에게 잘난 척하고 친구의 의견에 쉽게 동조하지 않는 경우에 속했다. 또 은석은 어머니로부터 받은 학대 때문에 자신감이 부족해 친구가 그를 건드려도 쉽게 되받아치지 못했다. 운동신경이 둔해서 운동을 잘 못하고 체격이 허약하지만 공부를 잘하는 등 왕따를 당하기 쉬운 요소를 많이 지니고 있었다. 대개 왕따를 당하는 학생들은 그 사실을 수치스럽고 창피하게 여겨 부모나 선생님에게 이 사실을 숨긴다. 은석도 마찬가지여서 선생님이나 부모 그 누구도 은석이 왕따로 심한 괴롭힘을 당한다는 사실을 몰랐다.

은석은 군대에서도 동료와 마찰을 겪었다. 그는 군대가 마치 어머니처럼 잘못하면 그에게 호된 기합을 줄 것이라고 지레 겁먹었기 때문에 열심히 복무했다. 따라서 상사들은 그를 아주 모범군인이라며 칭찬했다. 그러나 그는 동료와의 사이가 좋지 않았다. 특히 신병들에게는 마치 자신의 어머니가 그에게 했던 것처럼 가혹하게 대하고 잔소리를 많이 해서 그들에게 외면을 당했다. 어느 날 졸병 하나가 잘못을 저질렀는데 은석이 따끔하게 야단을 치지 못해서 역으로 공격을 받았다. 은석은 당연히 화를 냈어야 하는데 그렇지 못하고 씩씩거리기만 해서 상사로부터 꾸중까지 받았다. 그 후부터 졸병은 은석을 자기 손 안에 쥐고 주무르기 시작했다. 은석은 부하를 잘 다루지 못하는 자신의 성격을 자책했지만 사실 부모가 그의 기를 꺾어 자기주장을 하지 못하는 사람으로 만들어버린 것이 그 원인이었다. 그는 동료, 부하들과 같이 생활할 수 없게 됐고 군대에서 있으나마나 한 존재로 전락했다. 군대에서까지 왕따를 당한 경험은 은석의 성격을 더욱 황폐화시켰다. 가정과 학교에서 초래된 위축된 자존심, 우울증, 대인기피증, 분노 등이 더욱 악화됐던 것이다.

미디어매체의 영향

은석은 영화와 비디오에 몰두했다. 그가 광적으로 영화에 몰두한 것은 영화평론가가 되기 위한 목적 때문이기도 했지만 한편으로는 현재 겪고 있는 현실세계가 너무 고통스러워 영화라는 가상의 세계로 도피했다고도 볼 수 있다. 친구 하나 없는 외톨이인 그로서 유일한 소일거리는 영화감상밖에 없었을 것이다. 폭력적인 매체가 주는 영향에 대한 연구결과에 따르면, 그가 영화, 비디오, 컴퓨터게임에 몰두한 것이 그의 범행에 간접적으로 영향을 주었다고 판단할 수 있다. 물론 보통 사람들은 영화나 게임의 허구성을 알고 있고 또 그러한 영향으로부터 오는 공격성의 충동을 억제할 수 있다. 그러나 그는 영화와 컴퓨터게임에 광적으로 몰입한 이른바 마니아였다. 따라서 그의 행동은 일반 성인의 경우와 다를 소지가 많다. 그가 부모의 사체를 처리할 때 냉정하게 할 수 있었던 것은 그가 살인영화와 폭력영화를 수없이 많이 보았기 때문이다. 이미 수많은 시청각 자료를 통해 둔감해진 그는 부모의 시신을 무덤덤하게 토막 낼 수 있었던 것이다.

범행의 직접적 동기

은석의 형은 대학에 입학한 이후 용기 있게 부모에게 반항해 집에서 독립을 했다. 이 과정에서 은석의 부모는 은석의 이름으로 3,000만 원을 융자해서 이 돈을 보태 형에게 아파트를 장만해주었다. 2000년 5월 11일 은석은 형의 이사를 도와주고 돌아와 어머니와 다투게 되는데, 지금껏 어머니가 자신을 학대한 사례들을 난생 처음 거침없이 토로했다.

만일 이때 어머니가 은석의 마음을 이해하고 다독여주었다면 이 사건은 분명 벌어지지 않았을 것이다. 그러나 어머니는 이미 형이 반항을 하고 집을 나간 터에 평소 얌전하고 말 잘 듣던 은석까지 반항하는 것에 무척 당황했고 은석을 이해하려는 마음의 여유조차 가질 수 없었다. 어쩌면 잘못하다가는 은석까지 독립하겠다고 선언할까 봐 두려웠을 수도 있다. 이에 은석의 어머니는 은석에게 강력하게 대응했다. 또 이 사실을 남편에게 알렸고 이 사실을 알게 된 은석의 아버지는 은석을 불러 앉혀놓고 단단히 야단쳤다.

4일 후 부모와 두 번째로 언쟁을 벌였는데 이후 은석은 일주일 동안 부모와 얼굴을 마주치지 않은 채 방 안에만 머물렀다. 깡통을 가져다 방에서 소변을 보고 부모가 없는 틈을 타서 화장실에 갔으며 부모 몰래 음식을 먹었다. 그러다 보니 그의 답답증은 도를 더해갔고 잠도 설쳐 그는 심리적·육체적으로 최악의 상태에 도달했다. 결국 그는 자신이 살아남는 길은 자신에게 불편을 주는 해로운 자극, 즉 자신의 부모를 제거하는 수밖에 없다는 생각을 하기에 이르렀다. 그는 화장실에서 방으로 오면서 양주를 들고 와 열 모금 정도 마셨는데 이는 스트레스로부터 도피해야겠다는 갈망을 자극했고 반면 이를 억제하려는 양심의 목소리를 잠재웠다.

이은석 사건이 지닌 아동복지실천적 함의

이 사례는 충격이 컸던 만큼 우리에게 다양한 사회복지실천적 함의도 제공했다. 물론 이 사례의 분석은 심리학자인 이훈구(2001b)의 저서인 2차 자료에 기초하고 있기 때문에 많은 한계를 지니고 있지만 이 사건이 지닌 함의를 분석할 수 있다는 점에서 여러모로 의미가 있다. 이 사례가 우리에게 주는 첫 번째 함의는 부모자녀 관계의 중요성이다. 과거 대부분의 부모는 자녀를 소유물로 인식하고 행동하는 경향이 있었다. 예컨대 IMF 사태 이후 생활고 등의 이유로 자녀와 함께 동반자살을 감행하는 사건이 자주 발생했다. 아울러 예로부터 우리 사회는 자녀를 하나의 도구로 간주해왔다. 이 때문에 가계를 계승하고 가문을 빛내고 노후에 자신을 의탁하기 위해 남아를 선호하는 경향이 강했다. 은석의 부모는 높은 교육열을 보였는데, 이는 부모가 충족하지 못했던 더 높은 단계의 욕구를 대리만족하기 위한 것이었을 가능성이 높다. 더구나 자녀가 무조건 성공하기만 바라고 더 좋은 성적을 받기만 기대하는 과잉기대형 통제적 양육행동을 보였다. 그러다 보니 은석의 부모는 은석이 대학에 들어간 뒤 왜 방황을 하고 비디오 감상에만 열중했는지를 주의 깊게 살펴보지 못했다. 자녀를 자율적 인격을 가진 한 독립체로 보고 자녀가 성숙한 인간이 되기까지 자녀의 정서적 어려움을 공감하고 지지하는, 다정하고도 때로는 단호한 멘토가 되는 것이 부모의 역할이다. 그러나 부모는 대개 물질적 도움을 주는 것이 부모의 역할이라고 속단하기 쉽다.

두 번째 함의는 부모자녀 간 대화 또는 의사소통기술의 중요성이다. 대화란 일방적으로 자기주장을 하는 것이 아니라 상대방과 감정을 공유하고 교환하는 것이다. 부모가 자녀와 대화를 하자고 해놓고 일방적으로 잔소리만 늘어놓으면 이것은 차라리 안 하느니만 못하다. 은석의 어머니가 설사 자신은 잘못한 일이 없다고 확신하더라도 아들이 스스로에 대해 어떤 감정을 가지고 있는지 마음 편하게 토로하게 하고 귀 기울여 들었다면 얼마나 좋았을까 하는 아쉬움이 남는다. 착한 아이 콤플렉스 특성을 보였던 아들은 그것만으로도 평생 담고 살았던 어머니에 대한 미움이 눈 녹듯 녹아버렸을 가능성이 크기 때문이다. 또한 은석의 아버지도 자녀의 심정을 이해하기보다는 자신의 주장을 관철하려는 방식으로 일관했다. 결론적으로 은석의 부모는 자녀와의 대화가 너무 적었으며, 더구나 제한된 대화의 방식마저 일방적이고 폐쇄적이었다.

세 번째 함의는 학대가 자녀에게 미치는 심각성이다. 은석의 심리적·사회적 문제는 결국 부모, 특히 어머니의 학대 때문이었다. 그녀는 남편과의 불화로 히스테리 증세를 보였고 은석을 훈육한답시고 자기의 스트레스를 자식에게 퍼부어 해소했다. 은석의 경우와 같이 아동학대는 자녀에게 큰 상처를 안겨주며 자폐증, 불안, 우울, 대인기피증에 시달리게 한다. 한마디로 말해 정상적인 발달을 할 수 없게 만드는 것이다. 세상에 태어난 아이로 하여금 올곧게 사람구실을 할 수 없도록 만드는 것만큼 큰 죄가 어디 있겠는가.

네 번째 함의는 또래 간 폭력, 즉 왕따문제가 아동에게 미치는 영향이다.

우리가 왕따행위를 죄악시하고 주의 깊게 관찰해야 하는 이유는 이 행위가 피해자에게 지울 수 없는 평생의 상처를 안기기 때문이다. 은석의 경우 부모의 학대만 있었고 학교나 군대에서 왕따를 당하지 않았더라면 그는 절대로 부모를 살해하지 않았을 것이다. 그가 집 밖에서조차 왕따를 당한 경험은 부모의 아동학대와 맞물려 그의 분노를 더욱 고조시켰고 결국 이러한 분노의 감정은 부모를 살해한 데 일조했던 것이다.

다섯 번째 함의는 폭력만화, 텔레비전, 비디오테이프 그리고 인터넷게임의 폭력적 악영향이다. 은석이 인터넷과 컴퓨터게임에 몰두하게 된 원인은 부모의 학대, 또래의 폭력 같은 가해행위로부터 받는 심리적 충격을 해소하는 유일한 도구가 인터넷과 컴퓨터게임이었기 때문이다. 그러나 이러한 도구는 아이러니하게도 그의 행동과 사고를 더욱 자폐적이고 공격적으로 만들어 그의 인생을 파멸로 이끌었다.

결론적으로 이는 현재 우리 사회의 치부를 극단적으로 보여주는 사건이었다. 이 사건을 한 대학생의 비뚤어진 성격으로 인해 발생한 용서할 수 없는 패륜 또는 반사회적 행동으로 규정해서는 안 된다. 우리 사회에서 부모살해사건은 계속 증가하고 있기 때문이다. 이 사건의 근본적인 원인을 분석한 뒤 이에 기초해 아동학대를 예방하기 위한 부모교육, 교사연수, 아동·청소년 인권교육 등 구체적인 방안을 확대하고 가정·학교·지역사회의 인권친화적 안전망을 마련하지 않는다면 앞으로 제2, 제3의 이은석 사건이 발생할 수밖에 없다.

당신은 무자격 부모의 자녀인가?

어린 시절 당신과 부모 간의 관계에 대해

1. 부모가 당신에게 나쁜 아이 또는 쓸모없는 아이라고 했던가? 모욕적인 별

명으로 불렀던가?

2. 부모가 버릇을 고쳐준다고 육체적인 고통을 주었던가? 혁대, 빗자루 등 물건으로 때렸던가?

3. 오랫동안 부모를 무서워했던가?

4. 부모에게 화를 내고 싶었지만 주저했는가?

당신의 성인생활에 관해

1. 당신의 참모습을 다른 사람이 알게 되면 당신을 좋아하지 않을 것이라고 보는가?

2. 별다른 이유도 없이 화가 나거나 슬퍼지는가?

3. 성공을 거둘 때 불안하고 누군가 당신이 엉터리라는 것을 알아챌까 걱정되는가?

4. 아무리 노력해도 결국 당신은 '당신 부모와 똑같이' 행동하고 있는가?

당신이 성장한 뒤 부모와의 관계에 대해

1. 부모가 여전히 당신을 어린아이 취급하는가?

2. 당신 인생의 주요한 결정을 내리는 데 부모의 승인을 받아야만 하는가?

3. 부모의 의견에 맞서기가 두려운가?

4. 당신이 아무리 잘하려고 노력해도 언제나 부모 눈에는 차지 않는가?

만일 당신이 위의 12개 설문 문항 가운데 4개 이상 '그렇다'고 응답했다면 무자격부모의 유산에서 스스로 벗어나는 길을 모색해야 한다.

…… 무자격 부모의 자녀들은 부모가 자신을 학대한 원인이 바로 자기 자신에게 있다고 의식적으로 때로는 무의식적으로 수긍하기 때문에 스스로 무가치하고 사랑받을 자격이 없는 인간이라고 느낀다. 이들은 무방비 상태로 보호자에게 종속되어 있기 때문에 아버지 또는 어머니가 신뢰할 수 없는 사람이라는 끔찍한 사실을 받아들이기보다는 오히려 자신이 무엇인가 '잘못'을 저질러서 아버지 또는 어머니가 화를 내는 것으로 인식하고 쉽게 죄책감에 빠진다. 이들은 어른이 되어도 죄의식과 자기비하의식을 버리지 못하기 때문에 건강한 자아존중감을 형성하기 어렵다. 이러한 자아존중감의 상실은 이들의 일상생활 구석구석을 그늘지게 만든다(포워드, 1990).

✤ 생각 나누기

1. 요즈음의 아동은 예전보다 스트레스와 위기상황을 더 많이 경험하기 때문에 부모의 관심과 지지를 더 많이 원한다. 그러나 현대사회의 부모는 대부분 과거의 부모세대에 비해 부모 역할 하기가 더 어렵다고 느낀다. 그 이유는 무엇인가?
2. 미국에서는 부모살해사건이 매일 한 건씩 발생한다고 한다. 우리 사회에서도 최근 부모살해사건이 늘어나는 추세이다. 이러한 사회문제를 예방할 수 있는 방안은 무엇인가?

18

공정한 부모자녀 관계를 형성해야

매년 추석이면 가족과 함께 성묘를 간다. 2010년 여름 위력을 떨쳤던 태풍 곤파스의 상처는 충청남도 해안 주변에 아직도 군데군데 남아 있었다. 그 흔적 속에서도 돌아가시던 전날까지 자녀를 아낌없이 보살피셨던 아버지의 따스함을 여전히 느낄 수 있었다. 마음의 고향을 찾은 우리는 그곳에 한동안 머무르다 오곤 했다. 27년 전 필자의 아버지는 갑자기 말기암 진단을 받고 병원에 입원했다. 당시 필자는 갓 결혼한 신혼이었지만 어머니와 교대로 아버지 곁을 지켰다. 그러던 어느 날 새벽, 보조침대에서 잠깐 눈을 붙이고 있다가 뺨 위로 무언가 떨어지는 느낌에 살짝 눈을 떴다. 그것이 아버지의 눈물임을 깨닫고는 얼른 눈을 감은 채 속으로 울어야 했다.

부모는 보호본능을 자제해야

아직 부족한 게 많은 자식들을 남겨두고 떠나야 하는 아버지의 마음이 무척 힘들었으리라. 평소 엄격했던 아버지의 눈물을 본 것은 그때가 처음이었고 자녀의 자립을 강조하던 아버지의 보호본능을 처음으로 느꼈다. 병상의 아버지는 평소와 무척 달랐다.

그다음 날, 아버지는 사돈어른을 뵙고 싶다고 말씀했다. 친구들의 병문안도 거부했던 터라 시아버지는 반가운 마음에 정중하게 두루마기까지 입고 병실로 들어오셨다. 아버지는 사돈어른을 보더니 침대에서 바닥으로 내려가 큰절을 하고 "제가 죽더라도 우리 딸이 하고 싶어 하는 일을 계속할 수 있도록 도와주십시오!"라고 부탁했다. 암 진단을 받지 않았더라면 딸이 스스로 풀어갈 수 있는 시간과 기회를 주었으리라. 당시만 해도 시집 온 며느리가 자신의 일을 계속한다는 것이 쉽지 않은 사회분위기였기에 아버지는 딸을 온몸으로 보호한 뒤 세상을 떠났고 그러한 아버지의 마음은 그날 이후 시아버지의 마음으로 이어져 필자는 집안에서 특혜를 누릴 수 있었다.

지금껏 누린 특혜가 무척 감사하고 소중하지만 다른 한편으로는 가족 간 평등을 침해해 공정하지 못한 측면이 있어 불편하기도 했다. 특히 시부모는 마음껏 여행도 가지 못하고 손자들을 돌봐야 했고 다른 형제들은 자신의 부모께 차마 이런 도움을 요청할 수도 없었다. 우리 사회의 영유아보육제도가 튼실치 못한 책임도 있지만 필자는 특혜를 누린 만큼 책임과 의무를 다해야 하고 가족 간 평등을 회복해 공정한 가족관계를 만들어야 할 것이다.

그렇다고 부모의 보호본능이 원망스러운 것만은 아니다. 자녀를 향한 부모의 사랑은 너무도 크고 넓어 자녀의 마음에 고스란히 담기기 마련이다. 이러한 사랑은 부모가 돌아가신 후에도 그대로 자녀에게 남아 있으며 이는 그 다음 세대에게로 전달된다. 자녀 안에 부모가 있는 것이다. 다만 자녀를 사랑하는 방식이 중요하다. 자녀의 특채문제로 비난을 받았던 고위공직자들, 성인이 된 자녀의 이성문제를 직접 나서서 해결하려는 유명한 가수의 아버지, 아들을 폭행한 폭력조직을 직접 나서서 보복한 모 그룹 회장 등의 속마음에는 자녀의 자립본능을 앞서는 부모의 보호본능이 자리 잡고 있다.

인간은 걸을 수도 말할 수도 없는 상태로 태어나지만 혼자 기어 다닐 힘만 생겨도 스스로 일어서려는 본능을 갖고 있다. 두 돌부터는 "내가! 내가!"를 외치며 자율성을 보인다. 또래와 놀거나 학교에 다니면서는 그 나름대로 위기와 역경을 극복할 수 있는 힘도 길러지기 때문에 부모가 생각하는 것보다 더 의연하게 자기 앞길을 헤쳐 나갈 수 있다.

자녀의 자립본능을 존중해야

부모가 자녀의 자립본능을 무시하고 보호본능을 과시하면 자녀는 부모에게 고마워하기보다는 자신의 능력을 믿지 않는다는 생각에 화가 난다. 사랑을 위장한 부모의 간섭과 보호가 반복될수록 자녀는 자기 방식을 잊고 사소한 일까지 부모에게 의존하게 되고 문제에 직면했을 때 해결하는 능력을 갖추는 기회마저 잃게 된다. '자녀특채사건'의 당사자들도 자신들이 홀로 설 수 있는 자녀의 앞날을 망쳤다는 생각에 후회스럽고 가슴 아프리라.

이제 성인이 된 자녀는 부모와 친밀한 관계를 유지하면서도 자신의 일은 스스로 결정하고 해결할 수 있어야 한다. 이를 위해 부모는 자녀의 역량을 믿고 자녀의 자율성을 후원해야 한다. 공정한 사회는 공정한 가족에서 출발하며, 그 출발점은 자녀의 자립본능을 존중하고 부모의 보호본능을 자제할 수 있는 공정한 부모자녀 관계를 맺는 것이다.

≪한국일보≫, "아침을 열며", 2010년 9월 24일

주요 용어와 관련 선행연구

공정(公正) ▌ 공평하고 올바름을 의미한다. 한편 공평(公平)은 어느 한쪽에 치우지지 않고 고르다는 것을 의미한다.

평등(平等) ▌ 차별 없이 고르고 한결같다는 의미이다. 즉, 똑같은 원칙에 따르거나 같은 처지에 있는 사람을 똑같이 대접하는 것을 의미한다. 평등은 권력, 부, 명예 등 사회적 가치의 분배원칙 또는 기준과 관련되어 중요성을 지닌다. 많은 사상가들이 제시한 공평한 분배의 원칙에는 평등과 불평등이라는 두 가지 원리가 공존한다. 즉, 인간의 존엄성, 인간으로서의 가치 등에 대한 인식에 바탕을 둔 절대평등과, 각자의 잠재적·후천적 능력과 기여도 및 필요의 상이성에 바탕을 둔 상대평등, 즉 정당한 근거를 기반으로 하는 불평등이 그것이다.

역량(力量) ▌ 어떤 일을 해낼 수 있는 힘을 말한다. 임파워먼트는 힘을 부여한다는 수동적인 의미가 아니라 클라이언트로 하여금 자기 삶에 대한 결정과 행위에서 힘을 가질 수 있도록 그를 돕는다는 능동적인 의미이다. 이러한 임파워먼트 또는 역량강화는 클라이언트가 기존에 가지고 있는 힘을 행사하는 데 방해가 되는 개인적·사회적 장애의 영향을 감소시키고 힘 사용에 대한 역량과 자신감을 증가시키며 힘을 환경으로부터 개인에게로 전환시킴으로써 가능하다(Payne, 1991).

이러한 과정에 개입하는 목표는 클라이언트가 느끼는 무기력감을 줄이고 자기효능감을 향상시키는 것이다. 따라서 사회복지사는 문제의 해결과 변화에 대한 책임을 클라이언트에게 두고, 클라이언트 스스로 자신에게 주어진 힘을 찾아 자신이 직면하고 있는 곤란한 사회적 상황이나 구조를 변화시키도록 지원해야 한다. 이러한 관점은 생태체계적 관점, 다원문화주의 관점, 여성주의 관점, 강점 관점, 권리옹호 관점에 근거한다(이혜원, 2006b). 특히 생태체계적 관점과 강점 관점을 기반으로 한 임파워먼트 접근은 클라이언트 개인의 심리적 적응과 회복, 개인·집단·가족·지역사회의 권한획득, 클라이언트의 삶이나 운명에 대한 통제, 균등한 자원분배 등을 목표로 하며 다양한 체계적 수준에서 개입이 가능하다.

✤ 생각 나누기

1. '자녀 안에 부모가 있다'는 말의 의미는 무엇인가? 가족복지의 관점에서 생각해보자.
2. 부모의 보호본능이 줄어드는 만큼 자녀의 자립능력은 늘어나는가? 아니면 부모의 보호본능이 늘어나는 만큼 자녀의 자립능력도 늘어나는가? 자신과 부모와의 관계에 적용해 생각해보자.

19
기러기 가족을 위해

임순례 감독의 영화 〈날아라 펭귄〉은 자녀를 위한 교육열이 부모 자신은 물론 자녀의 삶에 미치는 엉뚱한 영향력을 보여준다. 40대 권 과장은 자녀교육을 위해 아내마저 국외로 보내고 4년째 텅 빈 둥지에서 외로운 일상을 힘겹게 버티며 살고 있다. 날개가 있어도 날 수 없는 펭귄과도 같다. 빠듯한 살림으로 꼼짝없이 가족이 돌아올 날만을 기다리는 그는 점심시간에 화장실에서 와이셔츠 단추를 꿰매고 싸늘한 집에 돌아와 TV를 보다가 소파에서 잠든다. 그 소파 뒤에 걸린 사진 속 가족은 마른 미소를 짓고 있다.

동반자살에 이른 고립

그러다가 4년 만에 가족을 만났는데 가족은 애써 숨겨온 그리움만큼 다가오지 않는다. 함께 놀 친구가 없다며 괜히 왔다는 아들, 자기 물건에 손대지 말라는 딸, 남의 집에 누워 있는 것 같다는 아내. 그토록 보고 싶어 했건만 이들의 대화에 끼지도 못하는 권 과장은 외딴 섬이다. 유학비용이 모자라니 이제 집을 정리하고 오피스텔로 가라는 아내의 말은 권 과장에게 비수처럼 꽂힌다. 이들의 인간답게 살 권리를 누가 보장할 수 있는가?

영화 속 펭귄 가족의 고통은 현실 속 기러기 가족의 비극을 예견케 한다. 얼마 전 뉴질랜드에서는 한국인 어머니와 두 딸이 자살한 데 이어 현장으로 달려간 아버지마저 자살한 충격적인 사건이 발생했다. 현지 경찰은 이들이 8년 간의 기러기생활 끝에 경제적 어려움으로 인한 불안과 사회적 고립을 견디지 못해 동반자살한 것으로 보고했다.

자살한 기러기 엄마는 남편과 떨어져 소통마저 제한된 낯선 외국에서 양육부담을 오롯이 혼자 떠안아야 했다. 부모의 희생을 담보로 하고 있어 반드시 성공해야 한다는 부담을 지닌 자녀들 또한 행복할 수 없었다. 큰딸은 자살 직전 자신의 미니홈피에 '필요할 때만 찾고 쓸모가 없어지면 눈도 마주치지 않는 사람들 …… 세상에서 사람이 가장 무섭다'는 글을 남겼다. 주변의 무관심과 그로 인한 소외감과 박탈감이 그대로 묻어 있다. 지금도 제2, 제3의 기러기 아빠의 자살이 이어지고 있다.

우리나라는 합계출산율 1.15명이라는 세계 최저의 출산율을 기록해 국내 인구가 급속하게 감소하고 있는 반면 재외국민은 최근 매년 7%씩 증가하고 있다. 조기유학 등 이주에 의한 증가 폭이 크기 때문이다. 한 예로 2008년 한 해에만 1,600여 명이 뉴질랜드로 조기유학을 떠났다. 이는 곧 지금도 무수한 기러기 가족이 잠재적 위기를 안고 있음을 의미한다. 두 나라에 두 가족 살림을 하다 보면 생활비용은 느는 반면 부부간 대화와 부모자녀 간 소통은 줄어든다. 인터넷의 발달로 저렴하게 화상통화를 할 수는 있지만 문명의 '070'이 마음의 빈자리를 채우지는 못한다.

이러한 문제의식을 가지고 있던 터에 필자는 2009년 라오스에 위치한 한글

학교와 대사관의 요청으로 한국인 부모 12명을 대상으로 6회기에 걸쳐 부모교육을 실시했다. 사전·사후검사 결과, 프로그램에 참여했던 어머니의 자아존중감과 가족 간 의사소통이 향상됐음은 물론 자녀의 사회성도 강화된 것으로 드러났다.

건강한 자아정체성이 중요

기러기 가족의 비극으로 충격에 빠졌던 한인사회에서는 이들의 고통을 진작 분담하지 못했다는 자성과 함께 조기유학산업의 허와 실을 진단함으로써 이 산업의 허점을 보완해야 하며 당국의 이민정책을 개선해야 한다는 목소리가 커지고 있다. 재외국민을 위한 정책을 통해 또 다른 비극을 예방할 수 있도록 사회적 지원망을 확대해야 한다는 지적도 있다.

이를 위해서는 무엇보다도 양육부담으로 인해 불안하고 소외될 수 있는 기러기 가족을 대상으로 출국 전후 부모교육이라는 예방주사를 접종시킬 필요가 있다. 이로써 부모는 조기교육과 이민정책에 관한 오해와 진실을 객관적으로 파악해 결정할 수 있고, 국외에서도 자아정체성을 건강하게 확립할 수 있는 자녀양육을 위한 기술을 습득할 수 있으며, 부부간 친밀감을 유지하면서 타인과 소통하는 방법을 터득할 수 있을 것이다.

≪한국일보≫, "아침을 열며", 2010년 11월 26일

주요 용어와 관련 선행연구

소외감 ▌ 남에게 따돌림을 당해 멀어진 듯한 느낌을 뜻하는 것으로, 자신의

주변, 노동 및 노동의 산물, 자아로부터 멀어지거나 분리된 듯한 감정상태를 가리킨다. 한편 소외라는 개념은 현대의 사회생활을 분석하는 데 많이 사용되지만 의미가 난해하다. 가장 보편적인 의미로는 ① 무력감(자신의 운명이 스스로의 통제에 따르지 않고 외적인 힘이나 숙명, 또는 운이나 제도의 작용에 의해 결정되는 듯한 느낌), ② 무의미성(세상사나 대인관계 같은 모든 활동영역에서의 이해가능성 또는 일관된 의미의 부재, 또는 삶에 대한 전반적인 목적상실감), ③ 무규범성(공유된 사회적 행위규범을 지키지 않음으로써 광범위한 비행의 확산, 불신, 무제한적인 개인의 경쟁 등을 초래하는 것), ④ 문화적 소외(사회의 기존 가치들로부터 멀어져 있는 듯한 감정으로, 예를 들면 관습적인 제도에 대한 지식인이나 학생들의 저항에서 볼 수 있는 감정), ⑤ 사회적 고립(사회적 관계에서 느끼는 고독감이나 배척감, 즉 소수집단의 구성원들 사이에서 나타나는 고립감), ⑥ 자기소외(정의하기가 가장 어려운 개념이면서 중요한 주제로, 자기 스스로에 대해 느끼는 괴리감)를 들 수 있다.

박탈감 ▌ 박탈당했다는 느낌이나 기분을 뜻한다. 한편 박탈(deprivation)은 신체적·정서적·사회적 요구에 만성적으로 부적절하거나 부족한 상태를 의미한다.

재외국민 ▌ 국외에 거주하고 있으나 국적을 유지하고 있는 사람을 지칭하는 말이다. 예를 들어 외국영주권을 가진 사람은 재외국민이지만 이중국적을 허용하지 않는 나라의 국적을 취득하면 자국의 재외국민 지위를 상실하게 된다. 한국의 경우 재외국민은 현지 공관에 재외국민 등록을 하도록 되어 있다. 대한민국 대학의 경우 재외국민 전형을 일반전형에서 특별히 실시해 해외거주 경험이 있는 학생을 선발하고 있다. 1967년 대선 및 총선과 1971년 대선 및 총선 등 4차례의 선거에서는 재외공관원, 월남 파병군인, 해외지사 및 상사

직원, 독일 광부와 간호사에 대해 우편투표 방식의 참정권이 주어졌다. 그러나 해외 한인사회의 반정부 성향을 우려한 유신정권은 1972년 재외국민 참정권을 서둘러 폐지했다. 그 결과 그간 한국은 OECD 가입국 중 재외국민의 참정권을 허용하지 않는 유일한 국가였으나 2010년 공직선거법(재외국민참정권법)이 개정되어 2012년 국회의원 투표부터는 재외국민에게도 투표권이 부여된다.

사회적 지원망 ▌ 사회적 관계를 갖고 있는 개인이나 집단조직이 서로 지지해서 돕는 체계를 의미한다. 이와 유사한 개념인 사회적 지지망은 사회적 관계와 조직망에 의해 제공된 여러 형태의 도움과 원조를 의미한다. 사회적 지지는 기능적 측면에서 네 가지 하위유형, 즉 도구적 지지, 자존적 지지, 정서적 지지, 정보적 지지로 분류된다.

도구적 지지는 문제해결에 필요한 도구나 경제적 도움, 시간, 노동력을 제공하는 행위를 의미하는 것으로 경제적 문제 및 역할수행을 도와주는 것이다. 자존적 지지는 타인에게 비쳐진 자신을 보고 자신을 평가하게 함으로써 자신감을 심어주는 것으로, 문제대처 능력을 향상시킨다. 정서적 지지는 정서적으로 공감해주거나 정서표출을 도와주고 존중과 사랑을 표현해주어 편안함을 느끼게 함으로써 심리적 적응을 돕는 것이다. 정보적 지지는 문제해결에 도움이 되는 정보나 충고를 해주어 문제해결 능력을 향상시키는 것이다. 이와 같은 개인이 구성하고 있는 지지적 체계의 관계망이 곧 사회적 지지망이며, 이는 개인의 사회적 정체감을 유지시키고 개인에게 정서적·물질적 서비스, 정보, 새로운 접촉기회 등을 제공한다.

✤ 생각 나누기

1. 우리나라는 합계출산율 1.15명이라는 세계 최저의 출산율을 기록하며 국내 인구가 급속하게 감소하고 있는 반면 재외국민은 최근 매년 증가하는 이유는 무엇인가?
2. 영화 〈날아라 펭귄〉에서 4년 만에 만난 가족이 애써 숨겨온 그리움만큼 다가오지 않는 이유는 무엇인가? 제2, 제3의 기러기 아빠의 자살을 예방하고 가족 간 의사소통기술을 향상시킬 수 있는 사회복지실천 방법과 정책은 무엇인가?

20

내 안에 부모 있다

봄날이 왔는가 싶더니 마음마저 춥다. 그래도 서울 구로구 주민들과 함께 마음을 나누었던 지난 토요일은 화창한 봄이었다. 목련이 흐드러지고 벚꽃이 눈처럼 흩날리는 주말의 교정은 새로운 느낌과 여유를 주었다. 놀토를 맞아 부모와 함께 대학교를 방문한 초등학생들의 호기심과 이들을 돌보는 대학생들의 성실한 책임감이 만났다. 그동안 나는 주민들과 함께 '자녀와 함께 성장하는 부모'의 양육방법에 대해 생각을 나누었다.

자녀와 함께 성장해야

드라마 〈파리의 연인〉 속 대사 가운데 가장 기억에 남는 대사는 무엇인가라는 질문을 던지자 청중은 "내 안에 너 있다"라는 대사였다고 화답했다. 물론 내 안에는 사랑하는 자녀도 있고 남편도 있다. 그런데 무엇보다 내 안에는 나를 키워준 부모의 말과 행동이 있다. 그리고 내 자녀 안에는 평소 자녀에게 내

뱉었던 내 말과 행동이 있다. 자녀는 부모와 서로 영향을 주고받으며 성장한다. 이 때문에 부모 자격증 없이 부모가 됐던 우리는 자녀를 통해 거듭나기도 한다.

초등학생 500명을 대상으로 조사한 결과, 부모의 학대가 자녀의 대인불안과 공격성을 증가시킨다는 사실이 검증됐다. 또한 자녀의 연령이 낮을수록 부모의 부정적 양육태도에 더 많은 영향을 받는 것으로 드러났다. 전국 아동학대 현황보고서에 따르면, 아동을 학대하는 성인의 85%가 부모이며 학대를 받아 부모와 살지 못하고 사회의 보호가 필요한 아동은 매년 급증하고 있다.

학대는 학대를 낳고 이러한 학대는 세대 간에 전이된다. 밥도 먹여주고 학비도 주는 힘 있는 부모가 강압적인 방법으로 자녀와의 갈등을 해결하면 힘없는 자녀는 위축되어 자기 목소리를 내지 못하고 부모에 대한 분노를 마음속에 밀어 넣는다. 그러다가 자녀에게 힘이 생기게 되면 마음 깊이 차곡차곡 쌓였던 분노는 공격적인 행동으로 표출된다. 이러한 공격성은 형제자매 관계는 물론 또래관계로 확대되고 연령이 높아질수록 강화된다.

한편 학대를 받는 자녀는 부모가 신뢰할 수 없는 사람이라는 끔찍한 사실을 받아들이기보다는 오히려 자신이 무엇인가 잘못을 저질러서 부모가 화를 내는 것으로 인식하고 불필요한 죄책감에 빠지기도 한다. 특히 부모의 거부적 양육태도는 자녀의 불안과 우울을 낳는다.

공지영의 소설을 기반으로 한 영화 〈우리들의 행복한 시간〉에 등장하는 서른 살 여교수 유정의 내면에는 거부적 엄마가 존재한다. 유정은 열다섯 살 때 사촌오빠에게 성폭행을 당했다. 너무 아파 제대로 걷지도 못하는 몸으로 울면서 겨우 엄마를 찾아왔으나 엄마는 유정의 고통에는 무관심하고 몸 처신을 어떻게 했냐며 유정의 따귀를 때린다. 그날 이후 '추악한 그 인간'보다 엄마를 더 증오하게 됐고 깊게 패인 상처로 세 번이나 자살을 시도한다.

부모교육 7계명

자녀가 건강하고 행복하게 성장하기 위해서는 내 안의 부모가 행복해야 한다. 이를 위해 첫째, 부모는 자신의 생각과 능력을 믿고 줏대 있는 부모가 되어야 한다. 당당한 부모는 엄친아와 자녀를 비교하지 않는다.

둘째, 자녀를 위해 희생해야 한다는 생각을 버리고 하루 한 시간 이상 부모 자신의 성장을 위한 시간을 가져야 한다. 부모의 행복이 곧 자녀의 행복이다.

셋째, 엄마와 아빠는 서로 더 많이 사랑해야 한다. 부부가 싸우면 자녀는 아프다.

넷째, 자녀가 무엇을 원하고 좋아하고 잘하는지를 정확하게 파악해야 한다. 자녀에게 매일 마음의 안부를 묻고 반응해야 한다.

다섯째, 자녀를 무조건 믿어야 한다. 화가 날 때는 일단 자녀에 대한 행동을 멈춰야 한다.

여섯째, 자녀의 의견을 찬찬히 듣고 존중해야 한다. 의논은 책임감을 키운다.

일곱째, 자녀가 스스로 할 수 있는 기회와 시간을 주고 기다려야 한다. 학원만이 능사가 아니다.

이 '부모교육 7계명'이 곧 우리 행복의 지킴이이다. 이제 5월 5일 어린이날을 맞아 자녀와 함께 성장하면서 '우리들의 행복한 시간'을 연장시키자.

≪한국일보≫, "아침을 열며", 2011년 4월 29일

주요 용어와 관련 선행연구

위축 ▎ 어떤 힘에 눌려 졸아들고 기를 펴지 못하는 것을 의미한다.

분노 ▌ 분개해 몹시 성을 내거나 그렇게 내는 성을 뜻한다. 분노는 자신의 욕구실현이 저지당하거나 어떤 일을 강요당했을 때 이에 저항하기 위해 생기는 부정적인 정서상태이다. 목표획득을 저해하는 장애물이 무엇인지 의식할 때 분노는 더 잘 유발되고 이러한 분노는 그 장애물에 대해 공격적인 행동으로 표현되기 쉽다.

분노의 표출은 가볍게는 인상을 쓰거나 짜증을 내는 수준에서 격분하거나 강하게 흥분하는 수준에 이르기까지 다양한 감정상태로 나타날 수 있다. 또한 발 구르기, 폭력 같은 표현적 반응이나 심폐운동의 증가 같은 생리적 반응의 형태로도 나타날 수 있다. 신체적으로는 입술을 깨물거나 눈꼬리를 치켜뜨는 안면표정의 변화로 표출될 수 있고, 상대에게 등을 돌리거나 상대를 공격하는 등의 반응으로 나타날 수도 있다. 분노의 발달상태를 보면 분노는 생후 3개월 무렵부터 시작되어 1년 2개월경에는 울어댄다든지 몸을 뒤집는다든지 하는 행동으로 나타나지만 나이가 많아짐에 따라 요구를 저지하는 것에 대해 뚜렷한 분노가 많아진다. 분노의 발생을 조장하는 조건으로는 피로, 공복, 수면부족, 긴장, 흥분 등이 있다.

거부적 양육태도 ▌ 아동을 키울 때 아동의 성장·발달에 무관심하거나 성장하는 아동과는 관계없는 집안분위기를 조성하는 부모가 있다. 때에 따라서는 아동이 자기 인생을 방해한다는 생각에 자녀에게 적대감을 표시하기도 하는데, 의식적·무의식적으로 이런 태도를 취하는 경우를 거부적인 양육방식이라고 한다. 거부적인 방식으로 키워진 아동은 안정감이 부족하고 자신감이 결여되어 있으며, 무기력하고 좌절을 자주 경험하며, 사교적이지도 못해 사회생활에 적응하기가 어렵다. 그뿐 아니라 협동과 경쟁을 조화시키지 못하고 저항적이며 반사회적인 행동을 시도하기도 한다. 거부적으로 키워진 아동에게는 흔히 오줌 싸기, 먹는 습관의 장애, 손톱 깨물기, 무엇이나 쥐어뜯는 신경질적 버릇 등이 많이 나타난다. 좀 더 자라면 잔인하고 공격적인 행동을 보이거나 거짓말이나 도둑질을 하는 등 어른의 관심과 주의를 얻으려는 행동을 보이며, 자신이 할 수 있는 일인데도 도움을 청하거나 자기자랑을 지나치게 늘어놓는 등의 특징을 보인다. 그러나 경우에 따라서는 거부적으로 자란 아동이더라도 독립심, 특별한 흥미, 스스로 즐길 줄 아는 능력, 사회적 조숙함 등이 발달되기도 한다.

✤ 생각 나누기

1. 부모의 거부적 양육태도가 자녀의 성격에 미치는 영향은 무엇인가?
2. 학대는 학대를 낳고 이러한 학대는 세대 간에 전이된다고 한다. 그 이유는 무엇이며 이를 예방할 수 있는 방법은 무엇인가?

네 번째 이야기.

사회복지 일반

21 평가와 소통이라는 두 마리 토끼

22 사회적 기업으로 마을 살리기

23 보편적 복지에 대한 오해와 진실

24 '나 홀로 죽음'이 더는 없도록

25 인생 제2막을 열며

21

평가와 소통이라는 두 마리 토끼

6월의 눈부시게 화창한 날씨는 학기말고사를 코앞에 둔 학생들의 마음을 흔들고 있다. 주변의 유혹에도 몇 주 전부터 늦은 밤까지 도서관에 남아 시험을 준비하는 학생들의 모습은 바로 우리의 밝은 미래를 보여준다. 그런데 한 학기 동안 최선을 다해 학업에 전념해온 학생조차도 평가를 앞두면 불안하다. 그 불안감은 평가의 내용과 방법이 일방적이고 불투명할 때 더욱 그러하다.

상대의 입장에서 공감대를 파악해야

평가를 당하는 사람의 불안을 줄이는 방법은 바로 평가하는 사람과 열린 소통을 하는 것이다. 필자가 담당하는 한 교과목에서는 평가방식에 부담을 느낀 학생들이 강의계획서에 명시된 평가방법에 이의를 제기했고 이들과 함께 의견을 나누었다. 그 결과 학생들이 출제한 문제들을 합의한 기준에 따라 엄선한 뒤 이를 중간고사에 반영했다. 이에 학생들은 그 어느 때보다 향상된 결과를 보였고 기말고사에 대한 자신감마저 나타냈다. 이들은 스스로 문제를 출제함으로써 수업내용을 더 잘 파악할 수 있었고 평가하는 교수의 고충도 이해하게 되었다고 한다.

이들 가운데 다섯 명은 최근 삼전종합사회복지관이 주최하는 전국 사회복지 프로그램 개발 공모전에 도전해 105개 팀 가운데 최우수상을 받았다. 열린 소통과 생각의 나눔을 통해 이들의 역량이 나날이 강화되고 있음을 실감할 수 있었다. 이러한 사례를 통해 교과목의 평가는 수업의 목표가 달성된 정도를 측정해 궁극적으로 수업에 참여한 학생들의 역량을 강화하기 위한 것이며, 평가의 기준과 방법에 관한 학생들과의 소통개방성이 높을수록 평가의 객관성이 높아지고 교과목의 효과성과 책임성도 높아진다는 사실을 알 수 있다.

이 원칙은 지역아동센터에 대한 평가에도 적용돼야 한다. 1960년대 민간단체가 도시빈곤지역 아동을 보호하고 교육하기 위해 문을 연 공부방은 IMF 이후 급증한 실직가정 아동의 위기에 개입하면서 전국으로 확대됐고, 2003년 지역아동센터라는 이름으로 아동복지법에 규정되면서 운영비 일부를 지원받게 되었다. 따라서 센터에 대한 평가는 법에 규정된 사업목표가 달성된 정도를 객관적으로 측정하는 것으로, 이는 정부지원을 결정하는 근거로 사용된다. 그런데 평가는 결국 아동에 대한 최선의 이익을 위한 것이므로 무엇보다도 정부와 센터 간 긴밀한 소통과 상호신뢰가 전제돼야 한다. 더구나 실무자의 월 평균 급여가 90만 원 이하이며 센터를 이용하는 아동의 80%가 빈곤가정 아동이라는 사실을 감안하면 더욱 그러하다.

그러나 지역아동센터 실무자들은 2009년 정부평가 지표의 타당도와 결과의 신뢰도에 이의를 제기했으며, 2010년에는 정부의 평가를 거부하기에 이르렀다. 정부는 2009년 3,000여 개의 센터에 대한 평가를 처음 실시하면서 일정이 촉박하다는 이유로 평가지표에 대한 당사자의 목소리를 사전에 반영하는 소통의 절차를 축소했고, 객관성이 부족한 평가위원의 주도로 상대평가를 감행했으며, 결과에 대한 이의신청이나 권리구제의 기회 없이 하위 5%에 해당하는 센터에 대해서는 지원금을 삭감하거나 중단하는 조치를 지방정부에 지시했다.

아동의 욕구와 특성에 맞춘 복지

그 결과 두 달 전까지만 해도 빈곤가정 아동 30여 명이 방과 후 모여 공부도 하고 저녁도 먹으며 부모의 귀가 전까지 매일 9시간 이상 주 6일 보호를 받던 센터에는 책상과 의자만 덩그러니 남게 되었다. 그 아이들은 어디로 갔을까? 늦은 밤까지 이곳저곳에 흩어져 있을 아이들을 생각하면 제2, 제3의 조두순 사건이 발생하지 않을까 우려된다.

정부는 제한된 예산의 범위 내에서 이미 편성된 평가일정에 따라 객관적 근거와 소신으로 이러한 평가를 감행했을 것이다. 하지만 급할수록 돌아가라는 말이 있다. 정부는 이제부터라도 컨설팅을 통해 아동의 욕구와 빈곤지역의 특성에 맞춘 센터의 사업목표에 합의하고 이에 적합한 재정을 지원한 후 센터의 사업목표 달성여부를 객관적으로 엄격하게 평가해야 할 것이다.

≪한국일보≫, "아침을 열며", 2010년 6월 11일

주요 용어와 관련 선행연구

위기 ▌ 위험한 고비나 시기를 의미한다. 위기는 연속적이고 누적적인 위험을 갖고 있지만 반전의 기회와 도전의 시기가 될 수도 있다. 즉, 위기는 체계의

<그림 2> 위기의 진행과정

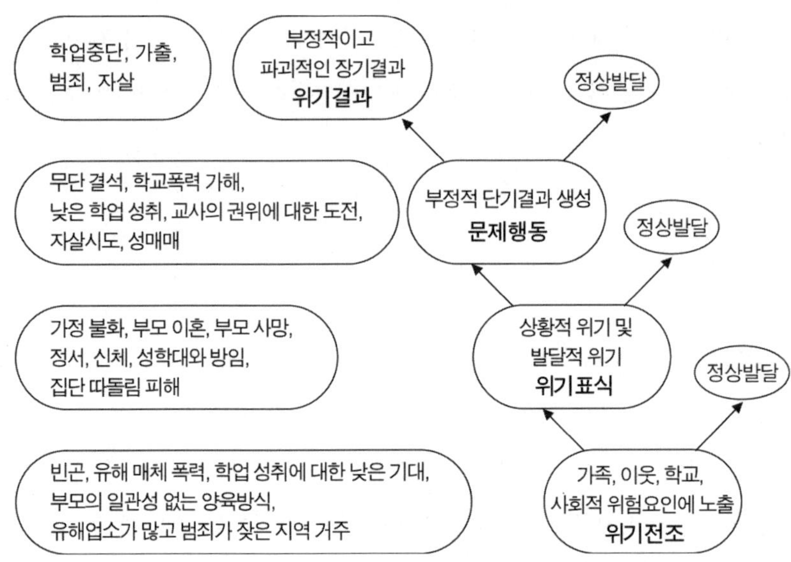

불균형상태인 시간과 상황의 개념이다. 따라서 위기는 그 상황에 어떻게 대처하느냐에 따라 항로를 이탈하기도 하지만 다시 안정적인 궤도로 돌아가기도 하고 때로는 현재보다 더 높은 고지에 이르는 좋은 계기나 발단이 되기도 한다.

버트(Burt, 1992)는 위기의 진행과정을 위기전조, 위기표식, 문제행동, 위기결과라는 4단계로 구분하면서 이를 청소년과 관련해 설명한다. 위기전조(risk antecedents)는 청소년을 취약하게 만드는 전제조건으로, 가족의 사회적·경제적 지위나 환경이 청소년에게 부정적인 영향을 준다고 본다. 위기표식(risk markers)은 청소년의 상황과 요인 간의 상호작용 과정에서 발생하는 것으로, 부모의 이혼, 가정폭력, 학대, 친구따돌림 등이 이 단계에 해당된다. 문제행동(risk behaviors)은 부정적인 행동으로 자신이나 타인에게 피해를 주는 결과를 뜻하는 것으로, 성매매, 흡연 및 음주, 자살충동, 무단결석, 폭력 등이 여기에 해당된다. 위기결과(risk outcomes)는 청소년이 가정, 학교, 지역사회의 안전망에서 이탈해 가출, 범죄, 학업중단, 자살 등에 이르는 상황을 나타낸다(최경옥, 2009).

아동의 최선의 이익 ▌ 유엔아동권리협약 제3조에 따르면 당사국은 아동에 관한 모든 정책과 활동에서 아동의 최선의 이익을 최우선적으로 고려해야 한다. 여기서 아동의 최선의 이익(the best interests of the child)이란 곧 모든 행위가 아동의 관점에서 아동에게 제공되는 최선의 이익을 의미한다.

구체적으로는 ① 공공 또는 민간 사회복지기관, 법원, 행정당국, 입법기관 등에 의해 실시되는 아동에 관한 모든 활동은 아동의 최선의 이익이 최우선적으로 고려되어야 한다. ② 당사국은 아동의 부모, 후견인, 기타 아동에 대해 법적 책임이 있는 자의 권리와 의무를 고려해 아동의 복지에 필요한 보호와 배려를 보장하고 이를 위해 적절한 입법적·행정적 조치를 모두 취해야 한다. ③ 당사국은 아동에 대한 배려와 보호에 책임이 있는 기관, 편의시설, 단체 등이 특히 안전과 위생·보건 분야에서 직원 수와 서비스의 적합성 등 관계당국이 설정한 기준을 준수할 것을 보장해야 한다.

이러한 규정은 권리와 의무를 구체적으로 정의하고 있지는 않지만 아동권리의 적용이 보장되도록 하는 일반적인 기준을 내포하고 있기 때문에 매우 중요하다. 따라서 이 원칙은 아동권리협약의 백미로, 아동권리협약에서 명시한 무차별의 원칙, 아동의 최선의 이익 원칙, 아동의 생존·보호·발달보장 원칙, 아동의 의사존중 원칙이라는 4대 원칙 가운데 중심 원칙으로 평가받고 있다. 그렇다면 과연 누가 아동의 최선의 이익을 결정하는가? 이에 대해서는 가능한 한 아동 스스로 결정해야 한다고 답할 수 있다. 이는 아동의 의사존중 조항

(제12조)과 연관되는 것으로, 아동의 참여는 발달수준에 고려한 원칙에 의해 이행되어야 함을 의미한다고 할 수 있다.

타당도 ▌ 어떤 검사나 척도가 측정하고자 하는 변인의 내용이나 특징을 정확하게 반영하고 있는 정도를 의미한다. 검사가 측정하고자 하는 바를 제대로 측정하는 정도라고 정의하기도 한다. 타당도는 내용 타당도, 준거 타당도, 구인 타당도로 분류된다.

내용 타당도(content validity)는 전문가가 그 검사와 관련된 정의·전제·가설 등을 기초로 해서 그 검사내용의 타당성을 이론적으로 설명하는 것으로, 객관적 근거에 의하지 않고 논리적 사고에 입각하는 주관적인 타당도이다. 단순히 내용분석이나 논리적 사고를 통해 평가하는 것이기 때문에 수량적으로 표시되지 않는다.

준거 타당도(criterion-related validity)는 검사도구에 의해 측정된 점수와 어떠한 준거－다른 검사점수 등－간의 상관 정도를 말하는데, 이는 공인 타당도와 예언 타당도로 다시 분류된다. 공인 타당도(concurrent validity)는 측정된 검사점수와 타당도가 높은 기존의 검사점수의 상관관계로 검사내용의 타당성을 추정하는 것이다. 한편 예언 타당도(prediction validity)는 검사종료 후 상당한 기간이 경과한 후에 검사득점과 그 검사에서 목적으로 했던 행동특징과의 상관도를 통해 검사의 타당성을 문제 삼는 방법이다. 즉, 검사점수가 미래의 행동을 예측하는 정도를 말하는 것으로 상관계수에 의해 추정된다.

구인 타당도(construct validity)는 측정대상의 속성에 따라 이론적 가설의 검증을 통해 밝혀진 검사내용 및 득점에 관한 타당도로, 구성 타당도라고도 한다. 이때 구인이란 실제 관찰할 수 없으나 경험적으로 증명할 수 있는 심리적 변수로, 측정할 수 없는 인간의 특성이나 현상을 이론적으로 개념화한 일종의 구성개념을 의미한다.

신뢰도 ▌ 동일한 검사 또는 동형의 검사를 반복 실시했을 때 개인의 점수가 일관성 있게 나타나는 정도를 뜻한다. 신뢰도는 측정하려는 바를 얼마나 안정적으로 일관성 있게 측정했느냐의 문제이며, 검사도구가 오차 없이 정확하게 측정한 정도를 의미한다. 측정의 오차가 적을수록 신뢰도는 높다고 본다.

권리구제 ▌ 국민이 행정기관의 위법 또는 부당한 행정처분에 의해 자신의 권리 또는 이익을 침해당했을 경우 행정심판법 등에 의해 그 시정을 요구함으로써 구제를 받는 것을 의미한다. 침해된 국민의 권리이익은 법원소송으로 구제되기도 하는데 이는 많은 비용과 오랜 시일이 소요되는 경우가 많다. 따라서 행정기관은 각종 심사제도를 마련함으로써 행정관청의 위법 또는 부당한 처분에 의해 침해된 국민의 권리를 신속하고 간편하게 구제할 수 있도록 지원하고 있다.

✤ 생각 나누기

1. 지역아동센터를 평가하는 데 소통개방성과 평가의 객관성을 높일 수 있는 방법은 무엇인가?
2. 현행 아동복지법이 규정하고 있는 지역아동센터의 사업목표와 내용은 무엇인가? 정부의 재정지원 수준은 현행 법정 사업목표를 달성하기에 적합한가?

22

사회적 기업으로 마을 살리기

사회적 기업은 좋은 일을 하면서 돈도 버는 기업을 의미한다. 즉, 취약계층에 일자리와 서비스를 제공하는 동시에 이익을 창출하는 새로운 형태의 기업이다. 취약계층이란 실제 소득이 전국 가구 월평균 소득의 60% 이하인 노인, 장애인, 장기실업자 등을 말한다. 사회적 기업은 발달장애우의 집중력과 섬세함으로 만들어진 세계적 수준의 모자를 팔고, 성매매 피해여성을 성공한 요리사로 거듭나게 만들며, 유기농의 거친 음식으로 도시인의 건강과 농촌경제를 살리고, 마을주민의 사랑이 듬뿍 담긴 우리밀 빵을 소외된 이웃에게 나누기도 하며, 돌봄이 필요한 아동과 노인에게 가족과 같은 정성으로 다가가기도 한다.

농촌의 활력과 경제를 되살려

사회적 기업은 일자리제공 사회적 기업과 사회서비스제공 사회적 기업으로 구분되어 전국에서 354개소가 인증됐다. 사회적 기업은 근로자의 30% 이상을 취약계층에서 고용해야 하며 서비스의 30% 이상을 취약계층에 제공해야 한다. 이들은 단순히 이윤을 추구하는 일반 기업과 달리 활기찬 시장경제와 사회통합이라는 두 마리 토끼를 쫓는다. 이를 실현한다는 것은 마법과도 같은 일처럼 여겨진다. 그렇다면 과연 사회적 기업은 실제로 이익을 창출하고 그 이익을 함께 나누고 재투자함으로써 마을이 고용과 복지를 누리도록 하고 있을까?

2010년 여름방학을 맞아 사회적 기업에 관심이 많은 학생들과 함께 국내연수 여정에 몸을 실었다. 서울을 출발해 전남 순천시 장천동 주민센터에 도착할 때까지 줄기차게 쏟아진 장맛비는 도심 속 무더위에 찌들었던 우리의 스트레스를 한방에 날려주었다. 주민센터 담당 공무원의 설명 또한 우리의 궁금증을 속 시원히 풀어주었다. 장천동은 오랜 역사를 간직한 구시가지로, 이전에 비해 인구는 줄었으나 음식물쓰레기 문제가 심각했다. 이에 마을사람끼리 주민자치위원회를 구성했다. 그 결과 60대와 70대 주민 30명이 모여 쓰레기 문제와 비즈니스를 연결한 '장천동 녹색실버가게'를 열었다. 경로당에서 시간을 보내던 노인들은 이 문제를 고민하는 과정에서 미생물 EM 원액에 쌀뜨물을 섞어 음식물쓰레기에 뿌리면 수분이 줄어들어 부피가 적어지고 악취도 사라진다는 사실을 발견하게 되었고, 이에 이 혼합액을 만든 뒤 이를 수거한 페트병에 담아 가정과 시장에 보급하기 시작했다. 이로써 노인들은 돈도 벌고 삶의 보람도 느끼게 되었다. 현재 녹색실버가게는 일곱 명을 상시고용하고 있으며 재투자를 포함해 2010년 한 해 2억 원의 매출을 올렸다. 이로써 마을 쓰레기, 노인 일자리, 환경오염을 한번에 해결하는 일거삼득의 효과를 본 것은 물론 '마을이 뭉치면 된다'는 믿음과 활력도 얻게 되었다.

'순천 여성사랑빵봉사단'은 첨가제를 넣지 않은 열다섯 가지 순천밀 빵을 만들어 팔아 2009년에는 7,000만 원의 순이익을 남겼다. 이 가운데 60%는 여덟 명의 인건비 등으로 지불됐고 나머지는 소외된 여성의 제빵 창업지원 등 마을봉사에 재투자됐다. 이 외에도 다양한 마을공동체 사업을 개발함으로써 커뮤니티 비즈니스의 성공사례로 소개되고 있다.

다음 날, 곡성군 마을공동체의 황토방에서 맞은 새벽공기는 한여름인데도 시리도록 차고 신선했다. 맑은 계곡의 엄청난 물소리와 그 속에서 노니는 짱뚱어는 우리의 자연이 되살아나 있음을 느끼게 해주었다. 이 마을은 농촌전통 테마마을로 지정되어 정부의 재정지원을 받아 마을회관을 짓고 일반 가정을 민박집으로 보수한 곳이었다. 이 사업은 지리산권역 사업으로 확대돼 앞으로 4년 동안 20억 원을 집중 지원받는다고 한다.

지역특성과 주민욕구를 돌봐야

그러나 마을주민들은 그 효과를 우려했다. 18가구뿐인 마을에는 일하기 힘든 노인이 대부분이어서 젊은 인력이 외부에서 들어와야 하는데, 그렇게 되면 정작 마을주민의 욕구는 소외될 가능성이 높기 때문이었다. 더구나 농촌진흥청, 고용노동부, 지방자치단체 등 다양한 부처와 기관에서 각각의 목적과 운영방식으로 지원하기 때문에 혼란도 컸다. 따라서 정부는 주민의 욕구와 마을특성에 맞춰 사업을 일관되게 풀어나가는 방식을 모색함으로써 사업방식을 일원화해야 한다. 이와 함께 현행법에 규정된 사회적 기업의 인증요건에 지역의 특성을 반영하고 인증방식을 기관 인증방식에서 사업 인증방식으로 변경할 필요가 있다. 또 사업계획의 차별성에 따라 자금을 차등지원해야 하며 인건비보다는 사업비 중심으로 지원을 해야 한다.

≪한국일보≫, "아침을 열며", 2010년 8월 13일

주요 용어와 관련 선행연구

발달장애 ▌ 정신적·신체적 발달이 나이만큼 발달하지 않은 상태를 의미하며, 지적장애, 뇌성마비, 자폐증, 유전장애, 염색체장애, 다운증후군, 전반적 발달장애 등으로 분류된다. 이들 가운데 전반적 발달장애는 아스퍼거증후군, 아동기붕괴성장애, 레트증후군으로 다시 나뉜다.

일반적인 증상은 언어를 이해하고 사용하는 데 어려움을 겪으며, 전반적인 이해와 관계형성에 어려움을 보이고, 어떠한 사물에 과도하게 집착하며, 작은 변화에도 어려움을 겪고, 반복적인 행동이나 신체의 움직임을 보인다. 더 구체적인 증상으로는 웃음을 참지 못하며, 간지럼에 지나치게 반응하고, 책 읽기를 힘들어하며, 게임처럼 반복되는 놀이를 좋아하고, 놀이기구를 못 타거나 구기 종목을 즐기지 못하기도 한다. 태어난 뒤 12개월까지는 밤에 잠을 자지 않고 자주 울고 근력이 떨어지고 감각을 인지하기 어려운 증상을 나타내며, 이후 3세까지는 먹는 음식이 한정되고 새로운 음식에 대해 예민한 반응을 보이는 증상을 나타낸다. 또한 눈의 이상 또는 사시가 나타날 수 있으며 걷기 전 기는 과정이 없거나 짧은 편이다. 이러한 증상 외에도 뇌성소아마비, 진행성 뇌병변, 뇌기형, 자폐증, 청력소실, 말초신경 및 신경근질환, 근육질환, 지적장애 등이 나타날 수 있다.

발달장애에는 다양한 원인이 복합적으로 작용하는데, 가장 중요한 원인은 뇌가 고르게 발달하지 못하기 때문이다. 또한 염색체 이상, 미숙아 등 생물학적 요인이나 임신 중 음주, 부모와의 격리, 부모의 약물중독 등 환경적 요인도 그 원인이 될 수 있다. 어릴 때 발병하는 경우 부모는 단순히 조금 말을 안 듣는 편이라거나 다른 아이들과는 다르다는 식으로 생각하지만 조금 더 성장하면 확연한 차이가 나타난다. 이처럼 발달장애에 대한 인식부족으로 조기진단을 하지 못해 증상이 더 심해지는 경우가 많다. 발달장애에는 약물치료, 행동치료, 인지행동치료, 미술치료, 음악치료, 놀이치료 등이 효과적인데, 감각의 통합을 돕고 뇌를 자극하는 치료가 가장 효과가 높다. 청각장애, 뇌성마비, 환경요인에 의한 장애는 조기발견과 조기치료를 통해 충분히 증상을 완화시킬 수 있다.

사회서비스(social service) ▌ 영국의 개별사회서비스(personal social service), 미국의 사회사업(social work), 한국의 사회복지사업에 해당하며, 사회복지사가 도움을 필요로 하는 사람에게 더욱 직접적이고 개별적으로 제공하는 서비스를 의미한다. 사회복지사업법 제2조는 사회복지사업을 '사회복지와 관련된 법률에 의한 보호·복지에 관한 사업과 사회복지 상담, 부랑인과 노숙인 보호, 직업상담, 무료숙박, 지역사회복지, 의료복지, 재가복지, 사회복지관 운영, 정신질환자 및 한센병력자 사회복귀에 관한 사업 등 각종 복지사업과 이와 관련된 자원봉사 활동과 사회복지시설의 운영을 목적으로 하는 사업'으로 규정한다.

사회서비스의 개념을 이해하기 위해서는 사회복지(social welfare)와 개별사회서비스 또는 사회사업을 이해하고 개념 간 차이를 구별할 수 있어야 한다. 모든 인간은 스스로 자신의 욕구를 충족시킬 수 없거나 문제를 해결할 수 없을 때 외부로부터 도움을 받아야만 한다. 이러한 외부의 도움을 사회적으로 체계화하고 제도화한 것이 바로 사회복지이다. 그런데 사회복지가 인간의 욕구를 충족시키고 문제를 해결하기 위해 존재한다 하더라도 모든 욕구와 문제가 그 대상이 되는 것은 아니다. 사회복지는 사회적으로 충족이 필요하다고 인정된 욕구와 해결이 필요하다고 인정된 문제, 즉 사회적 욕구와 문제를 우선순위에 따라 접근해야 한다.

프리드랜더와 압테(Friedlander and Apte, 1980)는 사회복지는 국민의 욕구를 충족시키고 사회의 통합을 위해 필요한 자원을 확보해 지원하는 법률·급여·

프로그램·서비스체계라고 정의하며, 개별사회서비스 또는 사회사업은 인권의 가치와 과학적 지식, 관계기술을 바탕으로 개인과 집단이 자립할 수 있도록 제공하는 직접적 서비스라고 정의하고 있다. 즉, 영국의 개별사회서비스, 미국의 사회사업, 한국의 사회복지사업은 국민에게 더욱 직접 개별적으로, 즉 1 대 1로 제공되는 사회서비스를 의미한다. 특히 영국의 사회복지제도는 전체 국민의 생활을 요람에서부터 무덤까지 사회적 위험으로부터 보장하기 위해 시행되는 사회보장제도(국민보험, 국민부조, 개별사회서비스로 구성), 교육제도, 최저임금제도, 보건환경제도를 포괄하는 가장 넓은 의미의 개념이다.

따라서 사회복지는 전체 국민의 기본욕구를 충족시키고 권리를 증진하며 사회문제를 해결하고 예방하기 위해 지원하는 정부와 민간의 활동으로, 사회서비스(개별사회서비스 또는 사회사업)보다 더 넓은 의미이다.

미생물 EM ▌ 'EM'은 'Effective Micro-organism'의 약자로 유용한 미생물을 의미하며, 자연계에 존재하는 많은 미생물 가운데 사람에게 유익한 미생물을 조합해 배양한 것이다. EM은 악취제거, 수질정화, 식품의 산화방지, 음식물쓰레기 발효 등에 효과가 있다. 순천시는 물론 제주시 등 지방자치단체 환경사업의 평가결과, EM은 하천수질을 개선하는 데 효과가 있는 것으로 검증됐다. 또한 음식물쓰레기 수거사업과 공중화장실, 축산농가 등 시범사업에 EM 발효액을 집중 공급한 결과, 복합악취가 사용 전과 비교해 유의미하게 감소됐음이 확인됐다. 그 결과 최근에는 EM 원액을 활용한 세제류, 샴푸, 비누, 치약, 탈취제 등 다양한 제품이 출시되어 판매되고 있다.

커뮤니티 비즈니스(community business : CB) ▌ 지역사회 공동체가 주관하는 봉사와 비즈니스를 결합한 사업형태를 의미한다. 즉, 지역사회에 기반을 두고 사회문제를 해결하기 위해 비즈니스 원리를 도입한 활동이다. 영국은 최초로 커뮤니티 비즈니스 과정을 거쳐 사회적 기업의 형태로 진화하고 있다. 일본은 특히 고베 지진 이후 형성된 자발적 주민에 의한 시민사회의 성장을 기반으로 해서 마을만들기 사업을 추진함과 동시에 중앙정부와 지방자치단체의 지역사회 활성화 전략의 일환으로 커뮤니티 비즈니스를 추진하고 있다. 한국은 아직 마을만들기 단계로, 효과적인 리더십을 가진 토착형 마을리더를 발굴하고 지역사회 자원을 개발해야 하며 지역주민들의 참여를 강화하는 데 힘써야 한다. 이로써 지역의 경제적 이익이 공정하게 분배되고 사회적 공익이 최대한 창출될 수 있다.

✤ 생각 나누기

1. 2010년에 제정된 사회적기업육성법에 규정된 사회적 기업의 인증요건은 무엇인가? 기관 인증방식과 사업 인증방식의 차이는 무엇인가?
2. 사회적 기업은 실제로 경제적 이익과 사회적 통합을 동시에 실현할 수 있는가? 이는 어떻게 가능한가? 구체적인 사례를 들어 생각을 나누어보자.

23
보편적 복지에 대한 오해와 진실

마이클 무어 감독은 영화 〈식코〉에서 미국의 선별적 의료복지와 영국의 보편적 의료복지를 비교한다. 이 영화에서는 미국의 한 노동자가 손가락 두 개가 잘렸지만 보험에 들지 못해 손가락을 하나만 봉합해야 하는 장면이 나온다. 비싼 보험에 가입할 수 없어 하루하루 아프지 않기만을 기도하는 서민이 5,000만 명에 이르고 제때에 진료를 받지 못해 사망하는 사람의 수가 매년 2만 명에 달하는 것이 미국의 현실이다. 이들의 생존권은 의료사각지대에 놓여 있다. 비싼 보험료를 성실히 납부하는 사람들의 사정도 크게 다르지 않다. 1인당 의료보험료가 연간 7,000달러로 세계에서 의료보험료를 가장 많이 지불하는 미국인들이 왜 가장 낮은 수준의 의료서비스를 받고 있는 것일까?

선별적 복지의 비효율성

미국 의료보험료의 31%는 행정에 사용된다. 개별 치료에 보험이 적용되는

지 여부는 1,000곳이 넘는 민간보험회사와 수만 가지 상품에 따라 다 다르다. 병원에서는 접수하는 직원의 수가 진료실의 직원보다 더 많다. 이들은 보험회사에 전화를 걸어 환자의 자격을 일일이 확인한다. 아무리 환자의 상태가 응급해도 접수가 완료돼야 진료가 시작된다.

미국의 민간 의료보험회사들은 사람의 목숨을 놓고 최대의 이윤을 따지면서 온갖 수단을 동원해 보험금 지불을 거부하기 일쑤이다. 영화는 7년 동안 보험료를 냈던 환자의 췌장이식수술 보험처리가 왜 거부됐는지 고발한다. 결국 그 환자는 사망했다. 이 영화는 이를 뒤에서 돕고 자신들의 배 불리기에 급급했던 정치인과 제약회사들을 폭로함으로써 선별적 복지의 비효율성과 비효과성을 여실히 보여준다.

한편 보편적 의료복지를 제도화한 영국에서는 모든 국민이 언제든 자신이 원하는 진료를 받을 수 있다. 그런데도 한 사람이 지출하는 의료보험료는 미국의 5분의 1 수준이다. 보험자가 국가 한 곳이기 때문이다. 접수는 환자의 정보 확인으로 '한 번에' 끝나며 곧바로 검진에 들어갈 수 있다. 또한 보험료의 1.3%만 행정에 사용된다. 이 때문인지 영국 국민의 평균수명은 미국 국민보다 더 길다. 심지어 영국의 극빈자가 미국의 부자보다 더 오래 산다. 영아사망률도 더 낮다. 이는 보편적 복지가 선별적 복지보다 더 적은 비용으로 더 많은 국민의 건강을 지킬 수 있다는 사실을 입증한다.

미국은 자유국가라는 허울 아래 의료정책에서도 개인의 자유선택권을 지향하고 있지만 영화 속 모습은 충격 그 자체이다. 이 영화에서는 9·11 테러 당시 자신의 몸을 사리지 않고 시민들의 목숨을 구한 후유증으로 심각한 장기 질병을 앓으면서도 진료를 받지 못했던 미국의 구조대원들이 결국 보편적 의료복지를 찾아 쿠바로 건너간 뒤 원하는 만큼의 치료를 받는 장면도 등장한다. 이 영화는 보편적 복지가 무조건 비용이 많이 들고 효과가 낮을 것이라는 오해를 불식시키고 보편적 복지라고 해서 반드시 무상이어야 하는 것도 아님을 가르쳐준다.

선별적 복지와 보편적 복지의 차이를 더 쉽게 알기 위해 다른 예를 들어보자. 2011년 설날, 예능프로그램 〈해피선데이〉의 「1박 2일」에서는 이주노동자 5명에게 꿈에 그리던 가족과 깜짝 상봉할 수 있는 기회를 선물로 제공했다. 이들의 만남을 지켜본 출연진과 제작진은 눈물을 흘렸다. 일요일 오후 안방극장은 짠한 감동으로 가득 찼다. 한국에서 3D 업종에 종사하며 성실히 살지만 사회로부터 소외된 사람들과 대중의 인기를 누리는 출연진이 하나 되는 모습은 아름다웠다. 이를 통해 시청자들도 이들에 대한 차가운 편견을 깨고 따뜻한 마음을 열 기회를 가질 수 있었다.

하지만 아쉽게도 이것이 바로 선별적 복지의 모습이다. 그 이유는 이러한 '선물'을 받을 수 있는 이주노동자는 극히 제한적이고 차별적이며, 이러한 선물은 당사자의 선택권이나 사전동의에 기초하지 않고 새해를 맞아 기획된 방송국의 일시적인 선심성 혜택에 지나지 않기 때문이다. 반면 보편적 복지는 가진 자가 없는 자에게 베푸는 시혜가 아니다. 위와 같은 상황을 적용시켜보자면 보편적 복지란 이주노동자들의 권리와 욕구에 기초해서 일관된 법률적 기준과 합리적 재정으로 이들이 정기적인 가족만남을 갖도록 만드는 것을 의미한다.

현행법은 단순 미숙련 이주노동자의 가족이 입국하는 것을 금지하고 있다. 그러나 어린 자녀를 더는 방임할 수 없어 불법 브로커에게 돈을 주고서 자녀를 입국시키는 사례가 늘고 있다. 이로 인해 이들의 자녀는 결국 불법체류자로 분류되어 의료, 교육 등의 권리를 보장받지 못하는 악순환이 발생하고 있다.

상호보완으로 상호통합을 지향해야

정부는 '모든 이주노동자와 그 가족의 권리보장에 관한 국제협약'에 가입하는 한편 현행법을 개정해야 한다. 또 고용주와 이주노동자 당사자가 비용을 분담해 원하는 때에 가족과 결합할 수 있는 권리를 보장해야 한다. 갓 태어난 어린 자녀가 잠깐 만난 아빠와 며칠 만에 헤어져야 하는 안타까운 장면을 지켜본 우리로서는 더욱 그러하다.

이로써 선별적 복지와 보편적 복지는 복지를 제공하는 기준과 대상에 따라 구분되며, 선별적 복지는 국가의 정책적 의지와 소득의 재분배 수준에 따라 보편적 복지로 확대·발전되는 과정임을 알 수 있다. 따라서 정책분야에 따라 선별적·치료적 접근과 보편적·예방적 접근이 병존할 수 있다. 이는 양자택일의 문제가 아니다. 국민의 권리와 욕구에 기초해서 상호보완을 통해 사회통합을 지향해야 한다. 〈식코〉가 보여준 보편적 복지의 효율성과 효과성을 잊지 말아야 한다.

≪한국일보≫, "아침을 열며", 2011년 1월 28일

주요 용어와 관련 선행연구

의료복지 ▌ 전체 국민의 건강과 복지를 향상시키기 위해 보건의료서비스와 사회복지서비스를 통합적으로 제공하는 모든 활동과 제도의 체계를 의미한다.

보험료 ▌ 보험가입자(피보험자)가 계약에 따라 보험자에게 정기적으로 내는 돈.

보험금 ▌ 보험자가 계약에 따라 피보험자에게 지급하는 돈.

보험자 ▌ 보험계약의 직접 당사자로서 보험사고 발생 시 보험금을 지급하는 주체를 뜻한다. 피보험자에 상대되는 개념으로, 보험업자(insurer), 보험회사라고도 한다. 따라서 보험자는 보험을 경영하는 주체로, 의료보험 보험료를 징수해서 급여를 지급하는 조직이 이에 해당한다. 예컨대 건강보험의 보험자는 보건복지부 보험, 국민건강보험의 보험자는 시·도와 시·군·구 국민건강보험, 건강보험조합의 보험자는 공법인이 된다.

영아사망률 ▌ 연간 태어난 출생아 1,000명 중 만 1세 미만에 사망한 영아 수의 천분비율이다. 일반적으로 건강수준이 향상되면 영아사망률이 감소하기 때문에 국민보건 상태를 측정하는 지표로 사용되고 있다.

시혜 ▌ 은혜를 베풂 또는 그 은혜를 의미한다. 현대사회에서 정부는 특히 사회적 욕구를 충족시켜야 할 도덕적 책임과 의무를 갖는다(이혜원 외, 2009). 왜냐하면 사회적 욕구는 생태체계적 관점에서 개인적 요인에 의해서가 아니라 사회구조적 요인에 의해 초래되기 때문이다. 인간다운 생활을 스스로 보장하지 못하는 사람들이 존재한다는 것은 1차로 사회의 책임이다. 이러한 관점에서 사회복지제도는 시장경제의 실패에 대해 정부가 개입해야 하는 사회적 정당성을 갖는다. 따라서 사회복지 급여를 받는 사람, 즉 수급자는 동정이나 자선의 대상인 '수혜자'가 아니며 정당한 '권리의 주체자'로서 자신의 사회보장 수급권을 행사하는 것이다. 즉, 사회복지는 결코 시혜가 아니다.

모든 이주노동자와 그 가족의 권리보장에 관한 국제협약(International Convention

on the Protection of the Rights of All Migrant Workers and Members of Their Families) ▌ 이주노동자와 그 가족을 법적으로 정의하고 이들의 권리보장에 대한 국제기준을 제시한 최초의 협약이다. 이 협약은 먼저 채택된 6개 국제인권조약과 동일하게 무차별원칙을 채택하고 있다. 특히 이 협약은 미등록 이주노동자와 그 가족에게도 일정한 권리를 보장함으로써 합법적인 체류자에 한해 권리를 보장하는 다른 인권조약의 한계를 극복했으며, 이주노동자뿐 아니라 가족의 권리까지도 구체적이고 포괄적으로 보장한다. 체류자격에 따라 권리보장 정도를 구분하나 이주노동자 자녀의 교육권에 대해서는 모든 이주노동자와 그 가족의 권리로 분류해 체류자격에 관계없이 이를 보장하고 있다.

소득재분배 ▌ 개인 또는 집단의 소득이전을 말한다. 자본주의 경제체제에서 상품교환을 매개로 하는 재화의 유통은 당사자의 자유로운 교환을 통해 이루어진다. 그런데 소득의 분배에는 항상 불평등이 발생할 수 있기 때문에 국가는 불평등을 최소화하기 위해 각종 정책적 조치를 취한다. 이러한 사회복지 정책이 바로 다른 정책들과 차별화되는 이유이다. 특히 소득의 수직적 재분배는 서로 다른 소득집단 간의 소득이전을 의미하며, 고소득자에서 저소득자로의 재분배를 말한다. 예컨대 국민기초생활보장제도, 누진과세제도가 여기에 해당한다. 한편 소득의 수평적 재분배는 소득과 관계없이 사회적 욕구가 큰 사람들에게 자원이 이전되는 것으로, 질병 등 사회적 위험이 발생하지 않은 집단에서 사회적 위험이 발생한 집단으로의 재분배를 의미한다. 예컨대 취업자로부터 실업자가 받는 실업급여, 근로자로부터 산업재해자가 받는 산재보험급여가 여기에 해당한다.

✤ 생각 나누기

1. 한국정부가 '모든 이주노동자와 그 가족의 권리보장에 관한 국제협약'에 가입하지 않는 이유는 무엇인가?
2. 보편적 복지와 선별적 복지의 차이점과 공통점은 무엇인가? 구체적인 예를 들어 설명해보자.

24

'나 홀로 죽음'이 더는 없도록

2011년 1월, 한파 속에 외롭게 투병 중이던 시나리오 작가 최고은이 '남은 밥과 김치를 얻을 수 있을까요?'라는 호소가 담긴 종이를 월세방 앞에 붙여놓고 결국 숨진 채 발견되는 사건이 발생했다. 경찰은 이 작가가 갑상선 기능항진과 췌장염을 치료받지 못한 상태에서 오랫동안 굶주려 사망한 것으로 보고했다.

허술한 사회안전망이 문제

이로 인해 단편영화 〈격정 소나타〉로 국제영화제에서 상까지 받았던 최고은에 대한 뒤늦은 추모열기와 함께 논란이 뜨거웠으나 이 사건은 벌써 잊히고 있다. 전국영화산업노동조합은 영화계의 비합리적인 임금지불체계로 인한 '타살'이라고 주장했다. 그러나 한 소설가는 직접 사인은 합병증으로 인한 발작이라고 지적하면서, 진실을 외면한 채 무리하게 아사(餓死)로 몰고 가는 분위기로 인해 가까운 사람들이 이루 말할 수 없는 정신적 고통을 겪고 있다고 전했다.

촉망 받던 젊은이를 나 홀로 죽음으로 내몬 것은 바로 정부의 부실한 사회안전망이다. 최고은은 물론 가까운 사람들이 비난받을 일이 아니다. 1인당 국민소득이 2만 달러를 넘고 G20 정상회의 개최를 통해 국격이 높아졌다는 국가에서 빈곤의 책임을 가족에게 떠넘겨서는 안 된다. 모든 국민은 의료보호와 생계보호를 통해 인간다운 삶을 보장받을 권리가 있다. 일한 만큼 그에 합당한 임금을 제때에 받고 가난한 작가가 재능을 꽃피울 수 있도록 영화산업의 구조도 획기적으로 바뀌어야 한다.

그러나 우리의 눈과 귀를 의심하고 싶을 만큼 믿기 어려운 사건들은 여기서 그치지 않는다. 아홉 살 소년이 개에게 물려 죽은 뒤 며칠이 지나서야 발견된 사건도 있었다. 소년은 부모의 이혼으로 외조부모와 함께 살았다. 그러나 외할머니는 손자가 먹을 수 있도록 일주일치 밥을 지어 밥통에 넣어둔 채 시골로 내려가 농사를 지어야 했다. 전기담요를 끄지 않고 다녀 화재의 위험도 높았으나 주변에 민가마저 없어 부탁할 이웃도 없었다.

어린아이의 죽음을 놓고도 어른들은 책임을 떠넘기기에 급급했다. 학교는 시청 사회복지과에 전화를 걸어 방임아동을 위한 조치를 의뢰했노라고 변명했다. 그러나 시청담당 공무원은 기초생활보장 수급자격이 없음을 확인했다고 밝혔다. '서류상' 외조부모와 함께 살았던 소년은 부양의무자가 있다는 이유만으로 생존권은 물론 최소한의 사회적 보살핌도 받지 못한 채 사각지대에 방치돼 있었던 것이다. 나 홀로 죽음의 잇단 발생은 허술한 사회안전망의 빈틈을 적나라하게 드러냄으로써 선별적 복지의 현실을 보여준다.

사회복지전담공무원이 개입할 수 있는 대상은 기초생활보장 수급가정이며, 1인당 담당하는 평균 수급자 수는 400명이 넘는다. 따라서 공무원이 법정

자격이 없는 클라이언트를 직접 찾아나서는 것은 애초부터 불가능하다. 사회복지전담공무원이 지금보다 8배 이상 많이 배치되어야 나 홀로 죽음을 방지할 수 있으며 맞춤형 복지도 가능해진다.

빈 틈새를 촘촘히 메워야

2011년은 국민기초생활보장제도가 시행된 지 10주년이 되는 해이다. 그러나 부양능력이 없더라도 부양의무자가 존재하면 대상자가 되지 못하는 등의 비현실적인 기준으로 인해 410만여 명이 제도적 보호망의 성긴 틈에 빠져 있다. 이들의 생활수준은 기초생활수급권자보다 더 낮다. 현행 제도는 부양의무자가 있는 사람은 그 부양의무자가 부양할 형편이 안 되어도 부양의무자가 알아서 해결하라는 식이다.

최근에는 장애인 자녀의 기초생활보장 수급이 가로막힌 현실 때문에 부모가 죽음을 선택하는 사건까지 발생했다. 현실을 고려하지 않은 부양의무자 기준 때문에 생존권에 위협을 느끼는 사람의 대다수가 아동, 장애인 같은 근로무능력자라는 사실을 상기하면 국민기초생활보장법의 부양의무자 기준은 서둘러 폐지돼야 한다. 또 다른 나 홀로 죽음을 막기 위해서는 사회안전망의 빈 틈새를 가능한 촘촘히 메워야 한다.

≪한국일보≫, "아침을 열며", 2011년 2월 25일

주요 용어와 관련 선행연구

사회안전망(Social Safety Nets) ▌ 사회안전망은 광의로 볼 때 모든 국민을 실

업, 빈곤, 재해, 노령, 질병 등 사회적 위험으로부터 보호하기 위한 제도적 장치로, 사회보험과 공공부조 등 사회보장제도는 물론 공공근로사업, 취업훈련 등을 포괄한다. 사회안전망의 목적은 모든 사회적 위험에 대한 포괄성과 사회구성원 모두에게 적용되는 보편성을 실현하고 국민복지 기본권을 보장하는 것이다. 즉, 주거, 의료, 생계보호, 보육, 사회복지시설 서비스 등 국민의 보편적 욕구에 대해 사회보험, 공공부조, 사회복지서비스에서 인간답게 살 수 있는 기본급여를 보장하는 것이다.

사회안전망에 대한 논의가 본격화된 직접적인 계기는 1997년 경제위기 당시 IMF와 세계은행으로부터 구제금융의 조건으로 사회안전망을 확충하라고 요구받은 것이다. 이후 우리나라는 1차, 2차, 3차의 사회안전망을 구축하고 있다. 1차 안전망은 전체 국민을 대상으로 하는 공적연금, 의료보험, 산재보험, 고용보험 등 4대 사회보험으로 이뤄져 있다. 2차 안전망은 1차 안전망에 의해 보장받을 수 없는 빈곤층을 위한 공공부조인 기초생활보장제도와 보완적 장치인 공공근로사업으로 구성된다. 3차 안전망으로는 수해 등 재난을 당한 사람에게 최소한의 생계와 건강을 지원하는 긴급구호제도가 있다.

의료보호 ▌ 의료를 필요로 하는 요보호자에게 진료, 의학적 조치, 수술, 기타 치료, 시술, 약제 또는 치료재료의 급여, 병원 또는 진료소에의 입원, 간호, 이송, 운반 기타 진료목적의 달성을 위한 조치 등에 해당하는 보호를 제공하는 것을 의미한다. 국민기초생활보장법 제7조가 규정한 생계급여, 주거급여, 의료급여, 교육급여, 해산급여, 장제급여, 자활급여 중 의료급여에 해당한다.

부양의무자 기준 ▌ 부양의무는 직계혈족과 배우자 사이(민법 제974조), 생계를 같이하는 그 밖의 친족 사이(제974조)에서 발생한다. 부양의무자가 수인(감옥에 수감된 자)인 경우에는 부양할 자의 순위를 먼저 당사자의 협정으로 결정한다(제976조). 협정이 성립되지 않거나 협정할 수 없을 때에는 당사자의 청구에 의해 가정법원이 그 순위를 결정하고(제976조), 가정법원은 수인을 공동의 부양의무자로 선정할 수 있다(제976조). 또한 가정법원은 당사자의 협정이나 심판이 있은 후라도 사정의 변경이 있는 경우에는 당사자의 청구에 의해 그 협정·심판을 취소 또는 변경할 수 있다(제978조). 부양액이나 부양방법에 대해서는 먼저 당사자 사이의 협정에 따라 정해지지만 협정이 이루어지지 않으면 당사자의 청구에 의해 가정법원이 부양권리자의 생활 정도와 부양의무자의 자력, 그 밖의 여러 사정을 참작해 정하게 된다(제977조). 사정에 따라서는 생활비를 지급할 수 있고 의·식·주 등 현물을 제공할 수도 있다. 부양청구권은 양도할 수 없으며 상속이나 압류도 할 수 없다.

한편 국민기초생활보장법 제5조는 수급권자를 '부양의무자가 없거나 부양의무자가 있어도 부양능력이 없거나 또는 부양을 받을 수 없는 자로서 소득인정액이 최저생계비 이하인 자'로 규정하고 있다. 이때 부양의무자는 수급권자를 부양할 책임이 있는 자로서 수급권자의 1촌의 직계혈족 및 그 배우자를 말하며, 부모(장인, 장모 포함), 아들, 딸, 며느리, 사위가 대상이다.

현행 규정에 따르면 부양능력이 있는 부양의무자로부터 부양을 받고 있는 가구는 수급권자의 범위에 해당하지 않으며, 부양능력 미약에 해당하는 부양의무자가 있는 경우에는 일정 금액의 부양비를 수급권자의 소득으로 산정한 뒤 이를 반영해 수급권자 선정과 급여를 결정한다. 부양능력이 있는 부양의무자가 있어도 부양을 받을 수 없어 최저생계비 이하의 어려운 생활을 하는 경우에는 수급권자로 선정이 가능하나 지원한 비용의 전부 또는 일부를 해당 부양의무자로부터 징수할 수 있다.

사회복지전담공무원 ▌ 사회복지사는 사회복지에 관한 전문지식과 기술을 가진 자로서 보건복지부 장관으로부터 자격증을 교부받은 사람을 의미한다. 자격증 등급은 1·2급으로 구분되며, 1급 자격증은 국가시험에 합격해야 취득할 수 있다. 1970년 제정된 사회복지사업법에서는 사회복지사업종사자로 규정됐으나 1983년 개정에 따라 현행 명칭으로 변경됐다. 사회복지법인 및 사회복지시설을 설치·운영하는 자는 사회복지사업법 시행령에 따라 사회복지사를 종사자로 채용하도록 규정되어 있다(제13조). 시·도와 시·군·구 및 읍·면·동은 사회복지사업에 관한 업무를 담당하도록 하기 위해 사회복지사 자격을 가진 사회복지전담공무원을 채용해야 한다(제14조). 따라서 사회복지전담공무원은 정부 기관에 소속된 사회복지사이다.

클라이언트 ▌ 전문가의 서비스를 받는 의뢰인 또는 고객을 의미한다.

✤ 생각 나누기

1. 1인당 국민소득이 2만 달러가 넘는 사회에서 매년 발생하는 '나 홀로 죽음'은 무엇을 의미하는가? 이러한 죽음이 발생하는 원인을 생태체계적 관점에서 구체적으로 설명하라.
2. 사회복지전담공무원을 만난 적이 있는가? 이들이 하는 일은 무엇인가? 집 근처 주민자치센터를 방문해 사회복지전담공무원을 직접 인터뷰해보자.

25

인생 제2막을 열며

햇살이 따사롭던 어느 봄날, 한 선배로부터 다음과 같은 편지를 받았다.

"3월 31일은 제 인생의 전환점이 되는 날이었어요. 두 아이를 낳고 키우던 4년을 제외한 32년 직장생활을 마무리하면서 인생 제1막의 커튼이 내려지고 제2막 커튼을 올려 앞으로 어떤 삶을 가꾸어갈지 고민하기 시작한 날이기도 하지요. 32년 전 월드비전에서 해외후원자에게 보내는 시설보호아동의 편지를 번역하는 것으로 출발해 12년 동안 국제개발NGO의 다양한 업무를 익혔고, 1991년 굿네이버스 창립에 동참해 토종 NGO가 국내는 물론 제3세계에 뿌리내리는 20년 동안 함께했고, 이틀 전 창립 20주년을 축하하고 퇴직을 맞았으니 복에 넘치는 삶을 살았지요. 무엇보다 2001년 보건복지부로부터 위탁받은 중앙아동보호전문기관의 책임자로서 학대로 고통 받는 아이들을 지역사회가 함께 돌보는 안전망을 구축하는 일에 전념했던 7년이 가장 기억에 남네요."

정년을 맞은 선배의 편지

선배의 인생 제1막은 우리나라 아동복지의 역사와 맥을 같이한다. 유엔아동권리협약에 가입한 1991년 이전에는 친부모의 보호를 받지 못하고 시설에서 생활하는 아이들을 위한 선별적 아동복지가 실시됐는데 1991년 이후부터는 전체 아동의 생존, 보호, 발달을 보장하기 위한 보편적 아동복지가 전국의 아동보호전문기관을 중심으로 전개되기 시작했다.

수많은 아동의 생존권과 보호권을 보장하는 토양을 마련했던 인생의 제1막이 막을 내린 게 후배로서 아쉽다. 그 토양을 기반으로 후배들은 더 많은 아이들의 발달권과 참여권을 보장하게 되리라 믿는다. 아이들의 행복이 늘어난 만큼 선배의 인생 제2막이 편안한 보람으로 채워지기를 소망한다.

선배도 그동안 내려놓는 연습을 해왔지만 막상 직책을 내려놓고 보니 시원함보다 섭섭함이 더 컸다고 한다. 법정 스님은 자신의 산문집에서 "삶에 대해 감사하게 여긴다. 내가 걸어온 길 말고는 나에게 다른 길이 없었음을 깨닫고 그 길이 나를 성장시켜주었음을 긍정한다. 자신에게 일어난 일들과 모든 과정의 의미를 이해하고 나에게 성장의 기회를 준 삶에 대해, 이 존재에 대해 감사하는 것이 아름다운 마무리이다"라고 썼는데 이 선배에게 이 글이 든든한 위로가 되었다고 한다.

이는 곧 사회심리학자 에릭슨이 강조한 자아를 통합한 노인의 건강한 삶의 자세이다. 인간은 누구나 노년기를 피할 수 없으며 정년퇴직으로 인한 사회적 상실에 직면한다. 이때 지나온 삶을 되돌아보는 과정에서 후회나 회한 같은 절망에 부딪힐 수도 있다. 하지만 자아를 통합한 노인은 지나온 일들이 어쩔 수 없었음을 인정하고 있는 그대로의 나를 받아들이고 나름대로의 인생의 가치를 발견한다. 이러한 노인은 죽음도 겸허하게 맞을 수 있다.

선배의 정년퇴임 소회는 12년 뒤 같은 날을 맞이할 나에게 정년을 준비하도록 만들어줬고, '비록 내가 많이 부족하지만 지금까지 매일 매시간 최선을 다해 살아주어 나 자신에게 고맙다'라는 마음을 갖도록 해주었다. 지나간 경험들은 진정 나를 단단하게 성장시켰고 그 때문에 가족으로부터 신뢰와 사랑을 받을 수 있었다.

건강하고 겸허한 삶의 자세

사랑하는 이들과 함께 인생 제2막의 여정을 건강하고 아름답게 꾸려갈 수 있는 방법은 무엇인가? 우선 인생의 목표를 낮추고 속도를 줄여야 한다. 지금껏 높은 수준의 목표를 세워놓고 그 목표를 달성하기 위해 나 자신에게도 인색한 채 앞만 보고 달려왔기에 더욱 그러하다. 5년 전 자동차를 처분하고 대중교통 애용자가 된 것은 그나마 다행이다. 매일 천천히 걸으며 눈높이도 낮추자. 인생의 비중도 일터 중심에서 여가 중심으로 서서히 바꾸자. 정년을 3년 앞둔 필자의 동반자는 5년 전부터 피아노를 배우고 있다. 이제 그와 함께 둘만의 연주회를 열 수 있는 악기도 찾아보려고 한다. 다른 사람이 필요로 하는 재능이 내게 남아 있다면 아낌없이 기쁘게 나누자. 이제 인생 제2막이 기다려진다.

≪한국일보≫, "아침을 열며", 2011년 4월 8일

주요 용어와 관련 선행연구

노년기 ▌ 성인기 이후 심신의 활동이 쇠퇴하기 시작하는 때부터 죽음에 이르기까지의 시기를 의미한다. 이 시기에 이르면 신체 각 기관의 기능이 저하되며 심리적 기능도 점차 떨어진다. 노년기는 다시 초로기(初老期), 노화기(老化期), 노쇠기(老衰期)로 나눌 수 있는데, 개인차가 크고 기능이나 기관의 감퇴가 반드시 일정하지 않으므로 연령적으로 명확히 구분하기는 곤란하다. 그러나 대체로 45~50세부터 노화가 시작되므로 45~55세를 초로기라 하고, 65~75세를 노쇠기의 문턱으로 보며, 그 사이를 노화기라고 한다.

사람은 노년기에 이르면 이전까지 익숙했던 습관형태가 새로운 시기의 습관형태로 바뀌어 욕구불만에 빠지거나 부적응을 일으키기 쉽다. 이와 함께 사회적 신분이 상실되거나 경제적 능력이 저하돼 열등감을 느끼는 경우도 많다. 또한 심신의 기능이 쇠퇴하고 활동력이 저하되기 때문에 자주성을 잃고 의존성이 커진다. 한편 노년기는 청년기와 마찬가지로 지극히 주관성이 강해지는 시기이다. 청년기의 주관성은 주로 경험부족에서 오지만 노년기의 주관성은 과잉된 경험에서 유래하는 경우가 많다. 노인은 흔히 완고하다고 말하는데 이는 지나치게 과거의 경험을 내세우기 때문이다.

미국의 정신의학연구가 노인 환자를 대상으로 조사한 일반적인 임상적 소견은 다음과 같다. ① 건강과 경제적 불안정에 대한 고뇌, ② 생활에 대한 부적응감에서 생기는 불안·걱정·죄악감, ③ 고독감, ④ 의심과 질투심, ⑤ 흥미가 줄어드는 데서 오는 내향성과 신체적 쾌락에 대한 흥미의 증대, ⑥ 활동적인 것에 대한 흥미감퇴와 앉아서 하는 일에 대한 관심증대, ⑦ 성충동의 감퇴, ⑧ 보수성, ⑨ 조건의 변화에 대한 적응곤란, ⑩ 과거에 대한 장황한 이야기, ⑪ 잡동사니 모으기, ⑫ 회고적인 태도, ⑬ 완고성, ⑭ 단정하지 못한 몸가짐 등이다. 따라서 노년기는 개인적인 적응이나 사회적인 적응에 많은 문제가 발생할 수 있기 때문에 당사자의 대비는 물론 가정과 사회의 충분한 배려가 필요하다.

상실 ▌ 어떤 사람과 관계가 끊어지거나 헤어지게 되는 것을 이르는 말.

자아통합 ▌ 자아의 하부구조와 기능이 전체로서 통일된 목표를 성취하는 방향으로 균형과 조화를 이루는 상태를 의미한다. 자아는 실제로 여러 하부구조와 기능을 가지고 있는데, 하부구조 간의 병리적 갈등이나 하부기능 간의 불일치는 자아의 분열을 초래할 수 있다. 따라서 자아의 하부구조나 하부기능 간에 조화와 균형이 이루어져야 자아의 기능이 건강하게 발휘될 수 있다.

에릭슨의 심리사회발달단계 이론

에릭슨의 심리사회발달단계 이론은 프로이트(Freud)의 심리·성적발달(psycho-sexual development) 이론을 발전시킨 것으로, 정신분석학적 입장을 그대로 고수하고 있으나 유아기부터의 발달이 성욕을 중심으로 이루어진 것이 아니라 부모와의 관계, 형제·자매관계, 또래관계, 사회적 접촉 등 사회적 발달을 중심으로 이루어진 것으로 전제하고 있다. 즉, 인간의 발달을 전체 생애에 걸친 과제로 보고 〈표 2〉과 같이 여덟 개의 발달단계로 나눈 뒤 각각의 단계에서 극복해야 하는 심리적·사회적 과제를 명확하게 제시하고 있다. 또한 다음 단계로 이행하기 위해서는 각각의 단계에서 심리적·사회적 위기 또는 갈등을 극복해야 하며, 이러한 극복의 경험은 인격의 성장에 매우 중요한 영향을 미친다고 주장한다.

그의 이론에 근거하면 아동은 출생과 거의 동시에 사회적 존재가 되며, 그 후 만나는 사람들과 겪는 경험을 통해 성격이 형성된다. 그는 아동이 선천적으로 타고난 소질과 환경의 영향에 따라 개인적으로 차이는 있지만 인간이면 대체로 거쳐야 하는 단계가 있다고 보았다. 또한 각 단계마다 해결해야 할 문

<표 2> 에릭슨의 심리사회발달단계

노년기								자아통합 대 절망감
장년기							생산성 대 침체성	
성인기						친밀감 대 고립감		
청소년기 (사춘기)					자아정체성 대 정체성 혼란			
잠복기 (학동기)				성취감 대 열등감				
남근기 (아동기)			주도성 대 죄책감					
항문기 (유아 후기)		자율성 대 수치심						
구강기 (유아 전기)	신뢰감 대 불신감							

자료 : Erikson(1963). 이혜원(2006) 재인용.

제들이 도사리고 있어 그 문제를 성공적으로 해결하면 좋은 성격의 소유자로 자라고 문제를 해결하지 못하면 반대현상이 나타난다는 것이 그의 주장이다. 이에 각 단계마다 다음과 같이 정·반 두 가지의 요소를 지적하고 있다.

(1) 신뢰감 대 불신감

생후 1~2년은 아기가 거의 전적으로 어른에게 의존해 생활하는 시기이다. 이 시기에 따뜻하게 보호받고 보살핌을 받으면 아기는 그 사람을 신뢰하게 되고 이후 다른 사람들도 신뢰하게 된다. 그러나 만일 애정 없는 보살핌을 받거나 일관성이 없는 양육을 받으면 사람과 사회를 불신하는 자세를 학습하게 되며, 이는 인생의 출발점에서 겪는 커다란 비극이 아닐 수 없다. 이러한 불신은 이 시기로 그치는 것이 아니라 후일 접촉하는 모든 사람에게 파급되기 쉽다는 점에서 문제는 더욱 심각하다. 심하면 우울증이나 편집증 환자가 되는 경우도 있다.

(2) 자율성 대 수치심

생후 1년 6개월경부터 만 4세까지의 아이는 자기 신체를 마음대로 조절할 수 있다. 서고, 걷고, 뛰고, 대소변을 가리고, 숟가락질, 옷 입기, 세수 등을 혼자 하게 됨으로써 매우 자율적인 존재가 된다. 이전까지의 완전의존상태에서 벗어나 상당히 독립적인 존재가 되면서 아이는 점점 고집이 세지고 반항적으로 행동하며 "아니", "내가"라는 말을 많이 하는 특징을 보인다. 이때 부모가 자녀의 자율성을 허용하지 않는다면 비극은 시작된다. 아이는 자신감을 잃고 수줍어하며 쉽게 수치심을 느끼게 된다. 성인이 되어서도 의사결정을 스스로 하지 못하고 남이 하라는 대로 하는 수동적인 사람이 되는 것이다. 이 시기에 부모는 특히 대소변을 가리는 생리적 작용을 아이에게 강요하면 안 된다.

(3) 주도성 대 죄책감

만 4~6세에 해당하는 시기로, 아이들의 관심이 자기 신체에만 머무르지 않고 주위 사람들과 사물에게로 확대된다. 아이는 풍부한 상상력과 그동안 익힌 사회성 기술을 응용해 다양한 놀이에 열중하며, 여러 가지 역할을 수행해 보기도 한다. 또한 샘솟는 호기심을 채우기 위해 질문을 많이 하며 창의적인 행동을 하기도 한다. 적극적으로 친구들을 사귀어 활동범위를 넓히며 주위의 사물에 관심을 갖고 탐색하기도 한다. 이때 만일 부모가 지나치게 간섭하고 호기심을 억누르거나 아이의 질문에 무관심하게 대답하면 아이는 주도성(솔

선성 또는 자발성)과 호기심을 잃으며 죄책감에 사로잡혀 정서적으로 불안정해진다. 이러한 경험을 자주 한 아이는 대체로 새로운 경험을 두려워하고 계속 어른에게 의존하며 내향적으로 자라기 쉽다.

(4) 성취감 대 열등감

초등학교에 다니는 시기에 해당하며, 이때 아이는 자신이 속해 있는 사회의 규범 및 가치관과 함께 각종 기술을 습득한다. 그 과정에서 자연히 자신을 제어해야 하고 부지런해야 하며 민첩해야 한다는 사실을 자각하게 된다. 에릭슨(Erikson, 1963)에 따르면 앞의 세 가지 단계를 무난히 넘긴 아이는 이 시기 이후의 과업을 습득하는 것이 별로 힘들지 않다고 한다. 그렇지만 때로는 아이가 과업을 완수하지 못할 수도 있다. 아이가 주어진 과업을 완수하지 못할 경우에는 실패감이나 열등감에 사로잡히기 쉬우므로 무슨 일이든 하면 된다는 신념을 길러주려면 처음에는 아이의 능력에 알맞은 일을 맡겨야 한다. 또한 어른이 보기엔 보잘것없는 일이더라도 아이가 나름대로 성취했을 때에는 칭찬을 아끼지 말아야 한다. 아이가 자기 능력에 맞는 일부터 단계적으로 성취해가면서 기쁨과 만족을 느낄 수 있도록 지도하고 어려운 일을 끝까지 해낼 수 있는 아이로 성장하도록 격려할 필요가 있다.

(5) 자아정체성 대 정체성 혼란

청소년기에 들어서면 이전보다 더욱 해결하기 어려운 과제들이 앞을 가로막는다. 여자는 초경(빠른 경우에는 초등학교 4학년)을 치르고 남자는 변성을 하며 키가 부쩍 큰다. 독립된 한 인간으로서 자신의 정체를 파악하려는 본능적인 의문과 회의를 느끼는 시기이기도 하다. '나는 과연 누구인가?', '앞으로 나는 어떤 사람이 될 것인가?', '진학은?', '결혼은?', '직업은?', '군 복무는?' 등의 물음이 꼬리에 꼬리를 물고 뒤따르는 것이다. 이 시기에는 이처럼 고독한 위치에서 벗어나기 위해 누군가와 자신을 동일시하려는 경향이 뚜렷하게 나타난다. 처음에는 동성 친구들 중에서 그 대상을 찾다가 차차 이성에게도 관심을 기울이게 되며, 선배들 중에서 훌륭한 사람을 선택해 본받으려는 경향도 나타난다. 바람직한 동일시의 대상을 찾지 못한 때에는 주체성 없이 우왕좌왕하다가 범죄를 저지르기도 하고 함정에 빠지기기도 한다. 이 시기에는 어른들의 관심 있는 지도와 함께 본받을 만한 대상(특히 멘토)이 필요하다. 이 동일시의 대상은 반드시 현존하는 인물이 아니라 역사상의 인물도 유효하다. 그러나 현실적으로는 무엇보다도 친구의 역할이 크므로 또래관계에 대한 지도가 중요하다.

(6) 친밀감 대 고립감

프로이드의 심리·성적발달 이론이 청소년기에서 멈추는 것에 비해 에릭슨은 그 이후에도 발달이 계속된다고 믿었다. 유아기, 아동기, 청소년기를 무난히 넘긴 사람은 이제 성인으로서 대인관계를 맺어야 하며 이성과 친밀한 관계를 맺음으로써 새로운 가정을 이루어야 한다는 것이다. 성숙한 한 쌍의 남녀는 성뿐 아니라 일과 여가생활에서도 서로 협력적으로 역할을 나눠 수행할 수 있어야 하며 자녀들을 위해 아늑한 보금자리를 마련할 수 있어야 한다. 성인이 되어 원만한 가정을 이루지 못한다는 것은 결국 이전의 다섯 단계에 이르는 성장이 부실했다는 증거이자 아직도 자기중심적인 사고방식에 사로잡혀 있다는 증거이다. 이런 사람은 무엇보다도 배우자와 친밀한 관계를 맺기 힘들어 결국에는 소외된 채 혼자 쓸쓸하게 방황할 수밖에 없다.

(7) 생산성 대 침체성

중년에 접어들어도 인간은 계속 생산적이어야 한다. 즉, 인간은 자녀를 생산할 뿐 아니라 사고와 일에서도 생산적이어야 한다. 자녀를 키우는 바쁜 인생주기를 넘긴 후에도 무언가 가치 있는 일에 종사하면서 시간을 유효적절하게 사용해야 한다. 여기서 가치 있는 일이란 자신, 가정, 이웃, 지역사회, 국가, 국제사회를 위해 할 수 있는 모든 일을 의미한다. 중년 이후 심심하고 할 일이 없다면 침체성(또는 불모성)에 빠져 있는 것이라 할 수 있으며 이는 사회적 성장을 포기한 것과 다름없는 비극이라 할 수 있다. 의학의 발달로 인해 인간의 평균수명이 길어진 오늘날 우리는 무언가 보람 있는 일을 찾아서 행함으로써 인생을 더욱 풍요롭게 가꿀 수 있어야 한다. 자신의 자녀를 다 키웠으면 남은 시간 동안 무료하게 지내지 말고 다른 사람의 자녀나 노인을 보살펴주는 등 자원봉사활동을 하는 것이 좋다. 이로써 자기만족을 얻는 것은 물론 사회에 이바지할 기회를 마련하게 되므로 더욱 의미 있는 인생을 살 수 있을 것이다.

(8) 자아통합성 대 절망감

완전한 사회적 성숙이란 이전 일곱 단계를 통합함으로써 이뤄진다. 각 단계마다 내재된 어려움을 성공적으로 극복한 사람은 결국 인생의 복잡한 문제들을 하나하나 해결하고 피안에 이른 사람이다. 에릭슨은 이러한 상태를 자아의 통합(ego integrity)이라 칭했다. 노년기에 접어들면 자신이 지금까지 살아온 인생에 대해 후회와 절망에 사로잡혀 있는 사람이 있는가 하면 감사하는 마음으로 만족하는 사람도 있다. 따라서 아동의 사회적·심리적 발달을 지원하는 부모, 교사, 사회복지사의 입장에서는 모름지기 아이들이 인생의 8단계를 무난히 통과할 수 있도록 지도하는 것이 무엇보다도 중요하다.

자료 : Erikson(1963), 이혜원(2006a) 재인용.

✤ 생각 나누기

1. 에릭슨은 "가장 건강한 사람은 나를 믿고 사랑하는 사람이다"라고 주장했다. 이 주장의 사회복지 실천적 의미는 무엇인가? 에릭슨의 심리사회발달단계 이론에 기초해 생각해보자.
2. "삶에 대해 감사하게 여긴다. 내가 걸어온 길 말고는 나에게 다른 길이 없었음을 깨닫고 그 길이 나를 성장시켜주었음을 긍정한다. 자신에게 일어난 일들과 모든 과정의 의미를 이해하고 나에게 성장의 기회를 준 삶에 대해, 이 존재에 대해 감사하는 것이 아름다운 마무리이다."라는 법정스님의 생각과 노년기 자아통합을 강조하는 에릭슨의 생각 간의 공통점은 무엇인가?

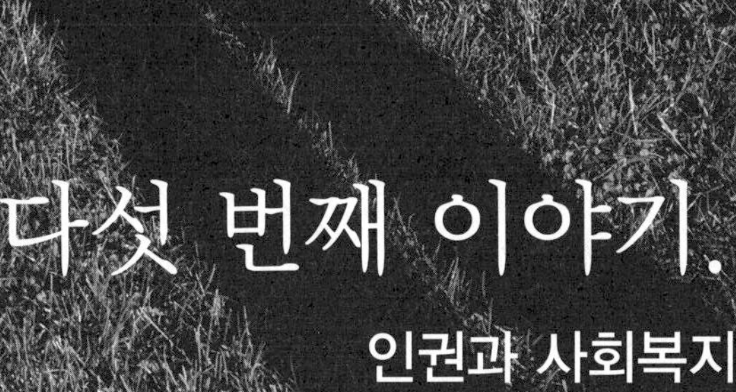

다섯 번째 이야기.

인권과 사회복지

26 인권의 개념과 가치
27 사회복지의 개념과 가치
28 인권과 사회복지의 만남

26
인권의 개념과 가치

인권은 인간이 인간답게 살 권리를 의미하며, 모든 인간이 태어나면서 갖는 보편적이며 절대적인 천부인권, 즉 자연법사상에 기초한다. 이때 인간답게 사는 수준이 곧 인권보장의 기준을 결정한다. 그런데 인간의 욕구는 끊임없이 변화하기 때문에 인권보장의 기준 또한 인간의 역사와 함께 끊임없이 변화하고 발전되어왔다. 예컨대 18세기에는 헌법에 따라 보장되는 자유권적 기본권에 그쳐 보호적 측면에서의 수동적 인권이었으나 이는 점차 19세기의 시민권·정치권, 20세기의 사회권(특히 사회보장수급권)으로서의 능동적 인권으로 발전되어왔다.

특히 능동적 인권은 개인이 원하는 바를 자유롭게 선택해 결정하는 것을 중요하게 여긴다. 이는 최저한도인 생활보장기준의 객관적 한계를 결정할 뿐만 아니라 개인의 상황과 내용에 따른 개별화도 가능하게 만든다. 즉, 생활보장청구권, 권리구제의 절차 등을 통해 개개인은 자신의 일상적인 삶에서 능동적 주체가 될 수 있는 것이다. 마찬가지로 아동의 권리도 역사적으로 생존권,

보호권, 발달권, 참여권의 순으로 발전되어왔으며, 1989년 유엔아동권리협약 이후로는 참여권의 보장이 특히 강조되어 오늘날 우리 사회에서도 '보호에서 참여로'라는 아동권리홍보 캠페인이 확산되고 있다.

이러한 관점에서 인권은 인간의 존엄과 자유를 추구하는 욕구에서 출발하며, 이는 인간의 신체적·심리적·사회적 욕구를 해결하기 위한 사회복지제도와 그 출발점이 같다고 할 수 있다. 즉, 인권과 사회복지는 인간의 욕구를 기반으로 한다는 것이 공통점이다. 특히 미국의 심리학자 매슬로(Maslow, 1970)는 인간의 욕구를 ① 생존을 위한 생리적 욕구, ② 안전의 욕구, ③ 사랑의 욕구, ④ 존중의 욕구, ⑤ 자아실현의 욕구로 구분하고, 이러한 욕구들은 위계적 질서를 형성하고 있어 하나의 욕구가 충족되면 다른 욕구의 단계로 옮아간다고 주장했다. 이때 생리적 욕구는 생존권, 안전의 욕구는 보호권, 사랑과 존중의 욕구는 발달권, 자아실현의 욕구는 참여권과 연관되어 있다고 할 수 있다. 이와 같은 다섯 가지 욕구와 4대 권리 간의 연관성은 뒤에 소개할 유엔아동권리협약의 4대 원칙과 4대 권리를 이해하는 기초가 된다.

이러한 인간의 욕구는 기본적으로는 보편적 유사성을 가지면서 동시에 사회마다 다르고 시대마다 변화하는 상대적 차별성도 가진다(윤찬영, 2010). 이때 욕구의 보편적 유사성은 인간의 기본적 욕구인 생존과 자율성을 중심으로 하는 '인간다운 생존에 대한 기본욕구'로 표현된다. 욕구의 상대적 차별성은 사회의 끊임없는 제도적 변화로 초래되는 새로운 욕구를 의미하며 '사회적 욕구'로 표현된다. 현대사회에서 정부는 특히 사회적 욕구를 충족시켜야 할 도덕적 책임과 의무를 갖는다(이혜원 외, 2009). 왜냐하면 사회적 욕구의 발생은 생태체계적 관점에서 개인적 요인에 의해서가 아니라 사회적 요인에 의해 초래되기 때문이다. 즉, 인간다운 생활을 스스로 보장하지 못하는 사람들이 존재하는 것은 1차로 사회의 책임인 것이다.

인간의 사회적 욕구를 충족시킴으로써 인간의 권리를 보장하기 위해 20세기에 등장한 것이 바로 사회복지제도이며 사회복지실천이다. 따라서 사회복지실천의 기본원칙은 인간의 권리와 욕구, 특히 사회적 욕구를 기준으로 자원을 평등하게 분배하는 것이다. 정부가 사회적 욕구에 대해 사회복지 관련 법률을 제정해 급여를 받을 자격이 있는 자(수급권자)를 규정하고 그 규정에 근거해 급여를 지급하는 것은 자본주의 시장경제의 교환원칙에는 벗어난다. 그렇지만 이러한 사회복지제도는 시장경제의 실패에 대해 정부가 개입해야 하는 사회적 정당성을 갖는다. 따라서 사회복지급여를 받는 사람(수급자)은 동정이나 자선의 대상자(수혜자)가 아니라 정당한 권리의 주체자로서 자신의 사회보장수급권을 행사하는 것이다.

따라서 인권은 인간이 태어나는 순간부터 다른 사람과 차별받지 않고 똑같이 존중받으며 자신의 의사를 자유롭고 당당하게 표현하고 자신에게 중요한 일에 대해 자신이 원하는 것을 스스로 선택해 결정하며 삶을 마감하는 순간까지 인간답게 살기 위하여 다른 사람과 똑같이 평등한 기회를 보장받을 수 있는 기본권리로 정의될 수 있다. 세계의 모든 정부는 인권을 보장할 의무가 있으며, 난민, 미등록 이주노동자 등 모든 구성원은 인권의 보장을 해당 국가와 사회에 요구할 수 있다. 예컨대 버려진 아동의 생존권, 학대받은 아동의 보호권, 이주아동의 교육권, 장애인의 이동권 등 생존권적 기본권은 시혜나 자선이 아니라 사람이라면 당연히 누려야 할 당당한 권리로서 사회적 정당성을 갖는다.

한편 권리란 말 그대로 권한과 이익을 의미하며, 일정한 이익을 주장하고 이를 향유하는 수단으로서 법률이 규정하고 있는 자격을 가진 자에게 부여하는 힘이다. 즉, 인권은 헌법 등 국내법은 물론 유엔아동권리협약 등 국제법을 근거로 모든 사람에게 보편적으로 적용된다. 우리나라 헌법 제6조는 이를 규정하고 있다. 따라서 개인의 권리는 특정한 상황에 상관없이 항상 존중되어야 하며, 법률적 구속력을 갖는다. 다만 어떤 특정한 개인의 권리 또는 어떤 특정한 상황에 있는 집단의 권리는 그들이 다른 사람의 권리를 빼앗기 위해 위협하는 경우에 한해 제한될 수 있다(유엔인권센터, 2005).

세계인권선언은 그 첫 문장에서 '인권과 인간에 대한 존중은 세계의 자유와 정의 그리고 평화의 기초이다'라고 명시하고 있으며, 인권의 가치를 다음과 같이 여덟 가지로 구분하고 있다(유엔인권센터, 1987).

① 생명

생명의 가치는 인권과 관련된 모든 일에서 가장 우선적이다. 즉, 인간이 가지고 있는 생명의 가치는 그 뒤를 따르는 다른 모든 가치의 근원이다. 사회복지사는 인권침해에 저항해야 할 뿐만 아니라 생명을 보장하고 증진하는 모든 활동을 적극적으로 지지하고 옹호해야 하며 클라이언트를 원조할 때는 무엇보다도 생명의 가치를 우선적으로 고려해야 한다.

② 자유

세계인권선언에는 '모든 인간은 자유롭게 태어났다'는 원칙에 근거해 억압으로부터 해방될 자유, 노예와 노역으로부터의 자유, 고문과 비인간적 처벌로부터의 자유, 임의의 체포·구금·추방으로부터의 자유, 사생활·가족·가정에 대한 간섭으로부터의 자유, 이동과 거주의 자유가 명백하게 규정되어 있다. 즉, 모든 인간이 자유롭게 태어나서 억압으로부터 해방될 자유가 있음은 곧 모든 인간이 살아가는 데 자신에 관한 것을 스스로 선택하고 결정할 수 있는 자유를 가지고 있음을 의미한다.

③ 평등

모든 인간의 평등은 세계인권선언 제1조에 규정되어 있다. 평등은 정의의 원칙에서 초석이 되며, 이는 모든 인간을 차별하지 않음을 의미한다. 차별은 인간의 기본적이며 보편적인 권리를 박탈하는 것이다. 사회복지사는 클라이언트가 차별 당하는 이유를 파악하고 차별받는 클라이언트를 옹호하고 지원하기 위해 무엇보다도 자신의 신념, 태도, 행동에서 있어 끊임없이 자신을 인식하고 평가해야 한다.

④ 정의

정의는 법 집행에서의 공평함을 의미한다. 따라서 전체 사회구성원의 안전과 권리가 보장되고 모든 개인의 존엄성이 법률적·사회적·경제적으로 보장될 때 비로소 정의가 실현될 수 있다. 유엔은 국제법률을 통해 정의의 원칙을 규정했다. 이러한 원칙을 준수하는 국가들은 국민의 인권을 제대로 보장하고 있다. 사회복지사는 특히 사회적 소수자의 인권을 보장하기 위해 정의의 원칙을 준수해야 한다.

⑤ 연대책임

연대책임은 인간의 아픔과 고통을 이해하고 공감하는 데 그치지 않고 고통을 받는 사람과 함께 그 고통의 원인을 확인하고 분명한 입장을 취하는 것을 의미하며, 이러한 연대책임은 개인적 차원을 넘어 가족, 집단, 지역사회, 인종, 민족으로 확대될 수 있다. 따라서 사회복지사는 모든 폭력·고문·추방·자유침해의 희생자들을 확인하고 그들의 문제에 개입함으로써 그들의 역량을 강화함과 동시에 그들의 소외감을 경감시킴으로써 사회복지실천의 효과성을 최대화해야 한다.

⑥ 사회적 책임

사회적 책임은 고통을 받는 사람들을 대변해 실천하는 활동이며 연대책임의 당연한 결과에 따라 그 결과를 행동으로 옮기는 것을 의미한다. 즉, 그들을 위해 싸우고 그들의 주장을 옹호하며 그들을 도와주는 것이다. 이러한 사회적 책임 원칙은 바로 사회복지사가 전문직으로 존재하는 이유이기도 하다.

⑦ 점진적 변화·평화·비폭력

지금까지 언급한 여섯 가지 가치는 인권을 지지하는 기초적 가치일 뿐만 아니라 인간관계의 질을 결정하는 요소이기도 하다. 그런데 평화는 단순히 갈등이 없는 상태만을 의미하는 것이 아니라 앞에서 언급한 가치들과 마찬가지로 하나의 또 다른 가치에 속한다. 인간은 자신 속에서의 조화, 다른 사람들과의 조화, 그리고 환경과의 조화를 성취하고자 노력하는 가운데 함께 발달한다. 그렇지만 인간관계에서 갈등은 피할 수 없다. 이러한 갈등을 해결하는 방법은 평화적일 수도 있고 폭력적일 수도 있으며, 건설적일 수도 있고 파괴적일 수도 있다.

이 가운데 평화적 접근은 시간이 걸리고 때로는 덜 즉각적으로 보상되지만 궁극적으로 더 효과적이다. 사회복지사는 인간관계 갈등과 조직 간 갈등을 해결하기 위해 평화적 접근을 선택해야 한다. 그러나 자유·정의·사회정의를 추구하다 보면 불의에 저항해야 하는 상황에 맞닥뜨릴 수밖에 없다. 폭력은 폭력을 낳지만 비폭력의 저항은 더욱 바람직한 결과를 낳는다. 즉, 상대에 대해 존중하고 이해하면서 일관성 있게 중재와 조정을 이행한다면 화해할 수 없을 것으로 여겨지는 차이점도 극복될 수 있으며 결국 개방적이며 효과적인 소통을 할 수 있다.

⑧ 인류와 자연의 관계

지나친 소비주의와 극단적 빈곤은 사회적 취약계층은 물론 우리의 자연도 위태롭게 만든다. 국제사회는 공식적·비공식적 환경교육과 환경정책을 통해 인류와 자연에 대한 파괴를 멈추고 손상을 복구해야 한다. 사회복지사들도 인류가 행하고 있는 환경에 대한 위협을 제대로 인식하고 관련 전문직들과 연대해야 한다.

27

사회복지의 개념과 가치

사회복지와 인권이 밀접한 관계를 맺고 있는 것은 이것이 모든 사람은 인간다운 생활을 할 권리를 갖고 있다는 전제에서 출발하기 때문이다. 우리나라 헌법 제10조도 '모든 국민은 인간으로서의 존엄과 가치를 가지며, 행복을 추구할 권리를 가진다. 국가는 개인이 가지는 불가침의 기본적 인권을 확인하고 이를 보장할 의무를 진다.'라고 규정하고 있다.

이를 이해하기 위해서는 사회복지(social welfare)와 사회사업(social work)*

---

* 'social work'가 '사회사업'으로 번역되는 것은 두 가지 이유로 부적절하다. 첫째, 사회사업은 일본에서 1930년대부터 비전문적 자선사업을 의미하던 '社會事業'이라는 용어를 그대로 직역했기 때문이다. 중국은 이 용어를 '社會工作'으로 번역해 사용하고 있다. 둘째, 우리나라 대학교에서 한때 사회사업학으로 불리던 학문영역은 기존의 사회사업학에 사회정책학을 보강해 더욱 제도적인 개념인 사회복지학으로 개명됐기 때문이다. 사회복지사가 현재 법적 용어인 것도 이 때문이다. 따라서 지금에 와서 다시 사회사업이라는 용어를 사용하는 것은 과거의 자선사업으로 회귀하는 셈이 된다(김상균 외, 2007). 한편 영국은 'social work'보다 'personal social service'라는 용어를 주로 사용하고 있다(www.dh.gov.uk).

을 이해하고 두 가지 개념 간의 차이를 구별할 수 있어야 한다. 모든 인간은 스스로 자신의 욕구를 충족시킬 수 없거나 문제를 해결할 수 없을 때 외부로부터 도움을 받아야 한다. 이러한 외부의 도움을 사회적으로 체계화하고 제도화한 것이 바로 사회복지이다. 그런데 사회복지가 인간의 욕구를 충족시키고 문제를 해결하기 위해 존재한다 하더라도 모든 욕구와 문제가 그 대상이 되는 것은 아니다. 사회복지는 사회적으로 충족이 필요하다고 인정된 욕구와 해결이 필요하다고 인정된 문제, 즉 사회적 욕구와 문제를 우선순위에 따라 접근해야 한다.

프리드랜더와 압테는 사회복지를 '국민의 욕구를 충족시키고 사회의 통합을 위해 필요한 자원을 확보해 지원하는 법률·급여·프로그램·서비스체계'라고 정의하고(Friedlander and Apte, 1980), 사회사업을 '인권의 가치와 과학적 지식, 관계기술을 바탕으로 개인과 집단이 자립할 수 있도록 제공하는 직접적 서비스'라고 정의하고 있다. 미국의 사회사업은 국민에게 직접 제공되는 영국의 개별사회서비스(Personal Social Service)에 해당한다. 영국의 사회복지제도는 전체 국민의 생활을 요람에서부터 무덤까지 '사회적 위험'으로부터 보장하기 위해 마련된 국민보험·국민부조·개별사회서비스로 구성되는 사회보장제도, 교육제도, 최저임금제도, 보건환경제도를 포괄한다(〈그림 3〉 참조). 따라서 사회복지는 전체 국민의 기본욕구를 충족시키고 권리를 증진하며 사회문제를 해결하고 예방하기 위해 지원하는 정부와 민간의 활동으로, 사회사업보다 더 넓은 의미를 가지고 있다.

프리드랜더와 압테(Friedlander and Apte, 1980)는 사회복지의 가치를 ① 인간의 존엄성, ② 자기결정권, ③ 기회의 평등, ④ 사회연대의 책임으로 구분하고 있다. 즉, 학생을 포함하는 모든 인간은 동등하게 존중받아야 하고, 자신의 행동과 태도를 결정할 권리가 있으며, 다른 사람과 차별받음이 없이 공평한

<그림 3> 영국의 사회복지제도

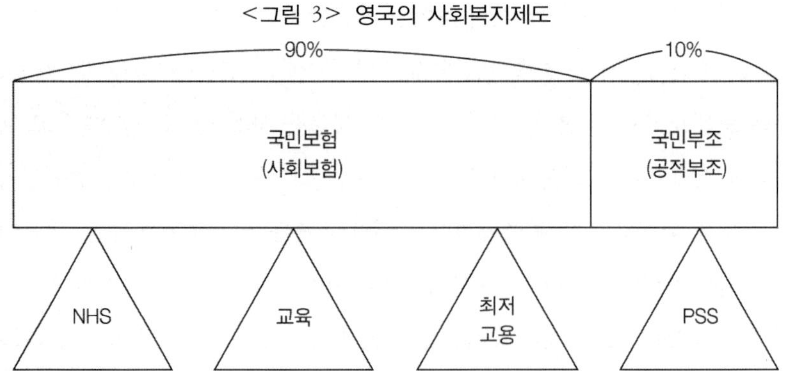

NHS=국민 보건 서비스(National Health Service)
PSS=개별 사회 서비스(Personal Social Service; 우리 나라의 사회 복지 서비스)

기회를 보장받아야 하고, 이와 함께 전체 사회의 구성원과 더불어 사회적 책임을 공유하고 사회정의와 사회통합을 실현하기 위해 노력해야 한다는 것을 의미한다. 재스트로(Zastrow, 1995)는 더욱 직접적인 서비스를 제공하는 사회복지실천에서 일반적으로 중시되는 가치로 ① 인간의 존엄성과 개인의 독특함 존중, ② 클라이언트의 자기결정권 존중, ③ 비밀보장, ④ 보편적이며 제도적인 정책의 지향, ⑤ 클라이언트와의 전문적인 관계형성, ⑥ 사회적 정의, ⑦ 가족 단위의 통합적 서비스, ⑧ 사회적 책임성 등을 강조하고 있다. 이러한 가치는 우리나라 사회복지사의 윤리강령에 반영되어 있다. 이를 통해 앞에서 살펴본 인권의 가치와 사회복지의 가치가 생명(인간의 존엄성), 자유(자기결정), 평등(기회평등), 정의, 연대 책임, 사회적 책임 같은 공통된 가치기반을 공유하고 있음을 확인할 수 있다. 즉, 인권과 사회복지제도 간의 연결고리는 바로 가치체계이며, 사회복지사는 인권의 가치를 기반으로 활동해야 한다.

사회복지사는 담당역할을 수행하기 위해 이른바 '3H', 즉 가치체계(Heart), 지식체계(Head), 기술체계(Hand)를 공통된 실천기반으로 해야 한다. 특히 가치는 이들이 클라이언트에 대해 가져야 하는 신념과 믿음이며, 이들이 실천을 추구하는 방향이 된다. 즉, 가치체계는 사회복지실천의 목적과 원칙 그리고 개입을 결정하는 기준이 되며, 다른 전문직 활동과 구별되는 특성이 되기도 한다. 따라서 사회복지 가치체계는 아동복지시설에 종사하는 사회복지사가 어떤 목적과 원칙을 갖고 어떤 관점에서 어떻게 아동과 가족을 만나야 하는지를 결정하는 기본 준거틀을 제시한다.

사회복지의 가치체계는 크게 세 가지 수준으로 구분할 수 있다(Costin, 1981; Johnson, 1982; 김기환, 1996에서 재인용). 첫째 수준은 궁극적 가치로, 사회복지가 지향하는 이상적이고 관념적인 목적을 의미한다. 일반적으로 사회복지의 궁극적 가치는 인간의 존엄성과 자아실현의 가능성을 믿고 사회자원을 공평하게 나누며 사회정의와 사회통합을 추구하는 인권의 가치와 사회복지의 가치에 기초한다. 둘째 수준은 궁극적 가치를 실현하기 위한 구체적인 접근단계의 가치로, 사회복지실천의 원칙을 의미한다. 여기서는 아동복지시설에 종사하는 사회복지사의 구체적인 실천가치를 유엔아동권리협약의 원칙에 기초해 설명하고자 한다. 셋째 수준은 조작적 가치로, 궁극적 가치와 구체적 가치를 달성하기 위한 목표지향적 실천행동의 기준을 의미한다. 이는 곧 사회복지사 윤리강령을 의미한다.

우리나라의 사회복지사 윤리강령은 1967년 제정됐다. 당시에는 실천적 필요성보다는 '미국 따라하기'의 관행에 힘입어 우리 사회의 문화적 특성에 관한 구체적 논의도 없이 때 이르게 도입됐다. 그러다 우리 사회에서 장기간 방임됐던 인권침해, 차별, 불평등에 대한 변화의 목소리가 분출되면서 인권과 사회정의가 사회개혁의 지표가 됐고, 이에 따라 사회복지사 윤리강령도 1992년과 2001년에 개정됐다. 그렇지만 미국을 모방하려는 특징은 여전하다(김상균 외, 2007).

사회복지사가 담당역할을 수행하기 위해 지녀야 할 자세는 다음과 같다.

① 인간의 존엄과 가치

사회복지사는 인간의 고유한 존엄과 가치를 존중한다. 사회복지사는 모든 클라이언트와 관계할 때, 인간의 개별적 차이와 문화적·민족적 다양성을 이해하고 인식하며 배려하고 존중하는 자세로 대한다. 사회복지사는 클라이언트의 책임감 있는 자기결정능력을 강화시킨다. 사회복지사는 클라이언트의 역량과 변화의 기회를 강화시키고 클라이언트의 욕구를 확인해 충족시킬 수 있도록 노력한다. 사회복지사는 클라이언트에 대한 책임감과 동시에 더 넓은 전체 사회에 대한 책임감을 동시에 인식한다. 사회복지사는 사회복지 전문직의 가치·윤리원칙·윤리기준에 일관되고 사회적으로 책임 있는 실천방법을 통해 클라이언트의 이익과 전체 사회의 이익 간 갈등을 해결하기 위해 노력한다.

② 인간관계의 중요성

사회복지사는 인간관계의 중요성을 인식한다. 사회복지사는 인간과 인간 및 인간들 간 관계가 변화의 중요한 수단이라는 사실을 이해한다. 사회복지사는 원조과정에서 인간을 협력자로 활용하고, 개인·가족·사회집단·조직·지역사회의 복지를 증진하고 회복하고 유지하는 한편 관련된 사람들 사이의 관계를 강화하기 위해 노력한다.

③ 서비스

사회복지사의 주요 실천목표는 욕구를 가진 사람들을 지원하고 사회문제를 해결하는 것이다. 사회복지사는 자신의 이익을 추구하지 않고 다른 사람들에게 서비스를 제공한다. 사회복지사는 자신의 지식, 가치, 기술을 기반으로 해서 욕구를 가진 사람들을 지원하고 사회문제를 발견해 그 문제를 해결하는 것은 물론 일반 시민들에게 문제예방의 중요성을 널리 알린다. 사회복지사는 재정적 보상을 기대하지 않고 자신의 전문기술을 제공하며 봉사할 수 있어야 한다.

④ 사회정의

사회복지사는 사회적 불의에 도전한다. 사회복지사는 특히 취약하고 억압받는 개인 및 집단과 함께 때로는 그들을 대신해 사회변화를 도모한다. 이와 같은 사회복지사의 사회변화를 위한 노력은 주로 빈곤, 실업, 차별, 다른 형태의 사회적 불의(불공평)에 초점을 둔다. 이러한 활동은 억압과 문화적·민족적 다양성에 관한 민감성과 지식을 증진하기 위한 노력의 일환이다. 사회복지사는 필요한 정보·서비스·자원에의 접근과 기회의 평등, 그리고 의사결정에 관련된 더욱 많은 사람들의 의미 있는 참여를 보장하기 위해 노력한다.

⑤ 사회통합

사회복지사는 신뢰하는 자세로 행동한다. 사회복지사는 사회복지 전문직의 사명, 가치, 윤리원칙, 윤리기준을 끊임없이 인식하고 이들과 일관된 방법으로 실천한다. 사회복지사는 솔직하고 책임감 있게 행동하고 자신들과 관련된 조직의 한 부분으로서, 즉 자신들이 가입된 협회의 회원으로서 윤리적 실천을 증진한다.

⑥ 역량강화에 대한 믿음

사회복지사는 자신에게 주어진 역량만큼 실천하는 한편 자신의 전문적 능력을 끊임없이 계발하고 증진한다. 사회복지사는 자신의 전문지식과 기술을 끊임없이 확충하고 이러한 지식과 기술을 실천현장에 적용하기 위해 노력한다. 사회복지사는 사회복지전문직의 지식기반에 기여하기 위해 노력해야 한다.

28

인권과 사회복지의 만남

유엔아동권리협약의 의의와 구성

세계인권선언(1948)이 모든 인간에 대한 보편적이고 종합적인 인권선언의 경전이라고 한다면, 유엔아동권리협약(1989, 이하 협약)은 아동의 권리에 대한 보편적이고 체계적인 아동권리의 경전이라고 할 수 있다. 이 협약 이전에도 아동에 관한 권리규범이 없었던 것은 아니다. 그러나 종래의 아동권리헌장이나 선언은 강제성이나 구속력이 미약하고 상징적인 수준에 머물렀으나 이 협약은 국제법적 구속력을 가지며 18세 미만의 모든 아동을 보호의 대상으로 적용함과 동시에 이들을 적극적인 권리의 주체로 인정함으로써 아동의 권리에 관한 한 획기적인 국제문서이자 종합적인 권리규범으로 평가받고 있다. 특히 협약은 아동을 독자적인 인간이라는 관점에서 보고 아동에 대한 권리보장의 필요성을 강하게 확인하고 있으며 수동적 권리의 강화는 물론 아동의 능동적인 권리도 명확하게 호소하고 있다는 점에서 획기적이라 할 수 있다. 이를 위해 협약은 아동의 권리에 대한 총체적인 접근을 채택하고 있다. 협약에서 제시하고 있는 아동의 모든 권리는 아동의 완전하고 조화로운 인격발달과 인간의 존엄성을 실현하는 데 필요한 권리들이다. 게다가 그 권리들은 연계되어 상호보완적이며 권리 사이의 어떠한 위계도 찾아볼 수 없다는 특징을 지니고 있다(김정래, 2002).

협약은 아동의 최선의 이익을 목표로 이에 비준한 당사국으로 하여금 해당 국가의 사회적·정치적·문화적 생활에 아동이 적극적으로 참여할 수 있는 조건을 형성할 것을 요청하고 있다. 협약은 아동을 18세 미만의 자로 정의하고, 모든 형태의 인권, 즉 아동의 시민적·정치적·경제적·사회적·문화적 권리를 보장하는 한편 특정한 권리의 향유가 다른 권리의 향유로부터 분리될 수 없음을 강조하고 있다. 즉, 시민적·정치적 권리와 경제적·사회적·문화적 권리는 상호의존적이어서 분리될 수 없으며, 이는 곧 아동의 권리 간 상호연계성을 의미한다. 예컨대 아동에게 인지적 능력을 개발할 자유권만을 부여하는 것은 무의미한 규정이나 마찬가지라는 것이다. 왜냐하면 이러한 자유권과 함께 경제적·사회적·문화적 권리의 하나인 '교육을 받을 권리'를 인정하지 않는다면 빈곤가정에서 태어난 아동은 학교를 다닐 기회가 차단되어 인지적 능력을 개발할 자유권을 실현할 수 없기 때문이다. 아동의 교육을 받을 권리를 보장하기 위해서는 국가가 재원을 투입해 더 많은 학교를 세우고 무상교육의 기회를 제공해야 한다.

특히 협약은 소수자·토착민 집단의 아동문제와 약물남용과 방임문제에 접근해 아동을 모든 형태의 착취로부터 보호함으로써 인권의 법률적 적용범위를 넓혔다. 형사절차상 재판의 대상이 되는 아동의 인권을 보호하기 위해 특별한 규정도 만들었다. 협약은 아동을 돌보고 보호함에 무엇보다도 친부모의 역할이 매우 중요하고, 동시에 국가는 친부모와 가족이 아동의 양육의무를 수행할 수 있도록 지원할 책임이 있다고 규정하고 있다. 협약의 실행은 유엔아동권리위원회에 위임되어 있다.

협약은 전문과 본문 총 54개 조항으로 구성되어 있고, 본문은 다시 3부로 나뉘어 있다. 그 내용은 경제, 사회, 문화 등 아동의 구체적인 삶을 포괄하고 있으며, 제1부는 구체적 아동권리의 보장(실천원칙, 방법, 아동권리의 유형)을, 제2부는 협약이행을 위한 당사국의 실천의무(아동권리 홍보, 아동권리위원회 설치, 보고서 제출)를, 제3부는 협약의 비준절차를 규정하고 있다.

아동권리협약의 구성

- 제1부(제1~42조) : 아동권리와 당사국의 아동보호 의무규정
- 제2부(제43~ 45조) : 당사국의 아동권리협약 이행규정
- 제3부(제46~54조) : 부칙(서명, 가입, 비준, 개정, 유보, 폐기, 원본규정)

제1부의 41개 조항은 아동의 정의를 포함한 일반 원칙(제1~3조)과 이행 방법(제4~5조, 제41조), 그리고 아동권리(제6~40조)의 내용으로 다시 구분된다. 그 주요 내용은 다음과 같다(이혜원, 2006a).

① 협약의 대상인 아동을 18세 미만의 자(제1조)로 정의하고, 출신이나 성별을 포함한 무차별의 원칙(제2조), 아동의 최선의 이익 원칙(제3조), 참여의 원칙(제12조)을 명시하고 있다.

② 아동을 보호의 대상뿐 아니라 적극적인 권리의 주체로 규정하며 아동의 생명권(제5조), 국적권(제7조), 의견을 표명하는 권리(제12조), 표현의 자유에 관한 권리(제13조), 사상·양심·종교의 자유에 관한 권리(제14조), 결사·집회의 자유에 관한 권리(제15조), 고문이나 사형 또는 무기형 금지(제37조) 등 능동적인 시민의 권리에 관한 적극적 보장을 규정하고 있다.

③ 부모로부터의 분리제한(제9조), 불법해외이송 금지(제11조), 부모나 보호자의 양육책임(제18조), 아동학대로부터의 보호(제19조), 요보호 아동에 대한 국가보호(제20조), 입양에서의 아동의 최선의 이익(제21조) 등 가정보호를 규정하고 있다.

④ 아동의 생존과 발달의 보장(제6조), 장애아동 보호(제23조), 건강관리, 질병 · 영양관리, 모성보호, 가족계획, 유해한 전통관습의 폐지(제24조), 사회보장 수급권(제24조), 보육서비스 제공(제18조) 등 제반 아동복지서비스의 보장을 규정하고 있다.

⑤ 의무교육(제28조)과 여가 · 문화보장(제32조)을 규정하고 있다.

⑥ 난민아동(제22조), 전쟁 시 아동보호(제32조) 등 위급한 상황에 처한 아동보호, 체포나 구금(제37조) 및 형사피의자(제40조)가 된 아동의 권리보장, 아동의 노동력착취 금지(제32조), 성적학대로부터의 보호(제34조), 마약으로부터의 보호(제32조) 등 다양한 아동학대로부터 보호 받을 권리를 규정하고 있다.

제2부의 4개 조항(제42~45조)은 당사국의 협약에 대한 홍보의무(제42조), 가입 후 2년 이내 그리고 이후 매 5년마다 협약의 이행에 대한 국가 및 민간보고서 제출의무(제44조), 4년 임기의 10인 위원으로 구성되는 유엔아동권리위원회의 설치운영(제43조) 등을 규정하고 있다.

마지막으로 제3부의 9개 조항(제46~54조)은 부측으로, 협약의 비준, 공개, 유보조항*, 폐기 등에 대한 사항을 규정하고 있다.

* 한국정부는 1990년 9월 유엔아동권리협약에 서명하고 1991년 11월 이 협약의 3개 조항(자녀의 부모면접권, 정부의 입양허가절차, 상소권)을 유보하고 비준함으로써 1991년 12월 20일부터 협약 당사국이 되었다. 이후 1994년 11월 제1차 정부보고서와 NGO보고서가, 2000년 12월 제2차 정부보고서와 NGO보고서가, 2009년 제3차 정부보고서와 NGO보고서가 각각 유엔아동권리위원회에 제출됐다. 이러한 과정을 통해 3개 유보조항 가운데 자녀의 부모

유엔아동권리협약의 4대 원칙

협약을 이행할 때 중요한 기본원칙은 다음과 같다(이혜원, 2006a).

(1) 무차별의 원칙(제2조)

아동은 성별, 종교, 사회적 신분, 인종, 국적 등 그 어떤 조건과 환경에서도 차별되어서는 안 된다. 즉, 이 협약에 규정된 모든 아동의 권리는 어떠한 경우에라도 모든 아동에게 차별됨 없이 보장되어야 한다.

(2) 아동의 최선의 이익 원칙(제3조)

이 협약을 비준한 모든 국가는 아동에 관한 모든 정책과 활동에 아동의 최선의 이익(the best interests of the child)을 최우선적으로 고려해야 한다. 여기서 아동의 최선의 이익이란 곧 모든 행위가 아동의 관점에서 아동에게 제공되는 최선의 이익을 의미한다. 이 원칙은 아동권리협약의 백미로 네 가지 원칙 가운데 중심 원칙이다. 그렇다면 과연 누가 아동의 최선의 이익을 결정하는가? 이에 대해 가능한 한 아동 스스로 결정해야 한다고 답할 수 있다. 이는 아동의 의사존중 조항인 제12조와 연결되는 것으로, 아동의 참여는 발달수준에 고려한 원칙에 따라 이행되어야 하기 때문이다.

(3) 아동의 생존·보호·발달보장 원칙(제6조)

모든 아동은 생명에 관한 고유한 권리를 가지고 있으며, 당사국은 이러한

• • •

면접교섭권은 2007년 민법 개정을 통해 보장됨으로써 그 유보가 철회됐고, 정부의 입양허가절차는 2011년 8월 민법 개정을 통해 가정법원의 허가제로 변경됨으로써 개정법이 발효되는 2013년 이후 철회될 예정이다.

아동의 생존과 발달을 보장하기 위해 가능한 최선의 환경을 제공해야 한다. 이러한 원칙에 근거해 아동권리협약에서는 아동의 권리를 기본적으로 생존권, 보호권, 발달권, 참여권으로 분류하고 있다.

(4) **아동의 의사존중 원칙**(제12조)

아동에게 영향을 미치는 모든 사항은 아동의 관점에서 고려되고 결정되어야 한다. 그러나 일반적으로 아동의 의견존중 조항에 대한 완전이행은 불가능하다. 따라서 이 원칙은 사회적 관습과 맥락을 충분히 고려해 그 범위 내에서 지켜지도록 노력해야 할 것이다. 이 원칙을 지키기 위해서는 당사국이 국내 법률적 조치나 제도를 상당 부분 보완할 필요가 있다.

우리나라는 1991년 이 협약에 비준한 이후 국내 아동·청소년관련 법률들을 제·개정하면서 인권관련 조항들을 포함시키기 시작했다. 예컨대 1997년 12월 교육기본법은 제12조 제1항에서 "학생을 포함한 학습자의 기본적 인권은 교육의 과정에서 존중되고 보호된다"라고 명시했다. 이 조항은 비록 선언적 의미만을 지니는 것이기는 하지만 학생의 권리침해가 개선되지 않는 우리 교육현실에서는 상당한 의미를 갖는 조항이었다(이혜원 외, 2008). 그리고 2000년 1월 전면 개정된 아동복지법은 제3조 제1항에서 "아동은 자신 또는 부모의 성별, 연령, 종교, 사회적 신분, 재산, 장애유무, 출생지역 등에 따른 어떠한 종류의 차별도 받지 않고 자라나야 한다"라는 차별금지 원칙을 규정했고, 제3항에서 "아동에 관한 모든 활동에 있어서 아동의 이익이 최우선적으로 고려되어야 한다"라는 아동의 최선이익 원칙을 명시했으며, 제4조에서 "모든 국민은 아동의 권익과 안전을 존중해야 하며 아동을 건강하게 양육해야 한다"라고 규정했다.

유엔아동권리협약의 4대 권리

아동의 권리는 기본적으로 아동발달이론에 기초해 크게 세 가지 하위개념, 즉 ① 아동의 발달에 필요한 자원을 시기적절하게 제공(provision)받고 사용할 권리, ② 위해한 모든 환경으로부터 보호(protection)받을 권리, ③ 아동 자신의 성장과 미래에 대한 결정에 참여(participation)할 기회를 가질 권리로 구분된다. 다시 말해 아동이 가지는 권리는 3P의 개념, 즉 제공, 보호, 참여의 개념으로 이해될 수 있다. 제공은 아동이 생존에 필요한 자원을 지원받는 것, 보호는 아동을 위해한 환경으로부터 건강하고 안전하게 지키는 것, 참여는 아동이 자신과 관련된 모든 일에 대해 간섭을 받지 않고 자신의 의사를 자유롭게 표현하는 것을 의미한다.

이와 같이 아동의 발달특성을 고려한 아동권리의 3P 개념에 근거해 세이브더칠드런(Save the Children, 1999)은 협약에 규정된 아동권리를 다음 네 가지 권리의 유형으로 분류한 뒤 해당 유형별로 아동권리의 개념을 정의하고 있다.

(1) 생존권

아동이 생명을 유지하고 기본적인 삶을 누리는 데 필요한 권리로, 적절한 생활수준을 누릴 권리, 안전한 주거지에서 살아갈 권리, 충분한 영양을 섭취하고 기본적인 보건서비스를 받을 권리 등을 포함한다.

제6조 : 고유한 생명권

제7조 : 이름 · 국적권

제8조 : 신분보장권

제9조 : 부모와 분리금지

제19조 : 학대 · 착취로부터의 보호

제20조 : 부모역할 대리보호

제21조 : 기관입양

제23조 : 장애청소년의 보호

제24조 : 건강유지 · 의료시설이용권

제26조 : 사회보장수급권

제27조 : 생활보장수급권

제30조 : 소수민족청소년의 보호

제32조 : 노동착취로부터의 보호

제33조 : 약물로부터의 보호

제34조 : 성학대로부터의 보호

제35조 : 청소년의 유괴 · 매매 금지

제38조 : 무력분쟁으로부터의 보호

(2) 보호권

아동이 모든 형태의 학대와 방임, 차별, 폭력, 고문, 징집, 부당한 형사처벌, 과도한 노동, 약물과 성폭력 등 아동에게 유해한 것으로부터 보호를 받고 위기상황(난민아동, 법률접촉아동, 소수민족아동 등)에서 특별한 보호를 받을 권리를 말한다.

- 차별로부터의 보호

제2조 : 무차별 · 평등

제7조 : 이름 · 국적권

제23조 : 장애청소년의 보호

제30조 : 소수민족청소년의 보호

• 학대 · 방임 · 착취로부터의 보호

제10조 : 가족의 재결합

제11조 : 불법 해외이송 금지

제16조 : 사생활의 보호

제19조 : 학대 · 착취로부터의 보호

제20조 : 부모역할 대리보호

제21조 : 기관입양

제25조 : 양육지정청소년 진단

제32조 : 노동착취로부터의 보호

제33조 : 약물로부터의 보호

제34조 : 성학대로부터의 보호

제35조 : 청소년의 유괴 · 매매 금지

제36조 : 기타 착취로부터의 보호

제37조 : 고문 · 사형 금지

제39조 : 요보호청소년의 사회적 재활 · 자립지원

제40조 : 소년범의 상소권

• 특별한 보호(위기 · 응급상황으로부터의 보호)

제10조 : 가족의 재결합

제22조 : 난민청소년의 보호

제25조 : 양육지정청소년 진단

제38조 : 무력분쟁으로부터의 보호

제39조 : 요보호청소년의 사회적 재활 · 자립지원

(3) 발달권

아동이 잠재력을 최대한 발휘하는 데 필요한 권리로, 정규적·비정규적 교육을 받을 권리, 여가를 즐길 권리, 문화생활을 하고 정보를 얻을 권리, 사상·양심·종교의 자유를 누릴 권리 등을 포함한다.

제5조·제6조·제13조·제14조·제15조 : 청소년의 신체·심리·사회적 발달지원

제6조·제7조 : 청소년의 정체성(이름, 국적 등) 발달과업지원

제9조·제10조·제11조 : 가족의 양육지원

제12조·제13조 : 표현의 자유

제14조 : 사상·양심·종교의 자유

제17조 : 정보·자료접근권

제24조 : 건강과 의료지원

제28조·제29조 : 교육권(인권교육권 포함)

제31조 : 놀이와 오락활동, 문화활동의 참여

(4) 참여권

아동이 자신의 나라와 지역사회 활동에 적극적으로 참여할 수 있는 권리로, 자신의 의견을 자유롭게 표현하고 자신의 삶에 영향을 주는 문제들에 대해 발언권을 가지며 단체에 가입하거나 평화적인 집회에 참여할 수 있는 권리 등을 포함한다.

제12조 : 의견표명

제13조 : 표현·정보의 자유

제15조 : 집회·결사의 자유

제17조 : 정보·자료·대중매체에의 접근, 유해한 정보·대중매체로부터의 보호

제18조 : 자녀양육을 위한 부모의 양육지원, 청소년 최선의 이익

유엔아동권리협약에 규정된 40개 조항의 핵심내용

제1조 : 아동의 정의

제2조 : 무차별

제3조 : 아동 최선의 이익

제4조 : 정부의 역할

제5조 : 부모의 역할

제6조 : 생존·보호·발달보장

제7조 : 이름과 국적권

제8조 : 이름과 국적 등 신분 되찾기

제9조 : 부모와 함께 살기

제10조 : 가족과의 재결합(가족복귀)

제11조 : 내 나라에서 살기

제12조 : 의사존중

제13조 : 표현의 지유

제14조 : 양심과 종교의 자유

제15조 : 모임의 지유

제16조 : 사생활 보호

제17조 : 유익한 정보접근의 자유

제18조 : 부모의 책임

제19조 : 폭력과 학대로부터의 보호

제20조 : 보호를 필요로 하는 아동의 사회적 지원

제21조 : 기관입양

제22조 : 난민아동의 지원

제23조 : 장애아동의 지원

제24조 : 영양과 건강보장

제25조 : 아동복지시설 평가와 지원

제26조 : 사회보장제도

제27조 : 적합한 양육환경과 생활수준보장

제28조 : 교육권

제29조 : 교육의 목적(인권교육 등 포함)

제30조 : 소수민족아동

제31조 : 여가와 놀이

제32조 : 노동착취로부터의 보호

제33조 : 약물로부터의 보호

제34조 : 성 착취로부터의 보호

제35조 : 인신매매와 유괴로부터의 보호

제36조 : 모든 착취로부터의 보호

제37조 : 범죄아동의 보호

제38조 : 전쟁으로부터의 보호

제39조 : 신체적·심리적 치료를 통한 건강의 회복

제40조 : 공정한 재판과 자기결정권 보장

부록: 유엔아동권리협약 전문

유엔아동권리협약은 총 54조로 되어 있다. 제1~40조는 실제적인 아동의 권리를 소개하고 있고, 제41조는 협약의 법적인 효력을 설명하고 있다. 제42~45조는 협약의 홍보와 이행, 제46~54조는 협약의 비준에 관한 조항이다.

제1조

아동의 범위는 특별히 따로 법으로 정하지 않는 한 18세 미만까지로 한다.

제2조

1. 협약의 당사국(이후 '당사국'이라 한다)은 아동이나 그 부모, 후견인의 인종, 피부색, 성별, 언어, 종교, 정치적 의견, 민족적 · 인종적 · 사회적 출신, 재산, 장애여부, 태생, 신분 등의 차별 없이 이 협약에 규정된 권리를 존중하고, 모든 아동에게 이를 보장해야 한다.
2. 당사국은 아동이 부모나 후견인 또는 다른 가족의 신분과 행동, 의견이나 신념을 이유로 차별이나 처벌을 받지 않도록 모든 적절한 조치를 취해야 한다.

제3조

1. 공공 · 민간 사회복지기관, 법원, 행정당국, 입법기관 등은 아동과 관련된 활동을

함에 있어 아동에게 최상의 이익이 무엇인지 가장 먼저 고려해야 한다.

2. 당사국은 아동의 부모, 후견인 및 기타 아동에 대해 법적 책임이 있는 자의 권리와 의무를 고려해 아동복지에 필요한 보호와 배려를 보장하고, 이를 위해 입법적·행정적으로 모든 적절한 조치를 취해야 한다.

3. 당사국은 아동보호의 책임을 지는 기관과 시설이 관계당국이 설정한 기준, 특히 안전과 위생분야, 직원의 수와 자질, 관리와 감독의 기준을 지키도록 보장해야 한다.

제4조

당사국은 이 협약이 명시한 권리의 실현을 위해 입법적·행정적 조치를 비롯해 모든 적절한 조치를 취해야 한다. 경제적·사회적·문화적 권리보장을 위해 당사국은 최대한 자원을 동원해야 하며 필요한 경우 이를 국제협력의 관점에서 시행해야 한다.

제5조

당사국은 아동이 이 협약이 명시한 권리를 행사함에 있어 부모나 현지관습에 의한 확대가족, 공동체 구성원, 후견인 등 법적 보호자들이 아동의 능력과 발달 정도에 맞게 지도하고 감독할 책임과 권리가 있음을 존중해야 한다.

제6조

1. 당사국은 모든 아동이 생명에 관한 고유의 권리를 가지고 있음을 인정한다.

2. 당사국은 아동의 생존과 발달을 최대한 보장해야 한다.

제7조

1. 아동은 출생 후 즉시 등록되어야 하며, 이름과 국적을 가져야 하며, 가능한 한 부모가 누구인지 알고 부모에 의해 양육받아야 한다.

2. 당사국은 국내법 및 관련 국제문서상의 의무에 따라 아동이 이러한 권리를 누릴 수 있도록 보장해야 하며, 국적 없는 아동의 경우 보다 특별한 보장을 해야 한다.

제8조

1. 당사국은 이름과 국적, 가족관계 등 법률에 의해 인정된 신분을 보존할 수 있는 아동의 권리를 존중해야 한다.
2. 아동이 자신의 신분요소 중 일부나 전부를 불법적으로 박탈당한 경우 당사국은 해당 아동의 신분을 신속하게 회복하기 위해 적절한 원조와 보호를 제공해야 한다.

제9조

1. 당사국은 법률 및 절차에 따라서 사법당국이 부모와의 분리가 아동에게 최상의 이익이 된다고 결정한 경우 외에는, 아동이 자신의 의사에 반해 부모와 떨어지지 않도록 보장해야 한다. 이러한 결정은 부모에 의한 아동학대나 유기, 부모의 별거로 인한 아동의 거취 결정 등 특별한 경우에 필요할 수 있다.
2. 이 조 제1항의 규정을 시행하는 절차에 있어 모든 이해당사자는 자신의 의견을 표명할 기회를 가져야 한다.
3. 당사국은 아동의 이익에 반하는 경우 외에는, 부모의 한 쪽이나 양쪽 모두로부터 떨어진 아동이 정기적으로 부모와 관계를 갖고 만남을 유지할 권리를 존중해야 한다.
4. 부모나 아동의 감금, 투옥, 망명, 강제퇴거 또는 사망(당사국이 억류하고 있는 동안 사망한 경우 포함) 등과 같이 당사국이 취한 조치 때문에 아동과 부모가 분리된 경우, 당사국은 아동에게 해롭지 않다고 판단되는 정보제공 요청이 있을 때 부모나 아동, 다른 가족에게 부재중인 가족의 소재에 관한 필수적인 정보를 제공해야 한다. 또한 당사국은 그러한 요청 의뢰가 관련자에게 불리한 결과를 초래하지 않도록 보장해야 한다.

제10조

1. 제9조 제1항에 규정된 의무에 따라 가족의 재결합을 위해 아동이나 그 부모가 당사국에 입국이나 출국신청을 했을 경우 당사국은 이를 긍정적이며 인도적인 방법으로 신속히 처리해야 한다. 또한 이러한 요청이 신청자와 그 가족에게 불리한 결과를 초래하지 않도록 보장해야 한다.

2. 부모가 다른 나라에 거주하는 아동은 예외적인 상황 외에는 정기적으로 부모와 개인적 관계를 갖고 만남을 유지할 권리를 가진다. 따라서 협약 제9조 제2항에 규정된 당사국의 의무에 따라 당사국은 아동과 그 부모가 본국을 비롯한 어떠한 국가로부터도 출국할 수 있는 권리를 존중해야 하며 본국으로 입국할 수 있는 권리 또한 존중해야 한다. 이러한 권리는 법률에 의해 규정되어야 하며 이 권리의 제한은 협약이 인정하는 다른 권리와 부합되는 범위에서 국가안보와 공공질서, 공중보건, 도덕, 타인의 권리와 자유를 보호하기 위한 때에만 가능하다.

제11조

1. 당사국은 아동이 불법으로 해외 이송되거나 본국으로 돌아오지 못하게 되는 상황을 막기 위해 적절한 조치를 취해야 한다.

2. 이 목적을 위해 당사국은 양자 또는 다자간 협정을 체결하거나 기존 협정에의 가입을 추진해야 한다.

제12조

1. 당사국은 자신의 의견을 형성할 능력을 갖춘 아동에게는 본인에게 영향을 미치는 모든 문제에 대해 자유롭게 의견을 표현할 권리를 보장하고, 아동의 나이와 성숙도에 따라 그 의견에 적절한 비중을 부여해야 한다.

2. 이 목적을 위해 당사국은 아동에게 영향을 미치는 사법적·행정적 절차를 시행함

에 있어 아동이 직접 또는 대리인이나 적절한 기관을 통해 의견을 진술할 기회를 국내법 준수의 범위 안에서 갖도록 해야 한다.

제13조

1. 아동은 표현할 권리를 가진다. 이 권리는 말이나 글, 예술형태 또는 아동이 선택하는 다양한 매체를 통해 국경과 관계없이 모든 정보와 사상을 요청하며 주고받을 수 있는 자유를 포함한다.
2. 이 권리의 행사는 일정한 제한을 받을 수 있다. 다만 이 제한은 오직 법률에 의해 규정되어야 하며 다음 사항을 위해 필요한 것이어야 한다.
   가. 타인의 권리 또는 명성 존중
   나. 국가안보, 공공질서, 공중보건, 도덕의 보호

제14조

1. 당사국은 사상·양심·종교의 자유에 대한 아동의 권리를 존중해야 한다.
2. 당사국은 아동이 이러한 권리를 행사함에 있어 부모나 후견인이 아동의 능력발달에 맞는 방식으로 아동을 지도할 권리와 의무를 존중해야 한다.
3. 종교와 신념을 표현하는 자유는 법률에 의해 규정되어야 하며 공공의 안전, 질서, 보건이나 도덕 또는 타인의 기본권과 자유를 보호하기 위해 필요한 경우에만 제한될 수 있다.

제15조

1. 당사국은 결사의 자유와 평화적 집회의 자유에 대한 아동의 권리를 인정한다.
2. 민주사회의 법체계 안에서 국가안보나 공공의 안전, 공공질서, 공중보건과 도덕의 보호 또는 타인의 권리와 자유의 보호를 위해 필요한 경우 외에는 이 권리의 행사

에 어떠한 제한도 가해서는 안 된다.

제16조

1. 아동은 사생활과 가족, 가정, 통신에 대해 자의적이거나 불법적인 간섭을 받지 않으며 또한 명예나 명성에 대해 불법적인 공격을 받지 않는다.

2. 아동은 이러한 간섭이나 공격으로부터 법적인 보호를 받을 권리가 있다.

제17조

당사국은 대중매체의 중요한 기능을 인정해 아동이 특히 자신의 사회적 · 정신적 · 도덕적 복지와 신체적 · 정신적 건강의 향상에 도움이 되는 국내외 정보와 자료에 접근할 수 있도록 보장해야 한다.

이 목적을 위해 당사국은,

가. 대중매체가 사회적 · 문화적으로 유익하고 제29조의 정신에 부합되는 정보와 자료를 아동에게 보급하도록 장려해야 한다.

나. 문화적 · 국내적 · 국제적으로 다양한 정보와 자료를 제작 · 교류 · 보급함에 있어 국제협력을 장려해야 한다.

다. 아동도서의 제작과 보급을 장려해야 한다.

라. 대중매체가 소수집단이나 원주민 아동이 겪는 언어상의 어려움에 특별한 관심을 기울이도록 장려해야 한다.

마. 제13조와 제18조의 규정을 유념해 아동복지에 유해한 정보와 자료로부터 아동을 보호하기 위해 적절한 지침을 개발하도록 장려해야 한다.

제18조

1. 당사국은 아동의 양육과 발달에 있어 양쪽 부모가 공동책임을 진다는 원칙이 공

인 받을 수 있도록 최선의 노력을 기울여야 한다. 부모 또는 경우에 따라 법정후견인은 아동의 양육과 발달에 일차적 책임을 지며 그들은 기본적으로 아동에게 무엇이 최상인가에 관심을 가져야 한다.

2. 이 협약에 규정된 권리의 보장과 증진을 위해 당사국은 아동에 대한 양육책임을 잘 이행할 수 있도록 부모와 법정후견인에게 적절한 지원을 제공해야 하며, 아동보호를 위한 기관과 시설, 서비스가 발전할 수 있도록 보장해야 한다.

3. 당사국은 취업부모의 자녀들이 아동보호시설과 서비스의 혜택을 받을 권리를 보장하기 위해 모든 적절한 조치를 취해야 한다.

제19조

1. 당사국은 아동이 부모나 법정후견인, 다른 보호자로부터 양육되는 동안 모든 형태의 신체적·정신적 폭력, 상해나 학대, 유기, 부당한 대우, 성적인 학대를 비롯한 착취로부터 아동을 보호하기 위해 모든 적절한 입법적·행정적·사회적·교육적 조치를 취해야 한다.

2. 이러한 보호조치 속에는 아동 및 아동의 양육책임자에게 필요한 지원을 제공하기 위한 사회계획의 수립과 이 조 제1항에 규정된 아동학대사례에 대한 다른 형태의 방지책, 학대사례를 확인·보고·조회·조사·처리·추적하고 필요한 경우 사법적 개입이 가능한 효과적인 절차가 포함되어야 한다.

제20조

1. 일시적 또는 영구적으로 가정을 박탈당했거나 아동에게 이롭지 않은 가정환경으로 인해 가정으로부터 분리된 아동은 국가로부터 특별한 보호와 원조를 부여받을 권리가 있다.

2. 당사국은 국내법에 따라 이러한 아동을 위한 대안적 보호방안을 확립해야 한다.

3. 이러한 보호는 위탁양육, 회교법의 카팔라(Kafalah, 빈곤아동, 고아 등을 위한 회교국의 위탁양육방법), 입양, 필요한 경우 적절한 아동보호시설에서의 양육까지를 포함한다. 양육방법을 모색할 때는 아동이 지속적으로 양육될 수 있는가 하는 점과 아동의 인종적·종교적·문화적·언어적 배경을 중시해야 한다.

제21조

입양제도를 인정하는 당사국은 아동의 이익이 가장 먼저 고려되도록 보장해야 하며 또한

가. 아동의 입양은 적용 가능한 법과 절차에 따라 적절하고 신빙성 있는 정보에 기초해 이루어져야 하며 관계당국에 의해서만 허가되도록 보장해야 한다. 관계당국은 부모나 친척, 후견인과 관련된 아동의 신분상태를 고려해 입양의 허용 여부와 필요한 경우 부모나 친척 등 관계자들이 협의해 입양에 대한 분별 있는 동의를 했는가 하는 점을 결정한다.

나. 해외입양은 아동이 위탁양육자나 입양가족을 구하지 못했거나 모국에서는 적절한 방법으로 양육될 수 없는 경우 아동양육의 대체수단으로 고려될 수 있음을 인정해야 한다.

다. 해외입양아가 국내입양아에게 적용되는 보호와 기준을 동등하게 누릴 수 있도록 보장해야 한다.

라. 해외입양의 경우 양육지정이 입양관계자들에게 부당한 금전적 이익을 주는 결과가 되지 않도록 모든 적절한 조치를 취해야 한다.

마. 적절한 상황이 되면 양자 또는 다자간 약정이나 협정을 체결해 이 조의 목적을 촉진시키며, 그러한 체제 안에서 아동에 대한 해외에서의 양육지정이 관계당국이나 기관에 의해 이루어지도록 노력해야 한다.

제22조

1. 당사국은 난민의 지위를 요청하거나 적용 가능한 국제법이나 국내법, 다른 절차에 따라 난민으로 규정된 아동이 부모나 다른 보호자의 동반여부와는 관계없이 이 협약 및 해당 국가의 국제인권/인도주의 관련 문서에 규정된 권리를 누림에 있어 적절한 보호와 인도적 지원을 받도록 관련 조치를 취해야 한다.

2. 이 목적을 위해 당사국은 유엔 및 유엔과 협력하는 자격 있는 정부기관이나 비정부기구들이 이러한 아동을 보호, 원조하고 가족재결합에 필요한 정보수집을 위해 난민아동의 부모나 가족추적에 기울이는 노력에 대해 적절한 협조를 해야 한다. 부모나 다른 가족을 찾을 수 없는 경우, 그 아동은 영구적 또는 일시적으로 가정환경을 박탈당한 다른 아동과 마찬가지로 이 협약에 규정된 보호를 받아야 한다.

제23조

1. 당사국은 정신적·신체적 장애아가 인격을 존중받고 자립과 적극적 사회참여가 장려되는 여건에서 여유롭고 품위 있는 생활을 누려야 함을 인정한다.

2. 당사국은 특별한 보호를 받을 장애아의 권리를 인정하며 활용 가능한 재원의 범위 내에서 아동과 부모, 다른 아동양육자의 사정에 맞는 지원이 신청에 의해 해당 아동과 양육책임자에게 제공되도록 장려하고 이를 보장해야 한다.

3. 장애아의 특별한 어려움을 인식하고, 이 조 제2항에 따른 지원을 할 경우, 부모 등 아동양육자의 재산을 고려해 가능한 한 무상지원을 해야 하며, 아동이 교육과 훈련, 의료지원, 재활지원, 취업준비 및 오락의 기회를 실질적으로 이용할 수 있는 지원 안을 장애아동의 사회참여와 문화적·정신적 발전 등 개인발전에 기여하는 방법으로 마련해야 한다.

4. 당사국은 국제협력의 정신에 입각해 이러한 분야에서의 능력과 기술을 향상시키고 경험을 확대하기 위해 장애아를 위한 재활, 교육 및 직업에 관한 정보보급과 이용

을 비롯해 예방의학분야, 의학적·심리적·기능적 치료에 관한 적절한 정보교환을 촉진해야 한다. 또한 이 문제를 다룸에 있어 개발도상국의 필요를 특별히 고려해야 한다.

제24조

1. 당사국은 아동이 최상의 건강수준을 유지할 권리와 질병치료 및 건강회복을 위해 시설을 이용할 권리를 인정한다. 이와 관련해 보건의료서비스 이용에 관한 아동의 권리가 침해되지 않도록 노력해야 한다.

2. 당사국은 이 권리의 완전한 이행을 추구해야 하며, 특히 다음과 같은 적절한 조치를 취해야 한다.

가. 영아와 아동사망률을 낮추기 위한 조치

나. 기초건강관리 증진에 중점을 두면서 모든 아동이 필요한 의료지원과 건강관리를 받을 수 있도록 보장하는 조치

다. 기초건강관리 체계 안에서 환경오염의 위험과 피해를 충분히 고려하면서, 쉽게 이용할 수 있는 기술적용과 충분한 영양식 및 안전한 식수보급을 통해 질병과 영양실조를 퇴치하기 위한 조치

라. 산모에게 적절한 산전·산후 건강관리를 보장하는 조치

마. 부모와 아동을 비롯한 모든 사회구성원이 아동의 건강과 영양, 모유수유의 장점, 위생 및 환경정화, 사고예방에 관한 기초지식 관련 정보를 제공 받고 교육받을 수 있도록 지원하는 조치

바. 예방 중심의 건강관리, 부모교육, 가족계획 교육과 서비스를 발전시키는 조치

3. 당사국은 아동의 건강에 유해한 전통관습을 폐지하기 위해 모든 효과적이고 적절한 조치를 취해야 한다.

4. 당사국은 이 조에서 인정하는 권리의 완전한 실현을 점진적으로 달성하기 위해

국제협력을 증진하고 장려해야 한다. 이 문제에 있어서 개발도상국의 필요를 특별히 고려해야 한다.

제25조

당사국은 아동이 보호나 신체적·정신적 치료의 목적으로 관계당국에 의해 양육 지정된 경우 해당 아동은 치료상황을 비롯해 양육 지정과 관련된 모든 상황을 정기적으로 심사받을 권리를 가짐을 인정한다.

제26조

1. 당사국은 모든 아동이 사회보험을 포함한 사회보장제도의 혜택을 받을 권리가 있음을 인정하며, 이 권리의 완전한 실현을 위해 자국의 국내법에 따라 필요한 조치를 취해야 한다.

2. 이러한 혜택은 아동 및 아동에 대한 부양책임자의 재산과 상황을 고려함은 물론 아동이 직접 또는 대리인이 행하는 혜택신청과 관련된 여러 상황을 고려해 적절한 경우에 부여되어야 한다.

제27조

1. 당사국은 모든 아동이 신체적·지적·정신적·도덕적·사회적 발달에 맞는 생활수준을 누릴 권리를 가짐을 인정한다.

2. 부모 또는 아동을 책임지는 보호자는 능력과 재산의 범위 안에서 아동발달에 필요한 생활여건을 조성할 일차적 책임을 진다.

3. 당사국은 재정범위 안에서 국내 상황을 고려해 부모나 아동을 책임지는 보호자가 이 권리를 실현할 수 있도록 적절한 조치를 취해야 하며, 필요한 경우에는 특별히 기본적인 의식주에 대해 물질적 지원과 지원프로그램을 제공해야 한다.

4. 당사국은 국내외에 거주하는 부모 또는 아동의 재정적 책임자로부터 양육비를 확보하기 위해 모든 적절한 조치를 취해야 한다. 특히 아동의 재정적 책임자가 아동과 다른 국가에 거주하는 경우 국제협약 가입이나 체결 등 적절한 조치를 세우도록 추진해야 한다.

제28조

1. 당사국은 교육에 대한 아동의 권리를 인정하며, 균등한 기회제공을 기반으로 이 권리를 점진적으로 달성하기 위해 특별히 다음 조치를 취해야 한다.
   가. 초등교육은 의무적으로 모든 사람에게 무상으로 제공되어야 한다.
   나. 일반 및 직업교육을 포함한 여러 형태의 중등교육 발전을 장려하고, 모든 아동이 중등교육의 혜택을 받을 수 있도록 하며, 무상교육을 도입하거나 필요한 경우 재정적 지원을 하는 등 적절한 조치를 취해야 한다.
   다. 모든 사람에게 능력에 따라 고등교육 기회가 개방되도록 모든 적절한 조치를 취해야 한다.
   라. 모든 아동이 교육 및 직업관련 정보와 지침을 이용할 수 있도록 조치를 취해야 한다.
   마. 학교 출석률과 중퇴율 감소를 촉진하는 조치를 취해야 한다.
2. 당사국은 학교규율이 아동의 인격을 존중하고 이 협약을 준수하는 방향으로 운영되도록 보장하기 위해 모든 적절한 조치를 취해야 한다.
3. 당사국은 특히 전 세계의 무지와 문맹퇴치에 이바지하고 과학기술지식 및 현대적인 교육체계에의 접근성을 높이기 위해 교육부문의 국제협력을 증진하고 장려해야 한다. 이 문제에 있어서 특별히 개발도상국의 필요를 고려해야 한다.

제29조

1. 당사국은 아동교육이 다음의 목표를 지향해야 한다는 데 동의한다.

가. 아동의 인격, 재능 및 정신적 · 신체적 잠재력의 최대 계발

나. 인권과 기본적 자유, 유엔헌장에 규정된 원칙 존중

다. 자신의 부모와 문화적 주체성, 언어 및 가치, 현 거주국과 출신국의 국가적 가치 및 이질적인 문명에 대한 존중

라. 아동이 인종적 · 민족적 · 종교적 집단 및 원주민 등 모든 사람과의 관계에 있어서 이해, 평화, 관용, 성(性) 평등 및 우정의 정신에 입각해 자유사회에서 책임 있는 삶을 영위하도록 하는 준비

마. 자연환경에 대한 존중

2. 이 조 제1항에 대한 준수와 교육기관의 교육이 국가가 설정한 최소기준에 맞아야 한다는 조건하에 이 조 또는 제28조의 어떤 조항도 개인 및 단체의 교육기관 설립 · 운영의 자유를 침해하는 것으로 해석되어서는 안 된다.

제30조

인종적 · 종교적 · 언어적 소수자나 원주민 아동은 본인이 속한 공동체의 구성원들과 함께 고유의 문화를 향유하고 고유의 종교를 믿고 실천하며 고유의 언어를 쓸 권리를 보호받아야 한다.

제31조

1. 당사국은 휴식과 여가를 즐기고 자신의 나이에 맞는 놀이와 오락활동에 참여하며 문화생활과 예술활동에 자유롭게 참여할 수 있는 아동의 권리를 인정한다.

2. 당사국은 문화적 · 예술적 활동에 마음껏 참여할 수 있는 아동의 권리를 존중하고 증진하며, 문화, 예술, 오락 및 여가활동을 위해 적절하고 균등한 기회제공을 촉진해

야 한다.

제32조

1. 당사국은 경제적인 착취를 비롯해 위험하거나 교육을 방해하거나 건강이나 신체적·지적·정신적·도덕적·사회적 발전에 유해한 모든 노동으로부터 보호받을 아동의 권리를 인정한다.

2. 당사국은 이 조의 이행보장을 위해 입법적·행정적·사회적·교육적 조치를 강구해야 한다. 이 목적을 위해, 그리고 여러 국제문서의 관련 규정을 고려해 당사국은 특히 다음의 규정들을 확립해야 한다.

가. 단일 또는 복수의 최저 고용연령 규정

나. 고용시간 및 고용조건에 관한 적절한 규정

다. 이 조의 효과적인 실시를 위한 적절한 처벌 규정

제33조

당사국은 관련 국제조약에서 규정하고 있는 마약과 향정신성 물질의 불법적 사용으로부터 아동을 보호하고 이러한 물질의 불법적 생산과 거래에 아동이 이용되는 것을 방지하기 위해 입법적·행정적·사회적·교육적 조치를 비롯한 모든 적절한 조치를 취해야 한다.

제34조

당사국은 모든 형태의 성 착취와 성학대로부터 아동을 보호할 의무를 진다. 이 목적을 달성하기 위해 당사국은 특히 다음의 사항을 방지하기 위해 적절한 국내적·양국간·다국 간 조치를 모두 취해야 한다.

가. 아동을 위법한 성적 활동에 종사하도록 유인하거나 강요하는 행위

나. 아동을 매춘이나 기타 위법한 성적 활동에 착취적으로 이용하는 행위
다. 아동을 외설스러운 공연 및 자료에 착취적으로 이용하는 행위

제35조

당사국은 모든 목적과 형태의 아동유괴나 매매 또는 거래를 방지하기 위해 적절한 국내적·양국 간·다국 간 조치를 모두 취해야 한다.

제36조

당사국은 아동복지를 침해하는 모든 형태의 착취로부터 아동을 보호해야 한다.

제37조

당사국은 다음의 사항을 보장해야 한다.

가. 어떤 아동도 고문을 당하거나 잔혹하거나 비인간적이거나 굴욕적인 대우나 처벌을 받아서는 안 된다. 18세 미만의 아동이 범한 범죄에 대해서는 사형 또는 석방의 가능성이 없는 종신형 처벌을 내려서는 안 된다.
나. 어떤 아동도 위법적 또는 자의적으로 자유를 박탈당해서는 안 된다. 아동의 체포, 억류, 구금은 법에 의해 오직 최후의 수단으로서 꼭 필요한 최단기간 동안만 행해져야 한다.
다. 자유를 박탈당한 모든 아동은 인도주의와 인간존엄성에 대한 존중에 입각해 아동의 나이에 맞는 처우를 받아야 한다. 특히 자유를 박탈당한 모든 아동은 성인과 함께 수용되는 것이 아동에게 최선이라고 판단되는 경우를 제외하고는 성인으로부터 격리되어야 하며, 예외적인 경우를 제외하고는 서신과 방문을 통해 가족과 연락할 권리를 가진다.
라. 자유를 박탈당한 모든 아동은 법률적 지원 및 다른 필요한 지원을 신속하게 받

을 권리를 가짐은 물론 법원이나 기타 권한 있고 독립적이며 공정한 당국에서 자유박탈의 합법성에 이의를 제기하고 이러한 소송에 대해 신속한 판결을 받을 권리를 가진다.

제38조

1. 당사국은 아동과 관련 있는 무력분쟁에 있어 당사국에 적용 가능한 국제적인 인도주의법의 규칙을 존중하고 이행할 의무를 진다.
2. 당사국은 15세 미만 아동이 적대행위에 직접 참여하지 않도록 보장하기 위해 실행 가능한 모든 조치를 취해야 한다.
3. 당사국은 15세 미만 아동의 징집을 삼가야 한다. 15세 이상 18세 미만 아동을 징집하는 경우 최연장자부터 하도록 노력해야 한다.
4. 무력분쟁하의 민간인 보호를 위한 국제적인 인도주의법의 의무에 따라 당사국은 무력분쟁의 영향을 받는 아동을 보호하기 위해 실행 가능한 모든 조치를 취해야 한다.

제39조

당사국은 모든 형태의 유기, 착취, 학대, 고문, 기타 모든 형태의 잔혹하거나 비인간적이거나 굴욕적인 대우나 처벌 또는 무력분쟁으로 인해 희생된 아동의 신체적·심리적 회복 및 사회복귀를 위해 모든 적절한 조치를 취해야 한다.

제40조

1. 당사국은 형사피의자나 형사피고인, 유죄로 인정받은 모든 아동이 타인의 인권과 자유에 대한 아동의 존중심을 강화하고 아동의 나이에 대한 고려와 함께 사회복귀 및 사회에서 맡게 될 건설적 역할의 가치를 고려하는 등 인간존엄성과 가치에 대한 의식을 높일 수 있는 방식으로 처우 받을 권리가 있음을 인정한다.

2. 이 목적을 위해 국제문서의 관련 규정을 고려해 당사국은 특히 다음 사항을 보장해야 한다.

가. 모든 아동은 국내법이나 국제법에 위배되지 않는 행위를 이유로 형사피의자가 되거나 형사기소되거나 유죄로 인정받지 않는다.

나. 형사피의자나 형사피고인이 된 모든 아동은 최소한 다음 사항을 보장 받는다.

(1) 법률에 따라 유죄가 입증될 때까지 무죄로 추정 받는다.

(2) 피의사실에 대한 변론준비와 제출에 있어 직접 또는 부모나 후견인을 통해 신속하게 법률적 지원을 비롯한 적절한 지원을 받는다.

(3) 권한 있고 독립적이며 공평한 기관이나 사법기관에 의해 법률적 지원 및 다른 적절한 지원하에 법에 따른 공정한 심리를 통해 지체 없이 판결을 받아야 하며, 아동에게 최상의 이익이 아니라는 판단이 없는 한 특별히 아동의 나이나 상황, 부모나 후견인 등을 고려해야 한다.

(4) 증언이나 유죄의 자백을 강요당하지 않으며, 자신에게 불리한 증인을 심문하거나 심문 받는 것과 대등한 조건으로 자신을 대변할 증인의 출석과 심문을 확보할 수 있어야 한다.

(5) 형법위반으로 간주되는 경우, 판결 및 그에 따른 모든 조치는 법률에 따라 권한 있고 독립적이며 공정한 상급당국이나 사법기관에 의해 심사되어야 한다.

(6) 아동이 사법절차에서 사용되는 언어를 이해하지 못하거나 말하지 못하는 경우, 무료로 통역원의 지원을 받아야 한다.

(7) 사법절차의 모든 단계에서 아동의 사생활은 충분히 존중되어야 한다.

3. 당사국은 형사피의자, 형사피고인, 유죄로 인정받은 아동에게 특별히 적용할 수 있는 법률과 절차, 기관 및 기구의 설립을 추진하도록 노력하며, 특히 다음 사항에 대해 노력해야 한다.

가. 형법위반능력이 없다고 추정되는 최저 연령의 설정

나. 적절하고 바람직한 경우, 인권과 법적 보호가 충분히 존중된다는 조건하에 이러한 아동을 사법절차에 의하지 않고 다루는 조치

4. 아동복지측면에서 적절하고 아동이 처한 상황 및 위법행위에 맞는 처우를 아동에게 보장하기 위해 제도적으로 아동을 보호하는 지도 및 감독명령, 상담, 보호관찰, 보호양육, 교육, 직업훈련계획, 기타 대체방안 등 다양한 처분이 가능해야 한다.

제41조

이 협약의 규정은 아동권리 실현에 보다 크게 공헌할 수 있는 다음 법률의 규정에 영향을 미치지 않는다.

가. 당사국의 법

나. 당사국에서 효력을 가지는 국제법

제42조

당사국은 이 협약의 원칙과 규정을 적절하고 적극적인 수단으로 성인과 아동 모두에게 널리 알릴 의무를 가진다.

제43조

1. 이 협약의 의무이행에 관해 당사국이 달성한 진전 상황을 심사하기 위해 이하에 규정된 기능을 수행하는 아동권리위원회를 설립한다.

2. 위원회는 이 협약이 다루고 있는 분야에서 명망 높고 능력을 인정받는 10명의 전문가로 구성된다. 위원회의 위원은 균형 있는 지역적 배분과 주요 법체계를 고려해 당사국 국민 중에서 선출되며, 개인적 자격으로 임무를 수행한다.

3. 위원회의 위원은 당사국이 지명한 후보 중에서 비밀투표로 선출된다. 각 당사국은 자국민 중 1인을 위원후보로 지명할 수 있다.

4. 위원회의 최초 선거는 이 협약의 발효일로부터 6개월 이내에 실시되며, 그 이후는 매 2년마다 실시된다. 각 선거일의 최소 4개월 이전에 유엔사무총장은 2개월 내에 후보자를 지명해 제출하라는 서한을 당사국에 발송해야 한다. 그 후 사무총장은 후보를 지명한 당사국 표시와 함께 후보들의 명단을 알파벳순으로 작성해 협약당사국들에게 제시해야 한다.

5. 선거는 유엔본부에서 사무총장이 소집한 당사국 회의에서 실시된다. 이 회의는 당사국의 3분의 2를 의결정족수로 하고, 회의에 출석해 투표한 당사국 대표들의 최대 다수 표 및 절대 다수 표를 얻는 자가 위원으로 선출된다.

6. 위원회 위원의 임기는 4년이며 재지명된 경우에는 재선될 수 있다. 단, 최초 선거에서 선출된 위원 중 5인의 임기는 2년 후 종료된다. 이들 5인 위원의 명단은 최초 선거 직후 동 회의의 의장에 의해 추첨으로 선정된다.

7. 위원회 위원이 사망, 사퇴 또는 본인이 특정 이유로 인해 위원회의 임무를 더 이상 수행할 수 없다고 선언하는 경우, 그 위원을 지명한 당사국은 위원회의 승인을 조건으로 자국민 중에서 잔여 임기를 수행할 다른 전문가를 임명한다.

8. 위원회는 자체의 절차규정을 제정한다.

9. 위원회는 2년 임기의 임원을 선출한다.

10. 위원회 회의는 통상적으로 유엔본부나 위원회가 결정하는 그 밖의 적절한 장소에서 매년 개최된다. 회의기간은 필요한 경우 총회의 승인을 조건으로 협약 당사국 회의에서 결정되고 검토된다.

11. 유엔사무총장은 이 협약에 의해 설립된 위원회가 효과적인 기능을 수행할 수 있도록 필요한 직원과 편의를 제공한다.

12. 이 협약에 의해 설립된 위원회 위원은 유엔총회의 승인을 얻고 총회가 결정하는 기간과 조건에 따라 유엔으로부터 보수를 받는다.

제44조

1. 당사국은 이 협약이 규정하는 권리실행을 위해 채택한 조치와 동 권리의 보장과 관련해 이루어진 진전 상황 보고서를 유엔사무총장을 통해 다음과 같이 위원회에 제출한다.

가. 당사국에서 협약이 발효된 후 2년 이내

나. 그 후 5년마다

2. 이 조에 따라 제출되는 보고서는 이 협약의 의무이행단계에 영향을 주는 요소와 어려움이 있을 경우 이를 명시해야 한다. 또한 보고서는 당사국의 협약이행에 관한 포괄적 이해를 위원회에 제공하기 위해 충분한 정보를 포함해야 한다.

3. 위원회에 포괄적인 최초 보고서를 제출한 당사국은, 제1항 나호에 의해 제출하는 후속보고서에 이미 제출된 기초적 정보를 반복할 필요가 없다.

4. 위원회는 당사국에게 이 협약의 이행과 관련된 추가정보를 요청할 수 있다.

5. 위원회는 위원회의 활동에 관한 보고서를 2년마다 경제사회이사회를 통해 총회에 제출한다.

6. 당사국은 자국의 활동에 관한 보고서를 자국 내 시민사회에서 널리 활용될 수 있도록 해야 한다.

제45조

이 협약의 효과적인 이행을 촉진하고 협약이 다루는 분야에서 국제협력을 장려하기 위해

가. 전문기구, 유니세프(유엔아동기금)를 비롯한 유엔기구들은 이 협약 중 그들의 권한에 속하는 규정이행과 관련된 논의에 대표를 파견할 권리를 가진다. 위원회는 전문기구, 유니세프 및 위원회가 적절하다고 판단하는 그 밖의 권한 있는 기구에 대해 각 기구의 권한에 속하는 분야에 있어 협약이행에 관한 전문적인

자문제공을 요청할 수 있다. 위원회는 전문기구, 유니세프 및 다른 유엔기구들에게 그들의 활동분야에 한해 협약이행에 관한 보고서 제출을 요청할 수 있다.

나. 위원회는 적절하다고 판단되는 경우 당사국이 기술적 자문지원 요청 또는 그 필요성을 명시한 보고서에 대해 위원회가 그러한 요청이나 지적에 대한 의견이나 제안을 하는 경우 위원회의 해당 의견이나 제안과 함께 해당 보고서를 전문기구, 유니세프 및 그 외의 권한 있는 기구에 전달해야 한다.

다. 위원회는 사무총장이 위원회를 대신해 아동권리와 관련된 특정문제에 대해 조사를 요청할 것을 총회에 권고할 수 있다.

라. 위원회는 이 협약 제44조 및 제45조에 의해 접수한 정보에 기초해 제안과 일반적 권고를 할 수 있다. 이러한 제안과 일반적 권고는 당사국의 논평이 있으면 그 논평과 함께 모든 관계 당사국에 전달되고 총회에 보고되어야 한다.

제46조

이 협약은 모든 국가가 서명하도록 개방된다.

제47조

이 협약은 비준되어야 유효하며 비준서는 유엔사무총장에게 기탁된다.

제48조

이 협약은 모든 국가가 가입할 수 있도록 개방되며 가입서는 유엔사무총장에게 기탁된다.

제49조

1. 이 협약은 20번째 비준서나 가입서가 유엔사무총장에게 기탁되는 날부터 30일째

되는 날 발효한다.

2. 20번째 비준서 또는 가입서의 기탁 이후 이 협약을 비준하거나 가입하는 각 국가에 대해 해당 국가의 비준서 또는 가입서 기탁 후 30일째 되는 날 발효한다.

제50조

1. 모든 당사국은 개정안을 제안하고 이를 유엔사무총장에게 제출할 수 있다. 사무총장은 제안된 개정안을 당사국들에게 통보하는 한편 이를 심의하고 표결하기 위한 당사국 회의개최에 대한 찬성여부를 물어야 한다. 이러한 통보일로부터 4개월 이내에 당사국 중 최소 3분의 1이 회의개최에 찬성하는 경우 사무총장은 유엔 후원으로 동 회의를 소집해야 한다. 개정안은 동 회의에 출석해 표결한 당사국 과반수의 찬성에 의해 채택되며 승인절차를 위해 유엔총회에 제출된다.

2. 제1항에 따라서 채택된 개정안은 유엔총회에 의해 승인되고 당사국 3분의 2 이상이 찬성할 때 효력이 발생한다.

3. 발효된 개정안은 이를 수락한 당사국에 대해 구속력을 가지며 다른 당사국은 계속해서 이 협약의 규정 및 당사국이 받아들인 그 이전의 모든 개정안에 대해서만 구속된다.

제51조

1. 유엔사무총장은 비준이나 가입 시 각 당사국이 유보한 조항의 문서를 접수하고 이를 모든 국가에 배포해야 한다.

2. 이 협약의 목표 및 목적과 부합되지 않는 유보는 허용되지 않는다.

3. 유보는 유엔사무총장에게 통지문을 제출함으로써 언제든지 철회될 수 있으며, 사무총장은 이를 모든 국가에 통보해야 한다. 유보조항철회 통지는 사무총장이 이를 접수한 날부터 유효하다.

제52조

당사국은 유엔사무총장에 대한 서면통지를 통해 이 협약을 폐기할 수 있다. 협약폐기는 사무총장이 통지문을 접수한 날로부터 1년 후 발효된다.

제53조

유엔사무총장은 이 협약을 보관하는 수탁자로 지명된다.

제54조

아랍어, 중국어, 영어, 프랑스어, 러시아어, 스페인어 정본으로 동등하게 만들어진 이 협약의 원본은 유엔사무총장에게 기탁된다.

이상의 증거로 아래의 서명 전권대표들은 각국 정부로부터 정당하게 권한을 위임 받아 이 협약에 서명했다.

참고문헌

공지영. 2004. 『우리들의 행복한 시간』. 서울: 푸른숲.

교육인적자원부. 2004. 『교육복지투자우선지역사업 길잡이』.

국가인권위원회. 2005. 「별별 이야기」.

김경준 외. 2005. 『청소년 인권정책 기본방향 연구』. 한국청소년개발원.

김기환. 1996. 「학생복지를 위한 학교사회사업의 필요성」. ≪한국아동복지학≫, 4권.

김대유·김현수. 2006. 『학교폭력, 우리 아이 지키기』. 서울: 노벨과 개미.

김상균·최일섭·최성재·조흥식·김혜란·이봉주·구인회·강상경·안상훈. 2007. 『사회복지 개론』. 파주: 나남출판.

김성천·장혜림·안진경·이은하·유희원·이은주·김효수. 2008. 『미등록 이주아동의 권리에 대한 실태조사』. 보건복지부·중앙대학교사회과학연구소.

김정래. 2002. 『아동권리향연』. 서울: 교육과학사.

김준호. 2009. 『청소년비행론』. 서울: 청목출판사.

문용린. 2002. 『인권감수성 지표 개발 연구』. 국가인권위원회.

성민선·조흥식·오창순·홍금자·김혜래·홍봉선·노혜련·윤찬영·이용교·조미숙·노충래·정규석·오승환·이상균·김경숙·김상곤·진혜경·윤철수·인정선·최경일·김영화. 2005. 『학교 사회복지의 이론과 실제』. 서울: 학지사.

올베우스, 단(Olweus, D.). 1999. 『바라보는 왕따 — 대안은 있다』. 이동진 옮김. 서울: 삼신각.

유엔인권센터(UN Centre for Human Rights). 2005. 『인권과 사회복지실천』. 이혜원 옮김. 서울: 학지사.

유지나. 2005. "애니메이션/별별이야기". http://blog.daum.net/bymephisto/4194427.

윤찬영. 2010. 『사회복지의 이해』. 서울: 학현사.

이문열. 2001. 『우리들의 일그러진 영웅』. 서울: 아침나라.

이상희. 2008. 「참여와 인권교육」. 이혜원 외. 『청소년권리와 청소년복지』. 파주: 한울.

이상희·이혜원. 2007. 「중학생의 인권감수성 향상을 위한 인권교육 프로그램의 개발과 효과성」. ≪학교사회복지≫, 12호, 47~75쪽.

이용교. 2004. 『청소년 인권과 인권교육』. 서울: 인간과 복지.

이재분·김혜원·오성배·이해영·노경은. 2009.『학교에서의 다문화가족 교육지원 실태 및 요구조사』. 한국교육개발원.
이중섭·박해석·김성훈·박선희·정현숙. 2006.『청소년 발달권 현황과 지표 개발』. 한국청소년개발원.
이혜영. 2002.「도시 저소득층의 교육복지 실태와 과제」. 교육복지투자우선지역지원사업계획 수립을 위한 공청회 자료집.
이혜원. 2006a.『아동권리와 아동복지』. 서울: 집문당.
_____. 2006b.「학교사회복지: 교실 이데아」. 한국여성복지연구회 엮음.『영화와 사회복지』. 서울: 청목출판사.
_____. 2008.「클라이언트 중심 보호 네트워킹」. 한국사회복지행정학회 엮음.『사회복지 네트워킹의 이해와 적용』. 서울: 학지사.
_____. 2010.「아동의 권리와 이주아동의 지원」.『인천발전연구원 2010 제1차 여성정책워크숍 자료집』.
_____. 2011a.「이주아동의 교육권 보장을 위한 평가지표와 개선방안: 유엔아동권리협약을 중심으로」. ≪한국사회복지교육≫, 14호, 65~87쪽.
_____. 2011b.「부모의 양육과 자녀의 행복」. 한국여성복지연구회 엮음.『영화, 사회복지를 만나다』. 파주: 한울.
이혜원·김미선·석원정·이은하·신순영·이경숙·최은미. 2010.「이주아동의 교육권 실태조사」. 국가인권위원회.
이혜원·김성천·김혜래·노혜련·배경내·변귀연·우수명·이상희·이지수·정익중·최경옥·최승희·하승수·홍순혜. 2009.『학생권리와 학교사회복지』. 파주: 한울.
이혜원·이봉주·김혜래·오승환·정익중·하승수·이지수·하경희·김성천·이상희·심한기·최은미. 2008.『청소년권리와 청소년복지』. 파주: 한울.
이혜원·이향란·유정은·이상애·장혜영. 2010.「지역아동센터 교사를 위한 인권교육 프로그램의 효과성: 인권감수성을 중심으로」. ≪한국사회복지학≫, 62권 4호, 149~170쪽.
이훈구. 2001a.『교실 이야기』. 법문사.
_____. 2001b.『미안하다고 말하기가 그렇게 어려웠나요?』. 서울: 출판사이야기.
정순둘. 2005.『사례관리 실천의 이해』. 서울: 학지사.
정익중. 2008.「청소년과 외상후 스트레스 장애」. 이혜원 외.『청소년권리와 청소년 복지』. 파주: 한울.
_____. 2009.「빈곤가정학생과 발달권」. 이혜원 외.『학생권리와 학교사회복지』. 파주: 한울.

최경옥. 2009.「위기청소년과 역량강화」. 이혜원 외.『학생권리와 학교사회복지』. 파주: 한울.
포워드, 수잔(Forward, S. & Buck. C.). 1990.『이런 사람이 무자격 부모다』. 이동진 옮김. 서울: 삼신각.
하승수·김진. 1999.『교사의 권리, 학생의 인권』. 파주: 사계절.
한국교육개발원. 2003.『교육복지투자우선지역사업 지역사회교육전문가 워크숍 자료집』.
한국여성복지연구회 편. 2006.『영화와 사회복지』. 서울: 청목출판사.
홍순혜·정익중·박윤숙·원미순. 2003.『북한이탈청소년들의 남한사회적응 향상을 위한 연구』. 통일부.

白澤政和. 1996.「在宅介護支援センターに學ぶケースマネージメント事例集」. 中央法規出版.

Baumrind, D. 1966. "Effects of authoritative parental control on child behavior." *Child Development*, Vol.37, No.4, pp.887~907.
Bolognini, M., B. Plancherel, W. Bettschart, & O. Halfon. 1996. "Self-Esteem and Mental Health in Early Adolescence: Development and Gender Differences." *J. Adolesc.*, Vol.19, pp.233~245.
Cooppersmith, S. 1967. *The Antecedents of Self-Esteem*. W. H. Freeman.
Costin, L. B. 1981. "School Social Work as Specialized Practice." *Social Work*, Vol.26, pp.36~43.
Erikson, E. H. 1963. *Childhood and society*. New York: Norton.
Forward, S & C. Buck. 1989. *Toxic Parents*. New York: Basic Books.
Freeman, M. 2000. "The Future of Children's Rights." *Children & Society*, Vol.14, pp.277~293.
Friedlander, W. A. & R. Z. Apte. 1980. *Introduction to Social Welfare*, 5th ed. Englewood Cliffs, NJ: Prentice-Hall.
Hart, R. A. 1997. *Children's Participation: The theory and practice of involving young citizens in community development and environmental care*. Unicef.
Harter, S. 1993. "Causes and Consequences of Low Self-Esteem in Children and adolescents." In R. Baumeister(eds.), *Self-Esteem: The Puzzle of Low Self-Regard*. New York: Plenum Press.

Hodgkin. R. & P. Newell. 2002. *Implementation Handbook for the Convention on the Rights of the Children.* UNICEF.

Hurlock, E. B. 1973. *Adolescent Development.* London: Routledge.

Johnson, L. 1982. S*ocial Work Practices.* Boston: Allyn & Bacon Inc.

Maslow, A. 1970. Mot*ivation and Personality.* New York: Harper & Row.

Moxley, D. P. 1989. *The Practice of Case Management.* Sage: London.

Meyer, C. H.(Eds.). 1988. C*linical Social Work in the Eco-Systems Perspective.* New York: Columbia University Press.

Olson, D. H. 1999. Circumplex model of marital and family system. *The Journal of Family Therapy,* Vol.25, pp.619~650.

Olweus, D. 1997. *Bullying at School.* Oxford: Blackwell.

Payne, M. 1991. *Modern Social Work Theory.* New York: Palgrave McMillan.

Powell, S. R. 1993. "The Power of Positive Peer Influence: Leadership Training for Today's Teens." In J. E. Zins & M. J. Elias(Eds.). *Promoting Student Success Through Group Interventions.* New York: Haworth Press.

Rosenberg, M. 1981. "The Self-Concept: Social Product and Social Force." In M. Rosenberg & R. H. Turner(Eds.). *Social Psychology.* New York: Basic Books.

Saleebey, D. 1992. *The Strength Perspective in Social Work Practice.* New York: Addison Wesley Longman.

Siber, E. & J. S. Tippit. 1965. "Self-Esteem: Clinical Assessment and Measurement Validation." *Psychological Reports.* Vol.16, pp.1017~1071.

Smith, P., H. Cowie, R. Olafsson, and A. Liefooghe. 2002. "Definitions of bullying: a comparison of terms used, and age and gender differences, in a fourteen-country international comparison." *Child Development*, Vol.73, pp.1119~1133.

Spielberger, C. D. 1977. "Anxiety: Theory and Research." In B. B. Wolman(Eds.). *International Encyclopedia of Neurology, Psychiatry, Psychoanalysis, and Psychology.* New York: Human Services Press.

UN. 1987. *Human Rights: Questions and Answers.* Geneva: United Nations.

_____. 2007. *World Youth Report 2007.*

UN Centre for Human Rights. 1993. *Human Rights: A compilation of international instruments.* Geneva: United Nations.

Weick, A. 1986. "The philosophical context of a health model of social work." *Social*

Casework, Vol.67, No.9, pp.551~559.
Zastrow, C. 1995. *The Practice of Social Work*. California: Wadsworth.

www.kin.naver.com 네이버 지식인
www.mw.go.kr 보건복지부
www.moge.go.kr 여성가족부
www.moe.go.kr 교육과학기술부
www.mole.go.kr 법제처
www.sen.go.kr 서울시교육청
www.sc.or.kr Save the Children Korea
www.movie.naver.com 홍성진 영화 해설

주요 용어 찾아보기

가족의 적응력과 응집력 47
강점 150
거부적 양육태도 186
결혼이민자 108
공격성 42
공교육 136
공정(公正) 175
교권(教權) 113
교육권 105
교육복지지원사업 126
교육적 방임 67
국민기초생활보장제도 53
권리구제 197
기본권 137
낙인(stigma) 101
네트워킹 69
노년기 220
다문화가족지원법 119
대안학교 120
드림스타트사업 128
따돌림 75
모든 이주노동자와 그 가족의 권리보장에 관한 국제협약 209
모자보건서비스 55
무차별원칙 109
문화멘토 75
물리적 방임 67
미생물 EM 203
박탈감 180
발달권 46
발달장애 201
보험금 208
보험료 209
보험자 209
보호관찰 126
보호권 19
부양의무자 기준 215
분노 186
불안 43
비자 136
사례관리 46
사회복지전담공무원 217
사회서비스(social service) 202
사회성 75
사회안전망(Social Safety Nets) 214
사회적 지원망 181
상실 222
생계급여 52
생존권 46
성학대 68
소득재분배 210
소외감 179
수용적 양육태도 27
슈퍼비전(supervision) 130

시혜 209
신뢰도 197
신체학대 68
아동복지법 60
아동복지시설 62
아동수당 62
아동의 최선의 이익 195
아동학대 68
양육시설 61
어린이선언문 38
역량(力量) 175
영아사망률 209
영유아보육시설 52
왕따 100
외상후스트레스장애 45
요보호아동 61
우울 101
우쿨렐레 75
위기 193
위스타트사업 129
위축 185
위탁가정 61
유분증 75
유엔아동권리협약 18
육아휴직급여 54
의료보호 215
의료복지 208
의료적 방임 67
의사소통 149
이주노동자 107
인권(人權) 34
인권감수성 36
인권감수성 척도 36
인권교육 35
입양 24
입양특례법 24
자기결정(self-determination) 115
자아통합 222
자존감(자아존중감) 43
재외국민 180
정서적 방임 67
정서학대 68
정신건강 134
정체성(self-identity) 119
주의력결핍과잉행동장애(ADHD) 74
중간입국자녀 108
지역아동센터 37
차상위계층 61
참여 13
참여권 17
체벌 99
커뮤니티 비즈니스(CB) 203
클라이언트 217
타당도 196
평등(平等) 175
포퓰리즘 62
학교폭력 95
학습권 114
학습부진 152
합계출산율 61
행복추구권 112
후견인 125

지은이

이 혜 원

이화여자대학교 영문학과(사회복지학 부전공)를 졸업하고, 서울대학교 대학원 사회복지학 석사, 런던대학교 대학원(LSE) 사회과학 석사(M. Sc.), 일본여자대학 사회복지학 박사 학위를 취득했다.

1996년 이후 현재 성공회대학교 사회복지학과 교수로 재직하면서 아동복지론, 청소년복지론, 학교사회복지론, 사회복지윤리와 철학을 가르치고 있다.

주요 저서로는 『아동권리와 아동복지』, 역서로는 『인권과 사회복지실천』, 공저로는 『청소년권리와 청소년복지』, 『학생권리와 학교사회복지』, 『아동과 가족: 통합적 접근』, 『사회복지 네트워킹의 이해와 적용』 등이 있다.

한울아카데미 1405

사회복지이야기 일상의 인권을 말하다

지은이 | 이혜원
펴낸이 | 김종수
펴낸곳 | 도서출판 한울

편집책임 | 김경아
편집 | 김준영

초판 1쇄 인쇄 | 2011년 12월 15일
초판 1쇄 발행 | 2012년 1월 5일

주소 | 413-756 파주시 문발동 535-7 302(본사)
121-801 서울시 마포구 공덕동 105-90 서울빌딩 1층(서울 사무소)
전화 | 영업 02-326-0095, 편집 031-955-0606(본사), 02-336-6183(서울 사무소)
팩스 | 02-333-7543
홈페이지 | www.hanulbooks.co.kr
등록 | 1980년 3월 13일, 제406-2003-051호

ISBN 978-89-460-5405-9 03330

* 가격은 겉표지에 있습니다.